本书是天津市教委科研计划项目成果

（2021SK015）

《文化哲学方法论与津门文化思想政治教育》结项成果

文化哲学方法论
与津门文化思想政治教育

周囿杉◎著

天津出版传媒集团

天津人民出版社

图书在版编目（CIP）数据

文化哲学方法论与津门文化思想政治教育 / 周围杉
著. -- 天津 ：天津人民出版社，2025. 1. -- ISBN 978-
7-201-20967-8

Ⅰ. G641

中国国家版本馆 CIP 数据核字第 2025SB0752 号

文化哲学方法论与津门文化思想政治教育
WENHUA ZHEXUE FANGFALUN YU JINMEN WENHUA SIXIANG ZHENGZHI JIAOYU

出　　版	天津人民出版社	
出 版 人	刘锦泉	
地　　址	天津市和平区西康路35号康岳大厦	
邮政编码	300051	
邮购电话	（022）23332469	
电子信箱	reader@tjrmcbs.com	

策划编辑	郑　玥
责任编辑	佐　拉
封面设计	卢炀炀

印　　刷	天津新华印务有限公司
经　　销	新华书店
开　　本	710毫米×1000毫米　1/16
印　　张	17
插　　页	2
字　　数	220千字
版次印次	2025年1月第1版　2025年1月第1次印刷
定　　价	89.00元

目　录

绪　论

　　"当河海之要冲，为畿辅之门户。"天津，襟河枕海，绵长文脉浸润着城市筋骨，彰显着独特韵味，历史的波澜与时代的脉动交汇于此。2024年2月1日至2日，习近平来到天津，深入农村、历史文化街区、革命纪念馆考察调研，希望天津奋发有为、展现城市文化特色和精神气质、为建设社会主义文化强国作出新的贡献，①强调"天津要深入发掘历史文化资源，加强历史文化遗产和红色文化资源保护，健全现代文化产业体系、市场体系和公共文化服务体系，打造具有鲜明特色和深刻内涵的文化品牌，进一步彰显天津的现代化新风貌"。在听取天津市委、市政府工作汇报后，习近平要求天津在发展新质生产力上、在全面深化改革开放上、在文化传承发展上、在城市治理现代化上善作善成。"四个善作善成"重要要求，其中之一是在文化传承发展上善作善成。②为贯彻习近平对天津发展的殷殷重托，以文化人、以文惠民、以文润

---

　　①　《津城反响习近平总书记在天津考察时的重要讲话引发天津广大干部群众热烈反响——勇担使命开拓进取　奋力谱写天津篇章》，《天津日报》，2024年2月3日。

　　②　中共天津市委宣传部：《在推动文化传承发展上善作善成》，求是网，2024年5月1日。

城、以文兴业，①汇聚建设社会主义现代化大都市的精神力量，在马克思主义文化哲学世界观和方法论的视域下，建构津门文化思想政治教育体系对天津发展具有重要意义。

第一节　研究对象及意义

本书分为方法论、总论、分论、过程论四大部分。方法论主要基于马克思主义文化哲学世界观与方法论；总论与分论的关联实际上是基于文化哲学方法论的津门文化思想政治教育总体意义结构与具体标志形态的关联体系。过程论主要基于分论中津门文化思想政治教育者、教育对象、教育资源、教育载体、教育环境之间的互动机制，探究津门文化思想政治教育方案的制订、实施、评估，对津门文化思想政治教育有效性进行分析，总结津门文化思想政治教育规律，最终形成津门文化思想政治教育体系。

一、研究对象

本书针对文化教育中现存生活世界总体观认知缺失问题和生活世界境界的缺失问题，在马克思主义文化哲学立场、世界观和方法论视域下，结合城市发展特征，依托思想政治教育，建构津门文化思想政治教育。

首先基于马克思主义文化哲学世界观、方法论，针对津门文化研究、认知、理解中存在的过度历史叙事倾向和津门文化思想政治教育研究的失语

---

① 《"充满信心，把日子过得更好"——习近平总书记在天津考察时的重要讲话激励广大干部群众凝心聚力勇敢奋进》，新华社，2024年2月3日。

状态,考察津门文化的概念及当代价值,基于此提出并阐明津门文化思想政治教育新概念,再以此为前提,在总论部分阐释津门文化思想政治教育的内涵、基础、体系、原则和方法,在分论部分阐释津门文化思想政治教育中教育者和教育对象、教育环境与管理、教育资源基本样态及现代化转化路径,在过程论部分通过调查研究等方法考察津门文化思想政治教育者、教育对象、教育资源、教育载体、教育环境之间的互动机制,详细探讨津门文化思想政治教育方案的准备、实施、评估,最终总结津门文化思想政治教育规律,在实践调研、价值分析的基础之上,建构基于马克思主义文化哲学方法论的津门文化思想政治教育研究的新理论体系,即津门文化思想政治教育。

二、研究意义

根据中国知网检索结果如下图所示,针对"文化思想政治教育"研究从2004年起迅猛发展,地域文化思想政治教育研究占比较少;而学界对津门文化思想政治教育的研究,尚停留于红色文化、廉洁文化及各种道德观、价值观、人生观中精神意蕴的分散式和叠加式研究,尚无津门文化思想政治教育的总体意义和结构概念,没有津门文化思想政治教育方法、路径、机制系统研究,更没有把这些研究建立在马克思主义文化哲学世界观、方法论基础上,特别是还存在文化历史叙事话语与思想政治教育理论话语体系的断裂问题。从文本上看,学界尚无关于津门文化思想政治研究的独立著作,本书试图在这个方面开先河、补空缺。

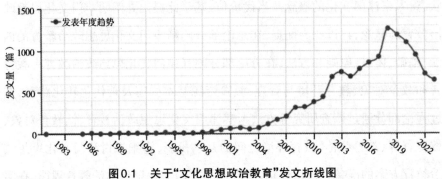

图0.1 关于"文化思想政治教育"发文折线图

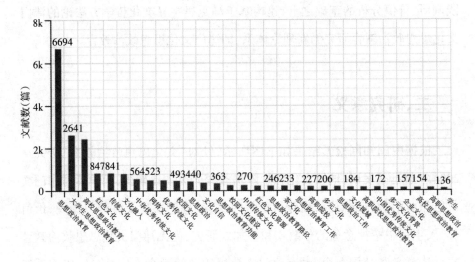

图0.2 关于"文化思想政治教育"发文柱状图

从理论上看,本书开创基于马克思主义文化哲学世界观、方法论的津门文化思想政治教育体系,在厘清天津文化历史内涵基础上,以津门文化、津门文化思想政治教育等核心概念为主线,建构起一套崭新的津门文化思想政治教育理论。从实践上看,本书试图系统研究津门文化思想政治教育方法、路径、机制,通过调查研究考察津门文化思想政治教育者、教育对象、教育资源、教育载体、教育环境之间的互动机制,为津门文化思想政治教育活动的开展提供实践经验借鉴。从价值上看,本书对津门文化思想政治教育有效性进行分析,总结津门文化思想政治教育规律。

本书基于马克思主义文化哲学世界观、方法论,旨在为社会、大众主体特别是教育主体研究、认知、理解、体验和建构文化世界提供文化哲学方法论;特别是为津门文化风土中的教育主体和普遍世界教育主体提供津门文化思想政治教育的理念、路径、方法和格局,以区域文化思想政治教育开拓和升华人们的区域文化存在,进而实现区域文化与普遍世界文化相融通的双重存在意义,并为一般或普遍文化思想政治教育提供研究和实践的方法论和示例。

现实中重视津门文化教育不等于重视津门文化思想政治教育,重视津门文化思想政治教育不等于重视津门文化思想政治教育研究,重视津门文化思想政治教育研究不等于重视生活世界总体性和生活世界境界意义的研究,津门文化思想政治教育概念范式的提出及津门文化思想政治教育理论体系的建构主要是基于这样一种教育生态和研究生态。

文化是人的对象化与人的主体化的统一体,文化世界就是人的主体化世界,是人的生活世界总体,而生活世界境界处于文化世界的核心地位。天津文化,作为地域文化,自然以生活世界总体和生活世界境界为内在结构,文化内涵、属性、本质赋予了津门文化思想政治教育生活世界总体观、生活世界境界观意义建构特质,而不只是历史叙事。津门文化是区域文化,也是普遍世界文化。天津文化形态所蕴含的世界观、人生观、价值观、道德观等与社会主义现代化大都市建设要求相一致,既继承了中华优秀传统文化、革命文化,又弘扬了中国时代精神,还与世界倡导的共同价值相契合。因此,必须释放津门文化的普遍世界意义和精神能量。通过本书的研究,可以凸显津门文化思想政治教育的世界意义。

第二节　研究理论及方法

现代研究,方法是工具,理论是指导,通过一定方法以了解问题,借助理论以解决问题。津门文化思想政治教育的内容是文化观(生活世界总体观、生活世界境界观等),方法是马克思主义文化哲学。

一、研究理论

本书在马克思主义文化哲学世界观、方法论指导下进行研究、建构津门文化思想政治教育的理论体系。马克思主义文化哲学是对以往资本主义世界文化哲学理论的批判继承,标志人类文化观点的飞跃。一方面,从对文化概念的分析入手将文化哲学从经济哲学、政治哲学中分离出来,形成哲学的一个分支;另一方面,从对哲学传统的考察入手说明文化哲学的主题和视域,把文化哲学看作属于实践哲学传统的新哲学。

马克思主义文化哲学站在人与人的世界相互作用基础上概括出人类文化活动规律,使人们深入认识人自身的本质及主体性特征,赋予哲学以生活气息,从而促进文化哲学发展。运用马克思主义关于文化的本质认知分析津门文化的本质,有利于树立正确的文化观,为津门文化思想政治教育奠定正确的逻辑起点。

马克思主义文化哲学站在人的客观实践基础上,通过分析文化的本质及文化发展规律,以现实的人而非抽象的人的解放与自由全面发展为目标,深刻揭示出文化创造是人民群众的创造,肯定了人民在文化发展中的作用。这就为正确认识津门文化的实质及津门文化思想政治教育的阶级基础奠定了鲜明基础。

马克思主义人学因具有极强的渗透性及同马克思主义哲学其他部分具有较高相关性的特质,自然渗透到文化哲学之中。而马克思主义人学与思想政治教育存在紧密联系,"思想政治教育学原理包括本质论、价值论、结构论、客体论、环境论、过程论、方法论、管理论和发展论这几个部分"①均蕴含着马克思主义科学理论基础。津门文化思想政治教育是思想政治教育在地域文化方面的重要内容,自然与马克思主义人学关系密切。因此,以马克思主义人学为桥梁,故本书在第一章从三个维度建构起马克思主义文化哲学、人学与津门文化思想政治教育之间的逻辑理路:文化环境论—人的生存论—以文化人津门文化思想政治教育;文化本质论—人的本质论—主体性津门文化思想政治教育;文化发展论—人的发展论—"时代新人"津门文化思想政治教育。

本书在第一章第一节马克思主义文化本体论的阐释中,通过建构马克思主义文化世界观,揭示人与人的世界的辩证统一关系,进而探究人与人的世界构成的人化世界(即文化环境)与人的存在之间的关系,为阐释津门文化思想政治教育以文化人原则及教育方法选取、揭示津门文化思想政治教育,促进人与自然和谐共生的教育价值奠定理论基础。

本书在第一章第二节马克思主义文化本质论的阐释中,以人的劳动、实践为考察视角,深刻揭示出文化现象的唯物主义特质,把文化创造生产过程看作人类生产物质的过程。人的生产及再生产行为,不仅创造并改变着人与人之间的社会关系,也同时创造并改变着文化世界,产生了新的文化交往方式。进一步揭示出文化创造与人的本质之间的辩证统一关系。津门文化思想政治教育目标之一便是在一定人性基础之上,发展人性而不是泯灭人

---

① 万光侠等:《思想政治教育的人学基础》,人民出版社,2006年,第14页。

性,激发人的主体性(能动性、创造性),在实践中建立人与人之间的关系,进一步发展人与人关系中的交互主体性,即主体间性。在津门文化思想政治教育原则方法部分阐释教育开发功能,开发的是人的潜能;过程论部分的主体、客体、介体、环体可解读出内容的为人性及环境的为人性;分论部分教育对象具有主体性;分论管理内容会得出"以学生为中心"的人本管理、人性化管理的结论;结论部分对津门文化思想政治教育基本矛盾进行分析。

本书在第一章第三节马克思主义发展论的阐释中,通过马克思主义哲学在揭示以往唯心主义文化观的基础上,在人的现实社会关系视域下分析文化发展的目的,克服了文化相对主义和文化虚无主义的错误,点明了文化发展就是为了人的解放和全面自由发展,而将人的更加丰富属性培养出来,将人所需要的社会产品创造出来,深刻地揭示了文化发展与文化模式、文化形态之间的关系,为解决全球化背景下各种现实的文化冲突与矛盾提供了世界观、方法论指导。指出了文化发展与人的全面自由发展之间的辩证统一关系,这就为"以人为本"的津门文化思想政治教育发展观确立,津门文化思想政治教育原则、方法设立及教育实施、教育评价活动指明了落脚点。①

二、研究方法

黑格尔认为,一个民族的文化就是一座富丽堂皇的庙宇,而如果缺少了哲学(形而上学),就像庙里面没有神像一样。而人们并不是进入文化的庙堂就能摄取哲学之魂,文化哲学的观念和方法激发和引导人们对文化世界的认知、理解、体验、选择、建构和教育行动的进行。文化思想政治教育研究

---

① 赵士发等:《马克思主义哲学原理精粹九讲》,学习强国、中国大学MOOC(慕课),2020年12月27日。

须基于马克思主义文化哲学方法论,否则就不会是文化思想政治教育研究。津门文化思想政治教育研究导源于马克思主义文化哲学方法论,而文化哲学方法论导源于马克思主义文化哲学世界观。马克思主义文化哲学方法论是关于文化世界的认知、理解、体验、选择和建构的根本方法理论体系,它根植于马克思主义辩证唯物主义和历史唯物主义之中,是马克思辩证唯物主义和历史唯物主义在文化哲学思想上的体现。

马克思主义文化哲学以人和人的世界关系为核心问题,建立生活世界总体观,明确其核心是生活世界境界观;揭示出文化环境与人的存在具有内在关联性,文化发展与人的自由全面发展之间的辩证统一关系等;均是马克思主义辩证唯物主义中普遍联系的观点在文化思想方面的反映,具体体现为历史思维、战略思维、系统思维。运用历史思维探究天津文化的历史生成逻辑,运用战略思维对津门文化思想政治教育的未来走向进行整体谋划,运用系统思维建构津门文化思想政治教育。

马克思主义文化哲学中文化发展论揭示了文化具有历史唯物主义的特性,文化模式与相应的社会发展阶段相一致,社会变化决定着文化形态的变化,社会进步决定着文化发展的进步,社会发展趋势与文化发展方向一致。这些均是马克思主义辩证唯物主义中发展观点在文化思想方面的反映,具体体现为创新思维。运用创新思维建构津门文化思想政治教育的创新体系。

马克思主义文化哲学从根本上回答了文化为什么会发展的问题,是马克思主义唯物辩证法中矛盾分析方法在文化思想方面的反映,具体体现为辩证思维、法治思维、底线思维、精准思维。运用辩证思维解决社会主义现代化大都市对人的发展要求与教育对象生活世界总体观、生活世界境界观缺失之间的矛盾,探究社会主义现代化大都市对人的发展要求与教育对象人生观、价值观树立、道德观树立之间保持动态平衡规律、教育主体与教育对象实现相统一规律、津门文化思想政治教育机制内各要素同向发力规律、津门文化思想政治教育价值"供求"关系规律。运用法治思维探究津门文化思想政治教育中资源合法利用,运用底线思维坚守津门文化思想政治教育原则,运用精准思维进行津门文化思想政治教育方法、路径、机制系统研究。

马克思、恩格斯首先突出了劳动实践在文化起源中的作用,并指出文化所强调的是以人的方式进行活动,由此可知实践对文化的生成、发展具有重要作用;发挥人的主观能动性是文化生成与发展的重要因素;因此主体化方法即马克思主义文化哲学中的重要方法之一。而文化认识与文化实践是辩证统一关系。文化实践是文化认识的基础,实践在认识活动中起决定性作用;文化认识反作用于文化实践。一切从实际出发又是马克思主义文化实践与认识的辩证统一原理的根本要求。

第三节　研究逻辑与创新

津门文化思想政治教育在马克思主义文化哲学的世界观、方法论指导下,运用唯物辩证法联系、发展、矛盾分析法,从理论维度、历史维度、实践维度、价值维度四个维度建构文化哲学论、总论、分论、过程论组成的津门文化思想政治教育体系,实现观点、理论、方法上的创新。

一、研究逻辑

研究结构分为文化哲学论、总论、分论、过程论四大部分。文化哲学论主要阐释马克思主义文化哲学的世界观、文化环境与人的生成、文化创造与人的本质、文化发展与人的全面自由发展之间的辩证统一关系,以及依据文化哲学世界观建构津门文化思想政治教育所运用的马克思主义历史思维、战略思维、系统思维、创新思维、辩证思维、法治思维、底线思维、精准思维方法、马克思主义主体化方法、一切从实际出发等文化哲学方法论理论体系；总论主要运用马克思主义文化哲学的世界观、方法论探究津门文化历史演进和概念内蕴，以及津门文化思想政治教育的概念、内涵、基础、体系、原则、方法，从总体上揭示津门文化思想政治教育的意义结构、基础和体系、原则和方法；分论是总论的具体化和进一步拓展，主要阐明津门文化思想政治教育者和受教育者、津门文化思想政治教育环境与管理，解构津门文化思想政治教育资源的基本样态与现代转化路径。

总论与分论的关联实际上是基于文化哲学世界观、方法论的津门文化思想政治教育总体意义结构与津门文化思想政治教育者和受教育者、津门文化思想政治教育环境与管理、津门文化思想政治教育资源的关联体系。过程论主要探究津门文化思想政治教育基于调查研究考察津门文化思想政治教育者、教育对象、教育资源、教育载体、教育环境之间的互动机制，对津门文化思想政治教育有效性进行分析，总结津门文化思想政治教育规律，最终形成津门文化思想政治教育体系。

本书研究思路：通过理论维度探究概念、特质、价值、方式等内容；通过历史维度阐明天津文化发展脉络、津门文化思想政治教育资源的现代转化过程；通过实践维度，研究津门文化思想政治教育者、教育对象、教育资源、教育载体、教育环境之间的互动机制；通过价值维度，对津门文化思想政治教育有效性进行分析与评价，最终建构津门文化思想政治教育体系。如图所示：

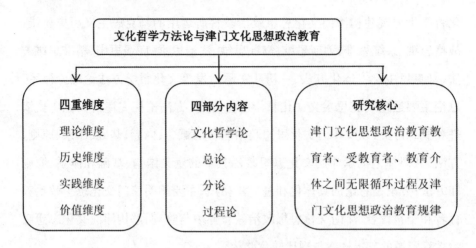

图0.3 津门文化思想政治教育研究框架体系

二、研究创新

本书欲探究津门文化思想政治教育学、津门文化、津门文化思想政治教育、津门优秀传统文化德育等概念的内涵、外延、特征、意义、价值。这是本书的创新点也是本书研究的难点之一。

本书欲从历史维度梳理天津文化发展脉络,阐明津门文化思想政治教育资源的现代转化过程,论述津门文化思想政治教育资源的现代转化就是教育主体将津门文化蕴含的生活世界总体观、生活世界境界观、价值观、道德观、法治观等精神内蕴转化为现代思想政治教育内容的过程,阐释这种转化可归结为认知与研究转化、文化交流转化、学校教育转化、载体建设转化、旅游转化五种方式,并对转化方式达到的教育效果进行有效性分析与评价,运用调查结果说明津门文化思想政治教育的实质是生活世界总体观、生活世界境界观及蕴含的人生观、价值观、道德观、法治观教育。这也是本书创新点,同时也是研究难点之二。

本书欲阐明津门文化思想政治教育与津门文化教育、一般的思想政治教育、文化思想政治教育的区别与联系。从历史维度论述津门文化的历史生成逻辑、津门文化思想政治教育资源现代化转换逻辑；从理论维度阐释津门文化思想政治教育内涵、原则、方法；从实践维度探究津门文化思想政治教育者、教育对象、教育资源、教育载体、教育环境之间的互动机制；从价值维度，分析津门文化思想政治教育过程，总结津门文化思想政治教育规律，从而基于历史、理论、实践、价值四重维度建构津门文化思想政治教育。这还是本书创新点，也是研究难点之三。

第一章 马克思主义文化哲学：
津门文化思想政治教育理论基础和实践指南

　　马克思主义文化哲学鲜明指出,文化存在与人的存在具有统一性,文化生成与人的生成具有紧密性,因此赋予文化的本质以人的本质的对象化特性,也就是在人已经生成的前提下激发出人的自觉性、能动性、创造性等。文化的发展也就是人的发展。而津门文化思想政治教育逻辑即运用马克思主义文化哲学中文化世界观(生活世界总体观、生活世界境界观)、文化的生成论、本质论、发展论及方法论来建构津门文化思想政治教育。针对津门文化研究、认知、理解中存在的过度历史叙事倾向和津门文化思想政治教育研究的"失语"状态,考察基于生活世界的津门文化意义的历史生成,对津门文化概念进行新界说,进而提出并阐明津门文化思想政治教育新概念,再以此为前提,阐释津门文化思想政治教育的内涵、基础、体系、原则和方法,通过调查研究考察津门文化思想政治教育者、教育对象、教育资源、教育载体、教育环境之间的互动机制,对津门文化思想政治教育的有效性进行分析,层层深入地揭示津门文化思想政治教育的人文意蕴,总结津门文化思想政治教育规律。

第一节　马克思主义文化本体论

马克思主义文化哲学不同于现代西方文化哲学，其所强调的是广大人民群众的文化创造性，注重人的现实实践及其创造性，而非片面夸大主观精神文化的作用，找到解决现实生活世界诸多文化矛盾的原则和途径。它因集中思考"生活世界"问题而与现代哲学诸形态并立而存，却并不矛盾。从此意义而言，文化哲学在现代哲学诸形态中具有"源始哲学"意义，故而成为现代哲学诸形态的"元哲学"(meta-philosophy)①。马克思主义文化哲学丰富了哲学中心关系：从人与世界的关系上升为人与人的世界的关系，"实现了人与人的世界的关系的凸显和跃迁"②。

一、文化世界：生活世界总体观意蕴

马克思通过"人和人类的历史→人的生活世界及过程→文化世界及其过程"这样的逻辑转换，从而确立了文化世界的生活世界总体意蕴。这一崭新世界观在分析人与人的世界关系基础上，揭示出人的世界具有生活世界特质，并以生活世界境界观作为生活世界总体观的价值追求，而且这一追求是人类共同体的境界。它将哲学本体论融合于生活世界总体论，使人的现实实践及创造性与主观精神文化作用相统一，将境界意蕴融入世界观中，使哲学具有解释世界观与境界观的双重意蕴，③也为津门文化思想政治教育建

---

① 丁立群：《文化哲学：马克思主义哲学的新形态》，《中国社会科学报》，2015年第698期。
② 李燕：《文化释义》，人民出版社，1996年，第2页。
③ 李晓元：《文化哲学方法与闽南文化思想政治教育研究》，社会科学出版社，2014年，第30页。

构奠定了世界观和世界境界哲学基础。

（一）马克思主义文化世界观以生活世界总体观为核心

马克思的新文化世界观对西方其他文化世界观的超越在于赋予哲学以世界意义。他深刻揭示哲学与世界观之间的互动关系，并且表明在此互动关系中，哲学成为一般意义哲学，在没有对抗和异化存在的未来世界，哲学因具有世界意义而变成"文化的活的灵魂"①。哲学因具有世界总体性才成为哲学，缺失总体性质的世界、世界关系及世界观不能称作哲学。而马克思的文化哲学解决的首要问题是世界应在什么的观念作用下复原到本初，什么才是世界观的本体。马克思的新文化世界观把世界恢复成生活世界的原样，构成了以生活世界总体观为核心的马克思主义文化本体论。

马克思的新文化世界观把现实世界看作生活世界，建构了生活世界总体观。在《关于费尔巴哈的提纲》（以下简称《提纲》）中指出，应在直观或者客体的形式与人的感性的实践活动相结合中去理解"对象、现实、感性"②的真实意蕴。这里理解"对象、现实、感性"，也就是理解现实世界。客观唯心主义、主观唯心主义、形而上学唯物主义均未能正确揭示世界观的总体性意蕴，而站在辩证唯物主义立场上的新文化世界观把现实世界当成"主体化生活世界"理解，人的文化活动实际上构成人的生命世界。这从马克思批判费尔巴哈只是把人当作宗教哲学中抽象的人对待，完全没有看到人的生活世界特质。马克思这里明确提出的"生活世界"概念与《提纲》中"人的活动世界"概念是一致的，也就是以生活世界为基础批判费尔巴哈把人看作抽象意义上，而非是现实、实践意义上的存在。新世界观首先是生活世界观，首先

---

① 《马克思恩格斯全集》（第一卷），人民出版社，1995年，第220页。

② 《马克思恩格斯选集》（第一卷），人民出版社，1995年，第54页。

是生活世界总体论,其次进一步将人的本质放在实践的维度考察,实现了人的现实生活与实践生活的统一,赋予人的生活世界以实践本质。

马克思将人化的世界看作生活世界,从而建构的生活世界总体观是对现实世界作总体生活世界的理解,进一步指出现实世界具有实践本质,使新世界观实现了从生活总体世界到实践生活世界的跃升。实践的观点是马克思主义文化哲学建构的生活世界总体观,其基于实践的观点、实践的原则。马克思站在生活世界总体观的角度上对实践进行全新理解,只有实践才能揭示人的生活世界的本质及全部奥秘,找到解决人类面临一切矛盾的根本方案。从词义上讲,实践是指人的实际行动。在西方,实践一词源于希腊文,具有活动的、积极的意思。在中国,实践是由"实"(实际)和"践"(践履)两个词组合而成,意思是实际的践行、履行。正是因为实践观点,才使马克思主义文化哲学在文化世界观上对旧唯物主义和唯心主义实现了质的跃迁。实践不仅产生了人化世界,实现了人与自然的物质交换,而且创造了人化世界的现实基础,使人化世界成为自然世界与人的世界统一体。

《提纲》第一段话提到"实践的生活主体",点明实践对于人化世界的主体作用,将实践放在生活世界总体观下去认识,进一步实现了实践与人的主体性、总体性的统一。《提纲》第一段作为马克思文化本体论的开篇,建构起崭新的世界观,之后生活世界的展开,也即实践的本质论、主体论等也正是基于此展开,而生活世界总体观也成为马克思主义文化哲学的逻辑前提和理论出发点。

(二)马克思生活世界总体观以生活世界境界观为价值旨归

马克思生活世界总体观不仅解决世界是什么样的问题,还解决应该追求什么样的世界这一问题,这是生活世界总体观在价值层面上的体现。因哲学家具有解释世界与改变世界的双重使命,而改变世界更具有难度。①对于新世界观来说,即追求生活世界境界观的确立,从而促进人反对以前哲学思想,对以往现实世界产生颠覆性作用。②旧世界观的问题是没有看到世界的总体性、整体性,将人的生活放置世界之外,忽略人的实践改变世界的生活、实践的意义,将世界理解成一个非生活世界的世界,不具有世界的总体性,并且走向了两个极端:要么剥离现存世界的客观性,只看到主观性,陷入虚无缥缈境地;要么剥离主观性,只看到客观方面。

人只有在改造自然对象的活动中,也就是劳动使人与动物相区分,人成为不同于动物的另一类存在物,劳动使人过上了自觉能动的类生活。③劳动,是实践活动中的重要形式之一,多指人运用双手改造客观世界,从而创造出物质、精神财富的活动。劳动是人类的本质特征,社会的一切物质、精神财富都始于劳动,在劳动过程中人类实现对自然的改造和对自身的改造双向统一。人类在创造物质财富和精神财富的同时,也就是改变自然世界、创造人化世界的过程。劳动在满足人类基本生活需要的基础上,还体现出人类对美好生活的追求和向往。要想满足美好生活的需要,就要每个人参加各种各样的劳动,创造更多的物质财富和精神财富,以增强人民的获得感、幸福感和安全感,这是生活世界境界观的一种写照。

生活世界因融入主体、客体、人、自然、社会,成为主体化生活世界总体;而"使现存世界革命化"则需生活世界境界观的价值指引,归根结底则需要劳动价值观的引领。马克思认为,正是劳动使人类从动物中脱颖而出,使人成为万物之灵。劳动使人从自然界中分离出来,使人有着不同于一般动物的语言和肢体结构,有了区别于其他动物的生物特性。劳动无论在人的意

---

① 《马克思恩格斯选集》(第一卷),人民出版社,1995年,第57页。
② 《马克思恩格斯选集》(第一卷),人民出版社,1995年,第75页。
③ 《马克思恩格斯选集》(第一卷),人民出版社,1995年,第47页。

识形成和发展的过程中,还是由生物人转变为社会人的过程中都发挥了决定性作用。在人类追求美好生活的征途上,劳动以它特有的主观能动性特质,不仅满足人类生活需要,更是人类通向幸福彼岸的阶梯。

因此,马克思文化哲学所理解的"生活世界",其本质是融合了人类美好生活追求的生活总体世界,劳动在创造人的过程中,同时也创造了人类社会的历史;人类的"第一个历史活动"就是物质生产活动,就是要解决人类的吃喝住穿行等生存问题,而解决这些问题是以劳动为前提条件的。正因如此,马克思赋予物质生产劳动活动"第一个历史活动"的意义。这表明,只有立足生产劳动才能理解人类的历史发展,只有人民才是历史的创造者。劳动创造了人类本身和人类社会发展的历史;劳动是价值和财富产生的源泉;劳动是实现人全面发展的基本途径。只有在正确劳动价值观引领下的生活世界境界观,才能使生活世界"革命化",从而使生活世界"主体化""总体化"。

(三)马克思生活世界总体观特征

马克思在《提纲》里建构了新世界观,即生活世界总体观。从《德意志意识形态》中可以进一步看出生活世界总体观具备的特征。

首先,基于社会关系总和的总体性。马克思明确指出生活世界是人的生活的世界,而马克思在《关于费尔巴哈的提纲》指出:"人的本质不是单个人所固有的抽象物,在其现实性上,它是一切社会关系的总和。"[1]由此看出,生活世界是基于人的社会关系建构起来的。此种社会关系的核心是人的现实生产实践关系,进而拓展为政治关系、经济关系、家庭关系、地缘关系等的统一体。简言之,"社会关系就是指许多人的合作"[2]。"马克思特别强调,将

---

[1] 《马克思恩格斯选集》(第一卷),人民出版社,1995年,第56页。

[2] 周志山:《马克思社会关系理论及其当代意义》,齐鲁书社,2004年,第2页。

社会与个人割裂开来的观点是单向度、而非思辨式的考察,个人在人化世界中戴着'剧作者'和'剧中人'的双重面具,个人虽是人化世界的创造者,同样也受到人化世界的制约。人化世界则是由人与人的社会关系所构成的,具有主体间性。"个人的社会关系受制于社会生产关系,但又基于此创建出其他社会关系。"因此,个人与社会的关系就是在一定的社会关系共同体中相互关联的关系。"①

"社会关系",是以生产关系为基础决定关系的,经济关系、政治关系、家庭关系、地缘关系、业缘关系等构成复杂关系网。在一切社会关系总和中,生产关系是主要的社会关系,是"决定其余一切关系的基本的原始的关系"。而生产关系中最重要的是所有制。人们正是在这种复杂、变动的社会关系网中实现生活世界的境界追求,塑造了具有个体特征的生活总体世界。马克思所说的"总和":不是单一的社会关系,而是全部社会关系的总和。人与社会关系是辩证统一的:一方面,人的产生随着社会关系总和的产生而产生;另一方面,人的存在和发展随着一切社会关系的总和的变化而存在和发展;归根结底,人与社会关系的总和均是建立在物质生产基础之上。

其次,基于主体劳动的总体性。生活世界就是由于人的劳动创造出来的人的世界与人的关系的总体。马克思指出劳动活动具有积极性,而且具有创造性,②主体通过劳动展现出自身才能,并在劳动过程中得到发展。③狭义的劳动仅指人类生产、生活中的劳动,人类通过自身智慧和技能运用工具改造客观对象,从而获得自己想要的劳动成果。比如种植水稻、修建房屋、洗衣做饭。广义的劳动除了生产和生活中的劳动外,还包括许多现代社会延伸出来的劳动。主要需要人们的智力参与的劳动,被称为脑力劳动。比

---

① 万光侠等:《思想政治教育的人学基础》,人民出版社,2006年,第122页。
② 《马克思恩格斯全集》(第四十六卷)(下),人民出版社,1980年,第116页。
③ 《马克思恩格斯全集》(第三卷),人民出版社,1960年,第248页。

如写作、设计、规划等劳动;劳动所产生的成果不是有形的物品,而是无形的服务的提供,被称为服务劳动。比如酒店服务员、银行工作人员等。体力劳动与脑力劳动运动器官不同,前者是运动系统,后者是大脑神经系统,以其他生理系统的运动为辅的主体运动,如思考、记忆等。体力是脑力的基础,体力劳动受脑力劳动支配,在人类体力劳动和脑力劳动共同作用下产生劳动价值。例如不动脑子种不出好粮食。简单劳动与复杂劳动的区别在于,前者不需要经过专门训练、不需要有一定专长,后者需要进行专门训练,并且须具备一定文化素养和技能。具体劳动与抽象劳动的区别在于,前者是有形劳动,后者是无差别、人类一般的劳动。

最后,基于主体实践的总体性。生活世界也是由于人的实践不断创造出的人的世界与人的关系的总体。自然世界在人的能动地改造世界的社会性的物质实践中,成了人化自然。人为了追求自己想要的生活,实现自身发展,将自然变成自己的对象化。为了实现生活世界境界的跃升,人类即实践的主体借助实践的手段(工具等),将实践的对象(外在世界)改造成人化世界,产生出了许多实践的结果(产品)。人类建构生活世界境界高低在一定程度上取决于客观条件的制约和客观规律的支配,取决于人的自觉能动性发挥的程度。在人类将自然变成人化自然的过程中,人通过主观能动性,赋予自然之"物"满足自身生活生产需要的特性,变头脑中的观念为实际存在,从而在人与人化世界之间建立起一种崭新的、更高级的生活世界统一关系,实现了人的生活世界境界的提升与跃迁。

二、核心问题:人与人的世界的关系

马克思主义文化哲学在新世界观——即生活世界总体观(生活世界境界观)前提下,探讨人与人的世界的关系问题,"也就是所谓人与环境的关系,人与人的创造物的关系,人与人化自然、人与文化传统、人与历史等关系以及人与人的社会的关系之总称"①。

(一)实践对人的世界能动建构

文化的本质就是人的本质力量的对象化,马克思将这一观点描述在《1844年经济学哲学手稿》中,体现出实践活动对人化世界的能动建构,赋予文化"生产"性特质,是对以往人们囿于文化的"已成"性,忽略文化"正成"性、"将成"性、给文化贴上某种民族特有生活模式标签做法的超越,深刻揭示了文化具有生成和创造的特征。马克思进一步指出文化的预成与生成、继承与创造使文化成为本质的有机统一体,客观地认识了文化的本质特征。

马克思将人看作一个感性自然实体性存在物与实践存在物或关系存在物的统一体。在通过对象性活动并积极建构对象性关系的过程中,也就是在文化创造的过程中,来表现自己或实现自己的。高清海先生认为,实践活动对自然世界产生双重作用,一方面人创造了满足自身生活需要的客观对象世界,也就是人化世界;另一方面,人实现了原有自我的超越;实践产生人化世界和人本身得到改造的双重结果。②也正是在实践活动的作用下,将人与人化世界联系起来,形成人与人的世界关系,此种关系可逻辑性地表述为"主体—实践—客观世界"。进一步讲,人的生产实践活动使个人与社会形成紧密联系,一方面,社会提供个人生存、生活、发展所需物质资料;另一方面,个人的能动性、自觉性、创造性促进社会生产发展变化。③由此实践能动地建构了人的世界。

人是从事实践的人,因为人的实践活动双向作用于客观世界和人主体

---

① 李燕:《文化释义》,人民出版社,1996年,第1页。

② 高清海:《高清海哲学文库》(第4卷),吉林人民出版社,1997年,第251页。

③ 万光侠等:《思想政治教育的人学基础》,人民出版社,2006年,第118页。

本身,使人与客观世界割裂状态变为人与人化世界的总体,使人变为文化的存在,从而建构起生活世界总体观,影响和改变着人创造美好生活的行动轨迹,使生活世界境界成为人类的不变追求。人的世界以个人与现实的社会关系为基础。这一社会关系必须解决他们"生产什么""怎样生产"两个基本问题,并在解题的过程中保持一致。①正是人的实践活动,使个人与社会成为以个人为细胞、对立统一、相互依存、相互制约、相互促进的有生命、有活力的有机体。

(二)科学对人的世界辩证作用

马克思主义文化哲学思想中除了实现对以往文化界说的超越,还深刻揭示出文化具有历史辩证法性质。文化经历了由人的自我肯定方式到否定方式再到否定之否定方式的转变。文化一开始无疑是人的创造性、能动性劳动的体现,是人类自我肯定的重要方式;但由于人类社会发展到资本主义社会产生出资本主义私有占有制这一生产关系,使人与自然、人与人、人与自我的关系在文化向度上发生了异化,使基于人与人的世界关系的文化以自否性的姿态表征为对人的异己化关系,使生活世界总体观下的文化世界形成了否定性的关系。

以"科学"这一当代文化最富有象征性的形态为例,马克思把科学比喻成历史的有力杠杆,以此来说明科学对社会历史发展的推动作用。科技创新的进步与发展使自然界成为"人类学的自然界"或"人化的自然界",有力地促进了人类自由和觉醒。科学作为社会总劳动的一个特殊部分,科学活动不同于劳动直接协作的物质生产活动,它以创造性地提出新理念、新思想、新发明、新工艺、新技术为目标。在人类发展过程中,科学进步与技术进

---

① 《马克思恩格斯选集》(第一卷),人民出版社,1995年,第68页。

步平行发展,科学与技术像一对孪生兄弟,共同促进人类社会的发展。科技革命变革人们的生产方式、生活方式、劳动方式、实践方式、思维方式,进而使美好生活成为人们的向往和追求,是人与人的世界建构的世界观跃升为生活世界境界观。

然而工业革命的一次次发生,促使人类生存环境发生急剧变化。由于人类对于科技的不当运用,不仅违背了人类社会发展伦理规范,而且打破了人与自然之间的和谐状态,导致人类对自然开发利用呈现出一种无序状态,工厂废气废水等排放成为生态危机的典型代表,严重危及子孙后代的可持续发展。马克思认为,科学技术在资本主义社会中不仅加剧了本来固有的矛盾,还潜藏着人类生存危机的可能性,并伴随着全球化日益凸显为人类现实面临的威胁,科学技术转化成一种外在的、冰冷的异己的力量,严重威胁人类生存环境,甚至加速人的非人化充分发展。马克思主义文化哲学敏锐地看出此生态危机问题,而且揭示出此问题的深刻根源是物化和异化的蔓延引发了很多社会问题,昭示了人类摆脱生存危机真正的出路。

(三)交往是人的世界生成机制

马克思认为,世界历史的"世"是人类精神文化的所有基本形态,之所以成为"世"便是人类交往的结果。交往是人的世界生成机制和实现机制,也是马克思主义文化哲学中的一个重要范畴。马克思主义文化哲学关于文化观点的生成依据是人与人的交往实践。在交往实践中,人与社会的关系得以生成,也就是社会关系依赖交往而生成实现。

具体而言,以生产关系为基础的社会关系依赖交往实践得以生成。社会性的生产必须以"许多个人的共同活动"为必要条件,而"许多个人的共同活动"只有通过个人之间的交往才能实现。只有在交往过程中的生产才能对人与人之间的相互联系产生真正力量。①根据马克思的观点,生产力与交往形式之间的矛盾是产生一切历史冲突的根源,②交往活动、交往形式的性质和历史变化决定着基于社会关系的人的世界的发展变化。根据交往实践的不同性质,分别生成了相对应的人与人的世界关系:"第一,纯粹自发的交往与个人与社会关系的自然性质。""第二,以利益为核心纽带的交往与个人与社会关系的物化性质。""第三,真正联合的交往形式与个人和社会关系的自由的共同体性质。"③

　　马克思、恩格斯在全面客观分析人类本质及实践特征后,将人类交往互动、方式、共同体问题分为两个方面论述。一方面,阐释人类交往互动的形成发展过程;另一方面,揭示人类创造历史的个人主体性、个人与集体关系问题。进而概括出人类交往活动具有如下特征:交往活动属于人类创造历史活动的一部分;交往方式受制于生产力发展水平,并与之相适应;交往关系基于不流失生产力的条件下扩展到世界范围;"交往方式随生产力的发展而改变",生产力的发展促进社会进一步分工,导致人的交往关系发生改变;与此同时,这种劳动组织形式即交往方式和生产力成为社会意识形态的现实基础,并且推动历史不断向前发展;物质活动也就是人类交往关系决定着脑力活动、政治活动、宗教活动等。只有具备一定的交往条件才能进行物质活动等;人类交往所有制的改变促进社会组织形式转变,进而使人全面自由发展;过程主义这种新的社会组织形式才能改变人类交往所有制,形成新型的交往关系,即"自由人联合体"——由具有自由个性且创造社会历史的真正主体组成,因消除资本主义私有制带来的劳动异化及物化,从而诞生了个

---

①　万光侠等:《思想政治教育的人学基础》,人民出版社,2006年,第119页。

②　《马克思恩格斯选集》(第一卷),人民出版社,1995年,第115页。

③　万光侠等:《思想政治教育的人学基础》,人民出版社,2006年,第119~120页。

人交往共同体。①

由于人类交往日益密切形成的经济、政治等方面的全球化,影响着文化全球化发展的方向。一方面,文化全球化朝着更加交流融合的趋势发展;另一方面,文化全球化又向着文化同质化的方向反面前进,不断破坏着人类文化多样性的格局,进而威胁着人类的生存条件。在文化全球化背景下,我们正确处理立足中国与面向世界的辩证统一关系,坚持在尊重各国的历史特点、文化传统、发展道路的前提下,积极倡导求同存异,交流互鉴,既要在尊重不同国家、地区文明多样性的基础上吸取丰富滋养,又要搭建交往平台,使不同文明碰撞出智慧的火花,在构建新型大国交往关系基础上,促进人类命运共同体的构建。

三、文化环境与人的生成关系

马克思主义文化哲学在揭示文化本质的同时,提出了人的文化可能性问题。所谓"人的文化可能性"问题,即表明人的存在与文化环境具有相互创造的双向性、辩证统一的关系性和过程性,是对人的存在与文化环境之间辩证关系的综合概括:一方面,文化学习和熏陶塑造了作为文化存在的人,这是在文化创造和认识的过程中逐步实现的,并非先天的或唾手可成的,需要文化环境潜移默化的影响;另一方面,人除了作为文化的存在外,还以文化创造者而存在,在人对世界的创造过程中,不仅自然界被人化,而且也使人具有获得存在的可能性,形成"人—环境—人"的人化循环圈。

---

① 李燕:《文化释义》,人民出版社,1996年,第210~211页。

（一）人的存在：现实性与历史性的统一

马克思主义认为人是实践的存在、是"现实的个人"的存在。这一"现实性"是重要前提，因为它指的是人的物质生活条件。①这种"现实的个人"有着丰富的历史规定性。②

第一，人是现实的存在物，具有现实性和具体性。马克思主义唯物史观的出发点就是现实的、有生命的、"从事实际活动的人"③，进而研究在一定现实条件下发展的人。④马克思主义文化哲学的出发点是人，但不是"那种抽象的人"，而是"现实的人"，这些人在不受个人意志支配的物质生产条件前提下进行活动。⑤

第二，人是历史的存在物，具有历史性和可变性。人类全部历史的记载无疑是有生命的个体的活动，⑥这种历史性的发生是由人们的活动决定的。"在马克思看来，人与人的关系构成社会早期发展没有丰富的关系，只有当人得到全面自由发展后，个人与社会之间的原始关系发生变化，成为'现实的人'的'过去'。"⑦

第三，实践是人类最根本的存在方式。正如上面所言，实践使人及文化得以生成发展，马克思认为，实践不仅是人类生存的第一个前提，还是一切历史的第一个前提，人们创造的能够满足生产需要的物质生活本身，成为人

---

① 《马克思恩格斯选集》（第一卷），人民出版社，1995年，第67页。

② 万光侠等：《思想政治教育的人学基础》，人民出版社，2006年，第27页。

③ 《马克思恩格斯选集》（第一卷），人民出版社，1995年，第73页。

④ 《马克思恩格斯选集》（第一卷），人民出版社，1995年，第73页。

⑤ 《马克思恩格斯选集》（第一卷），人民出版社，1995年，第71~72页。

⑥ 《马克思恩格斯选集》（第一卷），人民出版社，1995年，第67页。

⑦ 《马克思恩格斯全集》（第四十六卷）（上），人民出版社，1979年，第109、485页。

们创造的"历史"前提。①以物质生活为基础的人们周围的感性世界是在不断发生变化的,与原始关系存在矛盾,不具备始终如一的特性,连后来的工业社会状况同样是历史的产物,是人的创造活动的产物,源于人的感性劳动和实践活动,构成了现存的人化世界的基础。②"实践在提升人的主体性的同时也产生着反主体性的效应。这就是从人学视角所看到的实践的二重性。"③

(二)文化生成:人的本质地现实地生成

在马克思看来,文化产生源于人的存在,而"人的存在是由生活、实践的过程和结果决定的,在实质上是对象性与非对象性的统一"。马克思提出了关于"自然向人的生成"的富有创见的阐述,在人的本质生成中,融汇着文化与社会历史的创造和历史证明。④在人类社会发展进程中,文化的生成,也就是人的创造物的产生与人自身的诞生紧密相关。人的交往方式、生产方式、客观存在的感性世界、主观意义的思想观念都可以充分体现出来。从文化生成的过程中来看,客观世界成为人的对象,必须具有与人相关的本质力量性质,而这种性质是因为人与人的世界关系的规范性形成的"一种特殊的、现实的肯定方式"⑤。

人的本质地现实地生成经历了漫长的历程。从人类最初发展阶段是"自然存在物",到认识到人与动物不同的"类本质",到将劳动注入人的本质成为"劳动存在物",再到在实践维度考察人的"社会存在物"特质,⑥人的本

---

① 《马克思恩格斯选集》(第一卷),人民出版社,1995年,第78~79页。

② 《马克思恩格斯选集》(第一卷),人民出版社,1995年,第76~77页。

③ 万光侠等:《思想政治教育的人学基础》,人民出版社,2006年,第31页。

④ 《马克思恩格斯全集》(第四十二卷),人民出版社,1979年,第131、425页。

⑤ 《马克思恩格斯全集》(第四十二卷),人民出版社,1979年,第125页。

⑥ 王虎学:《"人之谜"的哲学自觉与解答》,《光明日报》,2020年7月6日。

质的生成过程,即人化世界的生成。

在马克思主义文化哲学中,并不存在一些西方学者所说的"人学的空场"。相反,人既是马克思主义文化哲学的理论出发点,也是马克思主义文化哲学的理论归宿,对人的生存和发展的关注始终是马克思主义文化哲学的理论主题。马克思主义文化哲学在批判地继承前人的研究成果的基础上,从实践的观点出发反思人的问题,在实现了人学思想发展中的革命性变革基础上,对传统文化观进行了超越。

马克思鲜明地运用历史唯物主义的立场观点方法通过分析人与动物、人与人之间的区别和关系,在揭示出人"自然存在物""类存在物""劳动存在物""社会存在物"基础上分析文化的生成逻辑,鲜明地指出了文化的生成是人作为一种特殊的存在物所具有的内在规定性地现实地生成。

人的本质地现实地生成,是从知识和理论形态向实践现实形态转化的进程,人的改造对象的实践活动以现实世界存在为前提,以人的"自觉的能动性"为转化条件,实现了主体目的手段活动方式与被改造对象在物化过程中的统一,人的"知识"实现了从感性世界完成到实践活动中应用的转化,转化的结果是人的创造物产生,是产品和人为世界的展示,是文化的现实地生成,是人的本质力量的生成和显现。正如马克思指出的那样,通过人的实践活动,人不仅创造物质生产资料,而且使人化自然的对象和工具融入人自身当中,成就了人的普遍性特征。[①]主体通过"目的—手段"的创造性活动,变为能动的客观普遍存在物。[②]

---

① 《马克思恩格斯全集》(第四十二卷),人民出版社,1979年,第95页。
② 李燕:《文化释义》,人民出版社,1996年,第110页。

（三）文化环境与人的存在内在关联性

马克思主义文化哲学"文化可能性"问题指人的存在状态与所处环境的内在关联性，即人的存在的文化境遇问题。这里的环境不仅指人类生存的社会文化历史境遇，还指人类进行创造活动所处环境。无论人本身的存在多么不同，自然物质环境、社会环境、狭义上的文化环境都是文化环境，都是人的环境。①正如马克思指出的那样，社会生产人，人也生产社会。人与社会环境实现双向互动：人创造社会环境，社会环境也创造人。

马克思鲜明地指出人的对象化与人的本质之间的辩证统一关系，即文化环境与人的存在具有内在相关性，这种相关性通过人与文化环境相互作用的主体性而得到优化。正如马克思概述的：人不会丧失自身的条件是人发挥主观能动性，实现了人的本质的对象化；而能够实现人本质对象化的可能条件是人是社会存在物。②这里的"社会"是指全面的、丰富的，广义上的文化环境。

马克思从实践的角度尖锐地批判了将人与环境割裂的观点，这种唯物主义学说看似分析了人与环境的关系，却把改变人的环境与被环境改变后的人分离对待，造成的必然结果是社会的一部分高于社会本身，并得出自己对于人与环境关系的论断：环境的改变与人类活动保持一致，此种实践则被理解为革命实践。③

这里的环境显然是一个与人息息相关、不可分离的属人的世界，是人化自然或自然的人化，是文化世界，是自然界与文化世界的有机统一体。这种人周围的感性世界是在历史的实践活动中建造的，它不是纯天然的外在世

---

① 李燕：《文化释义》，人民出版社，1996年，第118页。

② 《马克思恩格斯全集》（第四十二卷），人民出版社，1979年，第125页。

③ 《马克思恩格斯选集》（第一卷），人民出版社，1995年，第59页。

界,而是人的能动的主体性发挥下"人的感性活动"的结果。因而在这个层次上,人与人的世界的辩证统一关系才获得历史性的解答:"人创造环境,同样,环境也创造人。"①

马克思之所以揭示出人化世界(文化环境)与人的存在的内在关联性,正是看到了劳动将人的本质异化而提出,人的本质力量存在于工业历史及工业产生的对象性存在中,但人们从心理上并未意识到工业产生同人本质的联系,仅看到人化世界的外表效用,原因在于人类将抽象的历史、艺术、文学等活动与人的本质现实性活动画等号,把人的异化形式看作人的对象化的本质。②

第二节 马克思主义文化本质论

马克思主义文化哲学的不同内容分别体现在他的《博士论文》《1844年经济学哲学手稿》《民族学笔记》《共产党宣言》等经典著作中,主要包括马克思对人的生命的文化哲学阐释、马克思对文化哲学的历史主义原则、马克思关于文化发展规律的思想、对文化内涵的理解与运用、对文化本质现象的认识等。③在本节中将回答三个问题:什么是文化、文化的本质是什么、如何传承和发展文化④,进而准确把握马克思主义文化本质论的基本内容。

---

① 《马克思恩格斯选集》(第一卷),人民出版社,1995年,第92页。

② 《马克思恩格斯全集》(第四十二卷),人民出版社,1979年,第127页。

③ 何萍:《马克思的文化哲学及其传统》,哲学中国网,2015-07-13,http://philosophychina.cssn.cn/zxlp/mkszyzx/ztyj_20346/201507/t20150713_2747898.shtml。

④ 杨威、闫蕾:《马克思恩格斯文化思想的三维审视》,《马克思主义文化研究》,2020年第5期。

一、文化内涵:物质生产与精神生产的统一体

马克思将文化的本质与人的存在及本质相贯通,揭示出文化本质中以人的自由对象化活动为基础的内容,将文化的作用和功能以人类社会历史发展进程为观察场域,从"关注自我意识、自由理性、人的自由自觉的类本质、人的实践特征等"彰显"自由自觉的理性文化精神";①从人的自我意识、人的自觉的能动性、人的劳动、人的实践、人的自由和全面发展等多维角度建构出多维度内涵意蕴的文化观。

(一)文化概念多维度审视

文化的内涵仁者见仁智者见智,主要分为四个层次:

一是"文治教化"之义。"文化"一词在西方经历了从农耕文明培育植物到培养品德能力的变化;而在中国,"文"与"化"最初分开使用,"文"象征交互错画的纹路图案,②后注入文字、文章、文采等含义,又借纹路转化为礼乐、法律等典章制度;"化"原指对人实施的教育活动,劝民向善,特别指君主居上位,对下面黎民百姓施加教化,犹如"风动于下"③最终以收到"无为而自化"的政治治理效果。④在"群经之首"的《周易》一书中则将"人文"与"天文"相对举,因"天文"是"刚柔交错"之形,"人文"应效仿"天文",追求"文明以止"的境界,通过观察"天文"来掌握形势变化,通过观察《诗》《书》《礼》《乐》

---

① 杨威、闫蕾:《马克思恩格斯文化思想的三维审视》,《马克思主义文化研究》,2020年第5期。

② 《说文解字》云:"错画也。象交文。"

③ 《康熙字典》解释"教化"为:"凡以道业诲人谓之教。躬行于上,风动于下,谓之化。"

④ 《说文解字》云:"教行也。"清代段玉裁《说文解字注》进一步解释"教行"为:"教行于上。则化成于下。贾生曰。此五学者既成于上。则百姓黎民化辑于下矣。老子曰。我无为而民自化。"

等"人文"的教化情况，来验证"化成天下"的效果。①此是文治教化之义，与"武功"相对。

二是一般意义上广义"文化"即"大文化"概念。英国人类学家马林诺夫斯基认为"文化"由物资设备、精神、社会组织和语言构成，包括三方面因素和八个子方面。法国人类学家列维·施特劳斯则将"文化"定义为某个人群区别于其他人群的行为模式，且具有明确得不清楚性。无论研究者揭示"文化"的内涵因素有多不同，但均是将"文化"作广义理解，也就是一般意义上的"大文化"概念。广义的文化，是人类创造的一切物质产品和精神产品的总和；可以简化为"一个民族的生活方式的总和"，或者说是"自然的人化"。在广义文化概念中，实际上包含人类社会化行为的积淀物（物质财富、精神财富），认为文化是人类创造物质财富、精神财富及社会化行为的积淀物。从这个意义上来看，文化是相对于自然来说的。除了未经人工琢磨的自然物体以外，一切人为创造的都是文化。纯粹的自然物不能进入文化的范畴。因此，文化天然的不包括自然存在物，只是包括人类自觉的、能动的创造物、精神、语言和符号、规范和社会组织等。

三是符号学文化概念。美国文化人类学家克罗伯和科拉克洪通过考察文化100多种定义，提炼出文化的"符号"意义，这种"符号"的意义蕴藏在人类内在和外在的行为模式中，借助"符号"才能传播其中的思想观念和价值，这是人类不同于动物的特殊成就，价值就体现在人类制造的工具中，构成了文化的基本要素。美国人类学家克利福德·格尔茨基于克罗伯和科拉克洪观点进一步将文化看作蕴含特殊人类思想观念和价值的网，通过这张网传递着人类在劳动实践过程中的意义模式，以此完成不同文化形态的演进。因此，符号学意义上的"文化"就是一种蕴含意义和概念的"象征符号"载体，

---

① 李学勤主编：《十三经注疏·周易正义》，北京大学出版社，1999年，第105页。

是人类思想观念、态度、判断、信仰、渴望等抽象经验的外显。

四是功能性文化概念。英国人类学家马林诺夫斯基将"文化"看作人类进行生产劳动的工具及手段,并且以此构成了文化的主题。功能意义上的"文化"包括人类实践过程中的一整套工具和形成的风俗,而这套工具和风俗用来满足人类改造自然、追求更好生活的需要。但是马林诺夫斯基过分强调文化的功能性含义,缺失了文化的精神意蕴。

五是狭义的文化概念。狭义的文化不包括政治、经济等物质因素,单纯指物质生活以外的精神现象和精神生活。因此,狭义的文化概念只反映人类精神现象,不反映人类社会生活中经济方面,但狭义的文化对人类经济、政治等社会生活具有推动作用。狭义的文化主要指的是满足人们精神需要的一种方式,是对人们精神生活的描述。一般来说,政治、经济和文化作为人类社会生活中的三个重要组成部分都具有满足人类需要的特性和功能。但是具体来讲,就它们满足什么样的需要,这三者之间还是有区别的。经济生活、政治生活、文化生活分别针对个人的物质利益、组织或集团的物质利益、人的精神需要,进一步表现为求真的需要、求美的需要、求善的需要等。文化则是满足上述个人、集体物质需要、精神需要的产物,是人物质利益和精神需要的结合物。

六是与文明相比较文化概念。同义对待:英国人类学家泰勒在广泛的民族学意义上将文化与文明同义对待,认为二者均是指人类全部知识、思想、观念、信仰、道德、法律、艺术、风俗、习惯等复合体。相别而论:①精粗之别:英国马林诺夫斯基在《文化论》中指出:文化是人类实践活动所创造的一切物质、精神成果;文明是文化的进步方面。②途归之别:德国奥斯瓦尔德·斯宾格勒认为"文明是文化的不可避免的归宿",张中府亦认为:"文化是活的。文明是结果。"③内外之别:钱穆认为文明指外在的物质方面,文化指内在的精神方面。因此文明通过外围传播能够被接受,文化只能靠群体内部自身积累精神。④母子之别:钱穆认为文化是文明的母亲,文明是文化的孩子。⑤大小之别:文明是大概念,包含人类能动适应环境改造环境的总成就,文化只是文明下形成的生活方式,文化与文明互不统属,文化是上层建筑概念,文明不仅是上层建筑概念,是整个社会发展整体状况。⑥虚实之别:文化与文明的区别在于,并不是所有的文化理想都能够制度化,能够成为现实的社会形态。恩格斯:"文明是实践的事情,是社会的素质。"①⑦道器之别,钱穆认为:人日常所用衣服等文明事物属于"形而下"之具,文学言论等文化事物属于"形而上"。②⑧形质之别:文化是满足人类生活欲望的并在人类实际经营互动中得到的产物,文明是人类实际生活中外部形态的表现如政治、制度等。"质言之,'文化'属实质,'文明'属形式。"③

(二)马克思主义文化观

马克思、恩格斯对"文化"一词内涵的理解分为四个层次:第一,为区分唯物主义与唯心主义的文化史观,用文化初期代指早期文明,特别是指摩尔根的分期中所提到的蒙昧期和野蛮期。第二,指知识能力和水平及受教育程度,常与程度、修养、素养等词搭配。恩格斯将一切工作所必须具备的基本条件等同于"相当的文化程度",就是将文化理解成知识水平。第三,与物质形式相对称,指非物质性的精神文化的意义,如精神生产、精神生活、精神斗争、社会意识、意识形态等。恩格斯曾用"文化"指称由物质斗争上升为精神斗争的自由报刊所体现出的物质形式观念化。第四,指包含物质生产关系、物质利益关系和阶级斗争的文化。实际上将一切生产和经济关系融入

---

① 《马克思恩格斯文集》(第一卷),人民出版社,2009年,第97页。

② 《管锥编》(一),生活·读书·新知三联书店,2007年,第533页。

③ 石正邺:《文化和文明》,《革新》第1卷第3号,陕西革新杂志社,1923年7月1日,第41页。

文化概念之中,将文化视为广义的文化的观念。①

综上所述,马克思、恩格斯在多部著作中提到的文化,是多维度、多角度的,概括起来,文化就是物质生产和精神生产的统一体,是由一切生产、经济关系构成的物质利益关系与精神生产、精神生活、精神斗争、社会意识、意识形态等融合而成的复杂综合体。马克思主义哲学实现了文化观的变革:首先,它进一步使人们认识到文化是人与人的世界相互作用过程中的产物,是人类把握世界的独特方式;其次,它将人的本质特性引入文化本质进行分析;最后,它使文化融入人类生活世界,从而促进文化哲学的发展。

马克思主义哲学中文化的特性为:第一,文化具有属人性(超自然性)。文化是人在劳动实践过程中创造的,文化表征着人的本质力量和人的能动创造性,形成了人化世界。第二,文化具有社会性(超个人性)。文化是由人创造的,而人总是社会的人,人们创造文化的活动总是在一定的社会关系中进行的。任何文化都是以一定的社会事物和人们的社会行为为载体的。文化的发展是在一定的社会条件下实现的。文化是由人类的群体活动共同创造与体现的,其构成要素为构成这一文化的群体成员所共有。第三,文化具有民族性。文化因天然的不包括自然存在物,而只是人类社会所特有的现象。不同社会具有不同社会发展特点,作为社会发展表征的文化自然打上了民族的烙印,如中国儒家文化、黄老文化不同于印度佛教文化等。不同类型的文化随着不同民族的发展而变化,形成了独具民族特色的文化传统。第四,文化具有阶级性。无产阶级文化是批判地继承人类优秀文化遗产和社会实践经验而创造和发展起来的。第五,文化具有时代性。文化的时代性是指文化适应时代的要求、随着时代的变化而不断发展的特点。从社会形态的角度划分时代,有原始社会、奴隶社会、封建社会、资本主义社会、社

---

① 杨威、闫蕾:《马克思恩格斯文化思想的三维审视》,《马克思主义文化研究》,2020年第5期。

会主义社会和未来的共产主义社会六个时代,这些不同时代的文化各有不同的特点,而各民族的文化在总体上都经历了由低级向高级不断进步的历程。第六,文化具有传承性。文化是后天教育的结果,并且可以经由一个个个体一代代地加以传递下去。第七,文化具有整合性。如上文所讲广义文化包含物质生产关系、物质利益关系及思想观念、信仰、态度、习惯等。第八,文化具有符号性。文化是人类思想观念、态度、判断、信仰、渴望等抽象经验的外显。第九,文化具有可变性。由于内生、外在的社会条件发生变化,文化会不时地发生量变或质变。

二、文化本质:人的本质力量的对象化

"文化哲学在实质上就是人的哲学,是关于人的存在的价值和意义的阐释。"[1]从人的本质与文化的关系入手揭示文化的本质,具有决定性意义,是文化世界观的深层次呼应。从文化认识论的维度看,体现了对文化认识的科学化、客观化、人本化的结合。

(一)文化即人化

如上文所阐释的那样,无论是狭义的文化,还是广义的文化,都是人类自觉的、能动的进行劳动实践创造出来的产物总和,具体包括物质文明、经济文明、社会文明、政治文明、生态文明及各种社会意识、社会心理、社会风俗习惯等,都是通过物质的、理论的、艺术的、宗教的实践来改造世界,使世界变成人化世界,从而建立起人与人的世界的紧密关系。

关于文化的本质问题,马克思、恩格斯在建构了新世界观的基础上,继

---

① 李燕:《文化释义》,人民出版社,1996年,第96页。

承了黑格尔的"劳动是文化的基础"观点,并站在唯物主义的立场上对之前的唯心主义文化观进行了超越,认为文化实质上就是"人化"。这里的"人"不是费尔巴哈讲的抽象的人,而是处于一定社会关系中、进行物质生产的人。"人不是抽象的蛰居于世界之外的存在物。人就是人的世界。"①在人发挥自觉的能动性,进行劳动、实践等改造世界的过程中,人塑造了自己的本质:"人的本质不是单个人所固有的抽象物,在其现实性上,它是一切社会关系的总和。"②这是一种认识人本质的方法论,既认识到人的本质与人的世界本质之间是一种同构性关系,而且鲜明地指出人可以调节和控制这种关系,并确实论证人的活动具有创造性,是对非对象性本质的扬弃。③

具体而言,文化的本质实际上是人的自然属性、社会属性和精神属性(主体性)三者统一体④的对象化。

人的自然属性是人的社会属性和精神属性(主体性)的基础,具有三个特征:①人与动物同源性。人作为有生命的自然存在物和动植物一样受制约于客观环境,但不同于动植物的是,人具有天赋、才能、欲望,能够能动地改造自然。⑤只是人不能完全摆脱兽性,只是人性中兽性摆脱程度不同而已。⑥②自然界是人生存发展的第一个前提。人类是有生命的存在,需要确认的就是任何历史记载都是从自然基础的变更出发。⑦人类创造历史的第一个前提也就是为了满足吃喝住穿需要,也就是满足生产物质生活本身。⑧

① 《马克思恩格斯选集》(第一卷),人民出版社,1995年,第1页。
② 《马克思恩格斯选集》(第一卷),人民出版社,1995年,第60页。
③ 李燕:《文化释义》,人民出版社,1996年,第22页。
④ 万光侠等:《思想政治教育的人学基础》,人民出版社,2006年,第149页。
⑤ 《马克思恩格斯全集》(第四十二卷),人民出版社,1979年,第167页。
⑥ 《马克思恩格斯全集》(第四十二卷),人民出版社,1979年,第167页。
⑦ 《马克思恩格斯选集》(第一卷),人民出版社,1995年,第67页。
⑧ 《马克思恩格斯选集》(第一卷),人民出版社,1995年,第78~79页。

③人的自然属性是最高级别的自然属性。因人的自然属性中渗透着人类特有的精神属性东西,必然就会想方设法去创造美味的食物、美丽的衣服和漂亮的房子来追求更高质量的生活,在此过程中建构出生活世界境界观,"准备为取得高级的享受而放弃低级的享受"①。人类与动物不同的是,人类无须像动物满足肉体需要后才生产,而是不受此需要支配的真正生产。②换言之,由于人类社会化实践活动,赋予人自然属性更加高级的特性。③

人的社会属性高于一切动物,具有三个特征:①群体性。马克思认为,人是自然存在物和类存在物的结合体,生产生活和人类生活是统一的,在人的类生活过程中,自然是人的作品和现实。④②交往性。马克思明确指出,生产以人的一定的方式共同活动和互相交换为基础,倘若脱离这些社会联系和社会关系范围,就不会对自然产生影响。⑤通过人与人之间的交往活动,才能形成人与人之间的密切关系,才能使生产正常运作。从这一意义上说,生产"只有在这些个人的交往和相互联系中才是真正的力量"⑥。③合作性。⑦马克思认为,人具有政治属性,如果脱离了生产,他便不能成为人,不能成为名副其实的真正人。⑧这里的"生产",不仅是物质生产,还包括生命的生产,也就是生育,从此意义上讲,关系包括双重意蕴:一方面是自然关系,另一方面是含有许多个人共同活动的社会关系。⑨

---

① 《马克思恩格斯全集》(第三十四卷),人民出版社,1972年,第163页。

② 《马克思恩格斯全集》(第四十二卷),人民出版社,1979年,第97页。

③ 万光侠等:《思想政治教育的人学基础》,人民出版社,2006年,第153~155页。

④ 《马克思恩格斯选集》(第一卷),人民出版社,1995年,第47页。

⑤ 《马克思恩格斯选集》(第一卷),人民出版社,1995年,第344页。

⑥ 《马克思恩格斯选集》(第一卷),人民出版社,1995年,第128页。

⑦ 万光侠等:《思想政治教育的人学基础》,人民出版社,2006年,第156页。

⑧ 《马克思恩格斯选集》(第二卷),人民出版社,1995年,第2页。

⑨ 《马克思恩格斯选集》(第一卷),人民出版社,1995年,第80页。

人之所以高于动物,还源于人的精神属性,又叫意识属性。这种"思维着的精神"称作"物质的最高的精华"①。马克思明确提出"人是有意识的类存在物"②,是精神存在物、"意识存在物",人通过自己的意识,能够自觉的把客观自然人化为自己意志和意识的对象。③"意识分为显意识(理性)和潜意识(非理性)。所谓理性,指的是人的知识,人的智商,是人的智力方面的东西;所谓非理性,指的是人的情感、意志和毅力等,是人的非智力因素方面的东西。"④人的非理性可以界定为"以反映和表现主体内在状况为主的、具有个别性和独特性的心理因素,诸如本能、欲望、情感、意志、信念等"⑤。"在人的整个意识和思维过程中,二者是相互依存、相互影响、相互促进的;相比较而言,理性是主导的,非理性是理性的必要补充。"⑥

(二)文化与劳动实践观念的内在一致性

马克思和恩格斯首先突出了劳动实践在文化起源中的作用:人们区别于动物的地方就在于人们生产着人类必需生活资料的本身,间接地"生产着他们的物质生活本身"⑦。劳动不仅是人类的生命活动,而且是人类的生产生活,正是此生产生活区别了人与动物,使人的生产生活变成人的类生活,进而产生人的生命活动,实现了种的全部特性与生命活动性质的统一。⑧

文化是人类生活实践的总体性尺度。实践是人的"感性"与"理性"的一

---

① 《马克思恩格斯选集》(第四卷),人民出版社,1995年,第279页。

② 《马克思恩格斯全集》(第四十二卷),人民出版社,1979年,第96页。

③ 《马克思恩格斯全集》(第四十二卷),人民出版社,1979年,第96页。

④ 万光侠等:《思想政治教育的人学基础》,人民出版社,2006年,第158页。

⑤ 陈志尚:《人学理论与历史·人学原理卷》,北京出版社,2004年,第273页。

⑥ 万光侠等:《思想政治教育的人学基础》,人民出版社,2006年,第160页。

⑦ 《马克思恩格斯全集》(第三卷),人民出版社,1960年,第24页。

⑧ 《马克思恩格斯全集》(第三卷),人民出版社,1960年,第24、34页。

个整体。马克思认为，人通过实践创造出对象世界的过程，即是对无机界的改造。这种改造是全面的、非片面的生产方式。区分动物和人改造的标准在于：人按照从属于他的种类的尺度作用于客观自然，而动物仅仅按照它所从属的种类尺度需要进行建造，简而言之，人"按照美的规律"①来建造。

人类是如何按照美的规律来建造呢？马克思认为，就是将不同物种的尺度混合为一体，进一步讲，人在创造文化的过程中，将"主体的内在尺度"与"客体的尺度"相统一，并把双重尺度共同作用于客观存在上，进行对象性活动，从而生产出合乎人类生产生活需要的、合乎规律性的产品（文化产品）。人类在创造文化的过程中做到了"两个尺度"的辩证统一。除此之外，人类在运用"两个尺度"改造客观存在时，还做到了总体性尺度与具体性尺度的统一。因而文化的产生是人类运用"主体的内在尺度""客体的尺度""具体的尺度"相统一的结晶。

三、文化创造：人的本质力量的自觉实现

文化创造是文化创造者存在的表征，是人类历史迈向新的文明的动力根源和基本标志，彰显了人类日新月异的革新精神及文化所特有的生命力和它所蕴含的生命意义及感召性意义，引起人类社会信息系统和认知系统的基本格局和内在结构的转换。这种革除人类认识和行为障碍能力的文化创新活动，能够导致人的生命力增强及主体性、能动性、自觉性的发挥与弘扬，使人化世界更加合乎人的本质需求。在人类能动的、创造性的改造客观存在时，体现出生生不息的、"苟日新又日新"精神，是人类文化创造力的生动展现，使人类的存在成为现实性和超越性的统一。

---

① 《马克思恩格斯选集》（第一卷），人民出版社，1995年，第47页。

(一)文化创造:实践主体和客体双向运动

文化创造是人的本质力量的自觉实现,体现为人的生存与发展方式的自觉更新,即自觉扬弃旧观念、旧行为和旧体制,实践新观念、新行为与新体制。文化创造不是简单的复制和单纯的模仿,而是实质上的创新。

文化创造的动力在于人的需要。马克思认为:人的需要不仅满足自身要求,还能够通过使用工具产生新需要。人的需要能够产生文化创造活动,成为人的第一个历史活动。一部人类文化发展史,就是一部分人的需要不断改变和发展的历史。比如人们在超市中购物、人们在试玩体感游戏等活动,都是为了满足不同人的不同需要而产生的。人民群众具有历史创造者与文化创造主体双重身份,文化创造以人民群众实践活动为基础。

文化是物质生产和精神生产的统一体,"但它首先是一个创造的活动和过程"。文化就是以人的方式进行活动。即实践的主体发挥自主性和能动性因素,在主体与客体的相互作用中,形成了不同于自然存在物之间相互作用的崭新关系,实现了实践主体与实践客体、实践介体之间创造与被创造、改造与被改造的双向互动关系。正如马克思所说,人在实践上遵照人的方式与物发生关系的前提是物按人的方式先与人发生关系;[1]在人与物发生关系的时候,人也就是通过思辨"以全部感觉在对象世界中肯定自己"[2]。

(二)科学发展:认识人类自身的重要视角

考察人类的文化创造活动特别是科学发展活动,是认识人类自身的重要视角。一方面,科学发展过程是人类不断超越自身追求更高水平生活的

---

[1] 《马克思恩格斯全集》(第四十二卷),人民出版社,1979年,第124页。

[2] 《马克思恩格斯全集》(第四十二卷),人民出版社,1979年,第125页。

过程;另一方面,科学发展是人类自我革命精神的生动体现。

科技革命显示出人类的创造能力。18世纪60年代至19世纪中期的第一次科技革命(工业革命),改变了自耕农阶级的落后生产方式,壮大了工业资产阶级和工业无产阶级,开创了以机器代替手工劳动、使工厂制代替了手工工场的时代。19世纪70年代至20世纪初的第二次工业革命,欧洲国家和美国、日本的崛起使人类进入了"电气时代"。以信息技术、新能源技术等为主要标志的第三次科技革命发生在20世纪四五十年代。20世纪后期的第四次科技革命以系统科学的兴起到系统生物科学的形成为标志。电子和信息技术普及应用至2014年的第五次科技革命,以电子和信息技术普及应用为标志。2015年开始的第六次科技革命,从科学、技术、产业、文明四维度看,是"新生物学革命""创生和再生革命""仿生和再生革命""再生和永生革命"的高度整合体。

科技发展创造出灿烂的人类文明彰显了人类勇于创新创造的禀赋。由于中华民族是早熟的文明,以小农经济为主要基础的封建文明,催生出天文历法、农学、地理学等方面的成就。这些成就的取得根植于早期先民从事的农业、手工业生产活动。在这些劳动活动中,中华先民诞生出丰富多彩的文化产品。这些文化产品中的印刷术、火药、指南针改变了整个世界事物的面貌和状态。不仅是这些与物质生产生活密切相关的文化产品,还有诗词歌赋、绘画、书法等文学艺术领域方面的成就,也就是狭义上的精神文化产品,如唐诗、宋词、元曲等诸多人类文明宝库里的瑰宝。在中华民族创新禀赋的影响下,催生出丰富多样的文化成果及科技成果,辐射到周边许多国家,推动世界文明发展进步。

人类的创新精神具体体现为以下四个方面:

第一,将自身与民众、社会、国家不断更新相同步。"苟日新,又日新,日日新"则是天天更新的生动写照,但是自身的更新必须贯穿在"修齐治平"各层面,它是一种自强不息、不断革新进取的精神,必须持续进步、完善,才能呈现新的气象。正如商朝的开国君主汤的浴盆上加铸的铭文说,要坚持不懈地每天更新。《尚书·康诰》则记载每天做新国民,激励民众弃旧图新,去恶向善。《诗》中说君子无时无处不尽心尽力革新自己。

第二,物极必反规律。《周易·系辞下》写道:"穷则变,变则通,通则久",表明事物发展到极致就会变化,并且会在至极之时朝向对立面转化。人把握这一事物变化规律时,只有在穷极之时寻找变化的契机,促成事物的改变,以实现通顺而长久的发展,才能够"从上天降下佑助,吉祥而无所不利"。

第三,革故鼎新之变化世界观。革除旧事物、创建新事物。《周易·革卦》意味着革除旧事物,《周易·鼎卦》意味着创建新事物。"革"与"鼎"是《周易》中的两卦。《易传》解释中,革卦下卦象征火,上卦象征泽。火与泽因对立冲突不能维持原有的平衡状态,必然发生变化。因此革卦意指变革某种不合的旧状态。鼎卦下卦象征木,上卦象征火。以木柴投入火中,是以鼎烹饪制作新的食物。因此鼎卦象征创造新事物。二卦合一代表一种主张变化的世界观。

第四,与时偕行的处事之法。《周易·象下》告诉我们,"时"指人事发展过程中出现的时机或时运。在"时"所规定的境遇中,有着与之相适应的处事之法。"时"的出现与消失及其对人事的影响,体现着天道、人事的运行法则。人应认识并把握"时"的变化,采取与"时"相适应的行动。也就是说,减损或增加、充盈或虚亏,都应当依据时机而行动。不可以偏执,不能用单一的原则去对待事物。只有行事与"时"一起变化的人,才能在变化之中而始终保持通达。

第三节 马克思主义文化发展论

马克思主义文化发展论认为,文化与社会发展是辩证统一的关系,具体包括两大层面:一方面是文化观念与经济基础的关系,另一方面是马克思、恩格斯文化观展开的现实逻辑是社会发展—文化发展(物质生产与精神生产的统一体)—文化模式发展变化—(与社会生产相适应的)文化形态。

一、文化模式:人的文化存在方式

马克思主义认为,文化、文化形态与社会经济状况是协调一致的。文化模式是指在一定历史时代为特定民族的人们普遍认同的、由一定的文化观念、文化活动及其结果构成的相对稳定的文化体系或文化存在方式。任何文化模式都包括文化观念、文化活动、文化产品等几个方面的要素,它们相互联系、相互作用,形成相对稳定的联系结合方式。

(一)文化模式与文化形态

在上文所述的文化本质基础上,理解文化模式应将每一个人的行为包括其中,由此构成了融合不同地域、不同民族的各种文化特质汇聚成的具有统一精神及价值取向的文化模式。文化模式的表层要素是文化活动及作为文化活动结果的文化产品。文化活动包括文化认识等,具体内容在下一部分展开。文化产品包括物质性文化产品和精神性文化产品,它们是我们认识文化模式的起点。马克思认为:各种经济时代的区别,不在于生产什么,而在于怎样生产。不同时期生产方式不同,造就了不同形态用途的文化产品。如"青铜器之王"的后母戊鼎、西周晚期毛公所铸毛公鼎、西周炊器大盂鼎、半坡人的面网纹盆等。

文化观念是指在一定的社会经济发展时期,一定民族的人们对于自身、客观存在及人与人化的世界关系的基本看法。它包括社会意识、社会精神状态、社会心理状况、社会价值观念等。文化观念具有稳定性特征,一旦形成就不易改变。这也决定了文化模式的相对稳定性。

文化模式是由文化产品、文化活动和文化观念三个基本要素构成的具有不可分割的内在联系的统一体。文化产品是文化活动的产物,又是文化观念的体现;文化活动必然以一定的文化观念为指导,并最终创造出一定的文化产品;文化观念是在文化活动中形成的,又通过一定的文化活动和文化产品具体地体现出来。文化模式构成要素结构如图1.1所示:

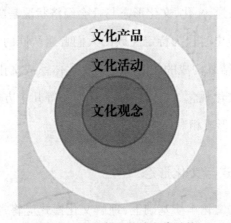

图1.1　文化模式构成要素结构

文化模式从理念层面来看可表征为深层文化结构和现实操作规范两种,它们之间的内在关联可用"文化无意识"和"集体无意识"等及其他概念表达。"文化无意识是在主体有意识的活动中,在自觉地按照特定规范进行认知、表达、评价事物的过程中,显示着文化模式的规约性和历史积淀的文化力量。"文化无意识只有被感知和理解时才发挥作用,往往通过象征、隐喻等形式表现出它们的原型和原始意象,这种文化原型可谓是"模式的模式",在一定时期不变,但现实操作规范和行为风格变动不居,却又万变不离其宗。比如不同时期的器物是变动的,但"天不变,道亦不变"天道观被用于统治的经封建统治者解释的儒家思想观念及其象征的历史文化传统被保持和尊奉,"天道观"便成为"理解中国文化和中国人思维方式与行为方式的文化原型"[①]。

人类的文化模式划分与人类社会五种模式相一致,分为原始社会、奴隶社会、封建社会、资本主义社会、社会主义社会这五种文化模式。这种文化模式的划分以文化创造形式和文明特征为划分标准,与马克思主义历史唯物主义社会发展过程划分相一致,即把社会的生产方式和社会存在作为认识和划分时代的客观依据,社会意识和社会结构正是在这个基础之上产生和发挥作用的。不仅如此,马克思还指出,不同时期社会由于生产力的变化发展而具有不同特征的生产关系,这些总和起来的生产关系构成社会关系,成为人类历史发展过程中某一个特殊阶段。[②]

每一个历史时期与社会经济条件相一致的文化模式可以超越一种或几种文化形态而跳跃式地跃升到高一层次的文化模式。文化形态发展的秩序和线索是统一性和多样性的结合。因每个民族都有各自的独特性,因而文化形态在一定历史阶段内各不相同,呈现出多样性的特点。同时,文化形态发展轨迹又同人类总体历史发展进程相一致,不存在跨越社会经济条件的文化形态跃迁,从此意义来看,文化形态发展秩序又具有统一性。

文化形态的更替轨迹表现出人类解决人与人的世界关系中矛盾的能力及创造性,由文化形态发展秩序和线索多样性特征可知,同类文化形态在不

---

① 李燕:《文化释义》,人民出版社,1996年,第268页。

② 《马克思恩格斯全集》(第六卷),人民出版社,1961年,第487页。

同的民族那里具有相异性特点,自觉或不自觉地体现出特定民族的独特创造性。以中华民族现代文明为例,在一百多年的非凡奋斗历程中,中国共产党把实现现代化作为念兹在兹的历史宏愿、始终不渝的奋斗目标、接续奋斗的强大动力,团结带领中国人民百折不挠共克时艰,奋发图强创辉煌,从"一穷二白"到"全面小康"、从"四个现代化"到"两个一百年",创造了人类现代化史上的奇迹,在马克思主义基本原理同中国具体实际相结合、同中华优秀传统文化相结合的过程中锻造出"中华民族现代文明"①,既是历史的必然,又是中国人民新的自觉选择和伟大创造。

(二)文化认识活动系统结构

文化认识是文化活动中的重要内容之一,是文化模式构成要素的重要部分。"文化认识的认知活动是文化认识主体对客体的认知,通过感知、摄取、选择、评判、想象、建构、综合、反思等一系列行为,对符号系统操作,形成知识、思想和观念的过程。这是运用人类已有的文化创造物比如符号、经验和思想观念等等,依照一定的实践目标和学术进程,进行的人类精神和心智活动的创造和再创造过程。"②津门文化思想政治教育过程实际上是教育者

---

① "中华民族现代文明"的提出,是在2022年10月28日。当天下午习近平考察了位于安阳市西北郊洹河南北两岸的殷墟遗址。他特意强调:"殷墟我向往已久,这次来是想更深地学习理解中华文明,古为今用,为更好建设中华民族现代文明提供借鉴。"之后,党中央对这一命题高度重视,正如习近平在座谈会上讲的:"这段时间,我一直在思考推进中国特色社会主义文化建设、建设中华民族现代文明这个重大命题,这也是召开这次座谈会的原因。"可见,"中华民族现代文明"的此次亮相,是经过党中央一番慎重考量与深入研究的。可以说,作为如此重大的理论和实践命题,为立足新的历史起点进行中国特色社会主义文化建设指明了方向。在7月7日上午听取江苏省委和省政府工作汇报时,习近平指出,"建设中华民族现代文明,是推进中国式现代化的必然要求,是社会主义精神文明建设的重要内容",更加明确了"建设中华民族现代文明"的具体范畴。王学斌:《建设社会主义文化强国与建设中华民族现代文明是什么关系?》,《学习时报》,2023年7月18日。

② 李燕:《文化释义》,人民出版社,1996年,第313页。

对受教育者进行津门文化教育，使受教育者对天津文化形成正确的文化认识的过程。理解马克思主义文化哲学中关于文化认识活动系统结构，有助于津门文化思想政治教育者进行有效的天津文化思想政治教育。

文化认识活动是由主体系统、客体系统、中介系统构成的动态的、复杂的系统。系统内含的三个基本子系统能否高度有目地组织起来决定着文化认识整体的跃升。文化认识主体因自身具有高度自主性和能动性，能使客观存在转化为人的思想观念。文化认识客体是文化认识主体所要把握的对象，比如天津文化的内涵、发展理路、表现样态等。文化认识中介系统包括人类各种认识工具及手段（如电子计算机和智能机等），以及运用这些工具手段的操作程序和方法。

文化认识系统能否正常运转，还有一个关键环节就是文化信息的获取和处理。文化认识主体获取文化认识客体相关信息后，被反映在文化认识主体大脑中，这一反映过程就是文化认识客体作用于文化认识主体的过程。而后，文化认识主体在自身意识支配下自觉的、不自觉地改造文化认识客体，从而实现文化认识客体的变化。这一过程受到客观环境的制约，使文化认识过程具有能动与受动相统一的特质，是人与人化世界的实践关系、价值关系、审美关系相统一的过程。

二、全球化背景下的文化冲突

从上文可知，文化形态在横向方面存在一个地区不同文化形态交织的情况，随着经济全球化程度不断加深，文化冲突问题越来越突出。深刻地把握全球化的文化内涵，明确全球化背景下的文化冲突及其克服途径，自觉运用马克思主义文化哲学立场观点方法，积极推进社会主义现代化大都市先进文化建设和发展，建设中华民族现代文明，加强人类不同文明交流互鉴，是深刻学习马克思主义哲学文化哲学的一个重要内容。

（一）全球化及其文化内涵

马克思认为：不同地域上的不同民族、国家的人民因为相互交往形成的一个整体使历史向世界历史转变。这一过程表现在文化、政治、经济、生态等不同层面。具体表现为：一是全球范围内人们之间时空距离的消失，二是世界各地人们之间的相互依赖，三是各个国家和地区在政治、经济、文化等各个方面的相互影响。

当代全球化是在人类社会发展阶段正经历着从资本主义生产所有制转变为共产主义生产所有制的过程中形成的。当代全球化产生于资本主义与社会主义相互竞争的背景下，它既不像人们通常所认为的那样是资本主义化，也不是社会主义化，它是世界历史发展过程中的一个特定环节，全球化的未来不是资本主义化，而是社会主义化或共产主义化。

当代全球化，一方面表现出资本主义与社会主义相互竞争的时代精神主题；另一方面，世界基本矛盾并未发生根本变化，依然是固有资本主义世界同社会主义世界之间的基本矛盾，进而折射出民族利益与人类利益的矛盾。这一矛盾分别表现在不同国家、地区间的不同形式。

当今全球化时代世界的基本格局变化：由"中心—边缘"格局变成了"中心—多极"格局，世界两极分化、国际剥削和国际压迫不仅没有减轻，反而更加严重。例如地区冲突、战争等。

第一，当代全球化虽然包含不同国家民族之间的冲突，但是各个国家、地区追求共同利益的目标使国与国之间形成相互作用的有机整体，是国与国、地区与地区之间人类个别利益与共同利益、短期利益与长远利益交织的过程。

第二，当代全球化也是人类意识、国家意识、民族意识三者协同发展的过程。伴随着人类共同利益的形成,人类意识开始觉醒,民族意识不断强化。

第三,当代全球化还包括生产力水平在内的人的所有方面发展水平与人由于工业化导致的异化程度水平都同步提高的过程。人的本质通过在自然实践过程中得到极大激发与张扬,人的自身需要不断得到满足,自我发展意识不断加强,自觉独立个性不断形成。这个过程同样伴随人的异化过程,严重阻碍人类自身发展进步。

(二)全球化背景下的文化冲突

所谓文化冲突,是指不同文化之间存在的对立、否定、排斥关系的外在表现。文化的核心是价值观,而以价值观为主要内容的思想观念即精神文化在文化结构中处于核心地位,它对文化的其他方面起着决定性的作用,因此文化冲突实质上是不同世界观、不同意识形态、不同价值观念之间的冲突。文化冲突具体表现为文化霸权主义与文化保护主义、强势文化与弱势文化、文化一元化与文化多元化的冲突。

文化冲突的积极意义在于,它不仅让人们意识到不同地区间文化差异存在的客观性,承认文化存在的多样性;还能通过文化交流促进文明互鉴,因为文化冲突的前提首先是文化多样性,是不同理念等差异所致的结果,根据矛盾是事物发展动力的辩证唯物主义观点,文化冲突(包括文化竞争、交锋等)促进文化发展。文化冲突的消极作用是它会阻碍文化认同。由于文化冲突造成文化对立,就在不同国家、地区间竖起一道围栏,阻碍了不同国家、地区间相互磨合、适应的进程。

全球化背景的文化冲突,突出地表现为基于资本主义文化与社会主义文化之间对立的冲突,即先进文化与落后文化之间的冲突。运用马克思辩证唯物主义观点看待先进文化,它具有历史性,是具体的、历史的文化,但不同生产力水平决定了不同时代先进文化水平和具体内容。先进文化因体现人类社会发展规律，所以引领时代发展潮流。先进文化因反映不同历史时期生产力发展的客观要求，所以能够有效促进不同历史时期科技发展、提高劳动者自主创新能力。先进文化因体现广大社会成员的根本利益，所以具有广泛的群众基础，不但促进人全面自由发展，而且能够得到广大社会成员真诚拥护与实际践行。

在习近平关于天津"三个着力"发展指示下，在深入学习宣传贯彻习近平总书记视察天津重要讲话精神指引下，津门文化思想政治教育的内容就是要传承天津优秀传统文化，弘扬天津红色革命文化，发展天津先进文化，也就是在马克思主义文化哲学立场、观点、方法指导下，发展面向人民需求、面向现代化、面向世界、面向未来的，具有天津地域特色的科学的大众的社会主义现代化大都市文化，为建设社会主义现代化大都市凝聚精神力量，添加精神动能，传播精神文明成果，丰富人们的精神世界。

三、文化发展与人的自由全面发展

文化与人类的实践活动不可分离，文化活动就是人的实践活动。作为一个事实概念，人化是相对于非人化而言的，它是指客观世界、特别是自然界受到人类实践的改造而这样那样地打上了人的本质力量的印记、在越来越高的程度上表现为人的作品。人类通过文化活动创造着人化的世界，并在此过程中把握世界，将世界变成人化的世界，是人的本质的现实的能动创造性的外显形式，并随着人类自身的发展而发展。

（一）文化发展的一般规律

马克思主义认为,文明与文化是具有不同内涵但紧密联系的概念,每个社会的文明与特定社会发展条件下的文化相适应,文化发展到一定阶段的产物是文明,外显形式也是文明。文化和文明也是社会进步和异化状态的标志。在人类社会的不同阶段,文化显现出不同的特点。

在阶级社会中,文化具有阶级性。文化不仅被统治阶级利用,成为自身利益的维护武器,而且在国家意识形态体系中占统治地位。不同历史条件下的精神赋予文化不同时期的历史内容。只有通过对精神生产的把握,才能把握一个社会的文化本质。例如,社会主义精神生产的特点,决定了社会主义文化与其他文化形态的根本区别。

文化具有民族性。不同国家、地区的人们由于生存环境不尽相同,形成不同内容的民族文化,具体表现为不同民族语言、民族性格、民族习惯、民族思维方式等。但随着文化全球化的不断深入,各个国家、地区间的民族文化出现深度融合的趋势。

文化具有历史连续性,是文化发展的连续性,以社会物质发展的连续性为基础。旧文化与新文化不断发生着变化,旧文化不断被新文化批判改造着,新文化不断继承发展着旧文化,就在新旧文化双向互动中传递着人类的文化基因,并使人类文化进行了深厚的积累和积淀。除了文化具有纵向的历史连续性外,由于处于文化全球化的大背景下,不同国家、民族的文化能够互相融通。就观念形态意义上的文化而言,文化受社会经济、政治、地理等因素影响较大,处于不断发展变化之中。

人类文化发展的总趋势与人类社会发展的趋势相同,文化发展的车轮总是从腐朽文化驶向新兴、进步的文化。社会主义文化能够利用以往文化的一切伟大成就,并使之在社会主义建设中发挥巨大的作用。正如列宁指出的那样,先进阶级——无产阶级文化并非凭空产生,是经历了地主阶级文化、官僚资本主义文化之后劳动人民创造出来的崭新的文化形式。[①]人类文化的发展程度是衡量社会进步程度的综合性尺度。

文化发展的外在表现形式则是不同社会发展阶段相对应的不同文化形态的跃迁。运用马克思历史唯物主义立场观点方法分析文化发展规律,可以得出"文化的高低及其命运,归根到底取决于它所体现的生产方式的发展程度"[②]这一唯物史观立场,避免我们跌入文化决定论和文化相对论的陷阱。正如马克思曾经写道的那样,先进文明征服落后文明总是遵循着一条永恒的历史规律,那就是先进文化永远取代落后文化。

马克思历史唯物主义论述社会发展的趋势是非线性、直线式,而是通过展现落后文化螺旋式上升至先进文化的模式,为把握人类文化的发展趋势提供了范式引导,给出了人类文化的演化逻辑,体现马克思对文化发展规律的深刻历史洞察。正如马克思在《〈政治经济学批判〉导言》中用成人不能变回儿童的客观事实说明先进文化必将取代落后文化的文化发展轨迹,先进文化并没有完全舍弃落后文化,它只是批判地继承了落后文化而已。

(二)文化发展与人的自由全面发展的辩证统一关系

从马克思主义文化哲学揭示的文化发展的一般规律,我们可以深刻认识到文化发展与人的自由全面发展之间的辩证统一关系:一方面,文化创造的实践主体——人类"在对存在环境的认识和改造的实践中,发现、掌握、利用其中的必然性和规律性,并依此而使人类为自己创造出更美好的人的世界";另一方面,无论是文化创造,还是历史发展,均追求人的全面自由发展,

---

① 《列宁选集》(第四卷),人民出版社,2012年,第348页。

② 何中华:《马克思主义文化理论的历史理论》,社会科学文献出版社,2022年。

当人类运用自然及社会规律改变自身文化环境时,促进人自身自由解放,人类社会由"史前的历史"进入"人的历史","即可实现人类从必然王国进入自由王国的飞跃"。[①]

由于文化创造导致生产力水平的提升,文化模式发生变化,文化得以发展,相应地跃迁到高一级的文化形态。文化创造对人类的客观存在世界及主观世界均进行了改变,使人类社会踏上了一条充满和谐、希望、理想的道路,使"人的解放和人的自由全面发展"理想得以实现。在文化发展与人类社会发展相互作用的过程中可以看到,实现人的解放和自由全面发展是马克思主义文化哲学的根本主题。

自由是对人类这一主体而言,是人类表现自身的积极力量,存在于人类积极能动的社会实践中。自由不是任意妄为,而是在规律指导下进行实践的积极能动。自由包含意志自由在内的一切自由,但不等于意志自由。遵循规律地进行实践的自由表现出人的主观能动性,是人类驾驭和利用客观存在的必然体现,是对客观自然的必然认识和能动改造。

就社会整体而言,人类的解放是人的自由真正实现的外在表现,因此自由和解放具有相同含义,是有一定区别却又紧密联系的一组概念。自由是解放的前提,没有自由就没有解放,解放不仅是摆脱束缚,更是彰显人的本质。马克思主义文化发展论中的"解放"是马克思人类解放思想在文化解放维度的理论意义。人类解放具有社会关系自由和观念自由的双重含义,马克思"建构了人类通往全部社会生活领域总体性解放的现实道路,揭示出在技术进步中实现实质正义和臻于人的自由全面发展的终极价值取向"[②]。马克思提出的人类解放是现实意义上的,并非仅指观念意义上,必须在现实世

---

① 李燕:《文化释义》,人民出版社,1996年,第25页。

② 刘同舫:《马克思人类解放思想论》,人民出版社,2022年,导论。

界中运用现实手段才是真正解放。这就使解放具有历史的、具体的、现实的意蕴。解放因深深根植于社会现状中而随着社会发展变化而变化。①

"人的全面发展"中"全面发展"是相对于资本主义社会人的片面、畸形发展而言。马克思认为,正是资本主义分工使人变成畸形的、片面的人,工厂手工业因印制人的多种生产志趣和生产才能,异化人为具有局部劳动能力的畸形物。②大工业使人的分工达到前所未有的地步,因而使人的片面发展达到前所未有的地步。在资本主义制度下,畸形发展的除了工人之外,还有资本家本身,资本家因精神空虚而成为资本和利润的奴隶,各行各业的人们被肉体和精神劳动所奴役。③

文化创造产生新的社会制度文明,是实现人的自由全面发展的现实基础。新的社会制度文明因为具有计划生产和自觉分配的社会关系将人从动物中提升出来,这一崭新的社会制度也开启了新的历史时期,使人与人的关系进入了新阶段。④文化创造使社会生产力高度发展,从而创造了人自身全面自由发展的物质基础。

人类的文化创造、文化发展、社会实践使人的解放和自由全面发展的实现成为现实。马克思认为,人类文化创造及发展乃至于人类自由全面发展均是出于人的丰富需要,充实了人的本质内容,仅仅除去私有制的人类。⑤文化创造、文化发展、社会实践使人类生活的社会环境发生变化,社会环境是人的发展的外在条件,内在因素如人的先天因素和后天因素也促使人发展。先天因素是人生而具有的遗传素质和以此为基础所形成的个人天赋,

---

① 万光侠等:《思想政治教育的人学基础》,人民出版社,2006年,第451~452页。

② 《马克思恩格斯全集》(第二十三卷),人民出版社,1972年,第399页。

③ 《马克思恩格斯选集》(第三卷),人民出版社,1995年,第642~643页。

④ 《马克思恩格斯选集》(第四卷),人民出版社,1995年,第275页。

⑤ 《马克思恩格斯全集》(第四十二卷),人民出版社,1972年,第124、132页。

这是个人发展的基本条件和出发点。后天因素是人在出生以后的成长过程中所达到的身心发展水平，如知识、情感、意志、气质、性格等心理方面。先天因素奠定了后天因素发展的基础，后天因素依赖先天因素，后天因素因人的创造活动而具有独立性。人的全面自由发展便是先天因素和后天因素共同作用的结果。[①]

第四节　马克思主义文化哲学方法论：从观念到方法的飞跃

恩格斯指出，马克思建构的世界观是指导人们解决矛盾的方法，而不是空洞地说教。[②]"马克思主义文化哲学既是世界观，又是方法论。"它指引人们树立正确的世界观，即生活世界总体观与生活世界境界观，并学会运用此崭新的文化世界观去认识人化世界和改造人化世界，便成了文化哲学方法论。世界观与方法论是辩证统一的关系："世界观决定方法论，但方法论又影响世界观，并能上升到世界观。"[③]津门文化思想政治教育，以马克思主义文化哲学立场、观点、方法为指导，将世界观上升为生活世界总体观、生活世界境界观的高度来研究津门文化思想政治教育，从而建构津门文化思想政治教育。只有这样，津门文化思想政治教育才能有效地帮助人们提升文化素养和文化境界、涵养文化品格。

---

① 赵士发等：《马克思主义哲学原理精粹九讲》，学习强国、中国大学 MOOC（慕课），2020 年 12 月 27 日。

② 《马克思恩格斯全集》（第三十九卷），人民出版社，1974 年，第 406 页。

③ 郑永廷：《思想政治教育方法论》，高等教育出版社，1999 年，第 6 页。

一、马克思主义文化哲学方法论之联系向度

恩格斯运用形象的比喻来鲜明地指出自然界或人类社会联系的普遍性及相互作用，①马克思主义文化哲学以人和人的世界关系为核心问题，建立生活世界总体观，明确其核心是生活世界境界观；揭示出文化环境与人的存在具有内在关联性，文化发展与人的自由全面发展之间的辩证统一关系等。

历史思维以"知古鉴今、观大势、定位"②为特征，通过历史眼光和辩证思维相结合，将古与今联系起来认识津门文化的历史生成逻辑，把握天津文化历史脉络和前进方向。文化现象和文化关系"不是孤立的，永远不变的，而是与一定的社会条件相联系的，在历史上发生和演变着的现象。它不仅受一定的经济关系所决定，在阶级社会中还为一定阶级的政治、法律制度所制约，并同意识形态的各个部分有着密切的联系"③。因此，研究天津文化现象和文化关系，必须把它同天津的社会条件即天津不同历史时期的经济关系、政治、法律制度和意识形态联系起来，深入研究天津文化赖以产生和发展的社会基础，探求天津文化发生、发展的根源和条件。只有这样，才能科学地说明天津文化的本质、作用和发展的规律性。

战略思维以"谋全局、注重顶层设计、定高度"④为特征，通过发挥思维的整体性、全局性、长期性特征，对津门文化思想政治教育的未来走向进行整体谋划，谋求天津社会主义现代化大都市的长远发展。津门文化思想政治教育即是把天津的先进文化转化为全面建设社会主义现代化大都市的强大

---

① 《马克思恩格斯选集》（第二卷），人民出版社，1995年，第790页。

② 周甫杉：《"两个结合"夯实中国式现代化方法论基础》，《天津日报》，2023年4月10日。

③ 罗国杰主编：《马克思主义伦理学》，人民出版社，1982年，第16页。

④ 周甫杉：《"两个结合"夯实中国式现代化方法论基础》，《天津日报》，2023年3月10日。

力量。

学文化、强政治、重实践、建新功是津门文化思想政治教育的基本方针,体现出"认识与实践相结合、理论与实际相联系、改造主观世界与改造客观世界相统一的一贯要求"①,将天津先进文化转化为树立生活世界总体观和生活世界境界观的强大思想武器,向着全面建设社会主义现代化大都市的宏伟目标奋勇前进。学文化,即坚持好、运用好贯穿其中的马克思主义文化哲学立场观点方法,增进对天津先进文化的认同。强政治,即体现津门文化思想政治教育在强化意识形态方面的作用,发挥思想政治教育在坚定理想信念、自觉认识历史使命的积极意义。重实践,即要求受教育者自觉弘扬天津文化,把立足天津又面向世界的天津文化创新成果传播出去,用天津文化改造客观世界、推动各项工作顺利开展,以回应时代、观察时代、把握时代、引领时代,积极识变应变求变,解决学习工作生活和大都市建设中存在的各种矛盾问题。建新功,即受教育者要通过学习天津先进文化,树立正确的生活总体观、生活世界境界观,明确肩上的责任、使命与担当,不断提高解决自身生活工作矛盾本领、推动天津高质量发展本领,提振锐意进取、担当有为的精气神。

系统思维以"聚合力、整体性、协同性、定局"②为特征,在坚持事物普遍联系基础上将存在、联系、规律赋予系统性特质,以谋求津门文化思想政治教育建构的整体性、结构性、层次性、交互性特征,以收到良好的津门文化思想政治教育效果为落脚点。而习近平特别强调了系统观念这种思维方法的基础性作用。③运用系统观念建构津门文化思想政治教育理论体系,就是要

---

① 李海青、钟香妹:《牢牢把握主题教育的总要求》,《大众日报》,2023年5月1日。

② 周囿杉:《"两个结合"夯实中国式现代化方法论基础》,《天津日报》,2023年3月10日。

③ 习近平:《关于〈中共中央关于制定国民经济和社会发展第十四个五年规划和二〇三五年远景目标的建议〉的说明》,《人民日报》,2020年11月4日。

做到津门文化思想政治教育者、教育对象、教育介体(教育目标,内容、方法)、教育环体(教育环境)①之间优化组合配置,以达到提高津门文化思想政治教育效果的目的。运用系统思维方法,在对以往思想政治教育建构超越的基础上,能够从全局、整体出发,做到津门文化思想政治教育各组成要素之间协同配合,探究津门文化思想政治教育规律,解决天津文化教育缺失等问题;②有利于从整体上、动态中把握津门文化思想政治教育的过程与发展,揭示津门文化思想政治教育机制。

二、马克思主义文化哲学方法论之发展向度

马克思认为,新的、现实的、富有生命力的事物以和平的方式或暴力的方式取代腐朽的、落后的旧事物,并且这一过程是必然发生的、不可阻挡的。③马克思主义文化哲学中文化发展论揭示:文化是具体的历史现象,不同社会不同生产力水平决定不同文化形式与内容;人类文化发展的总趋势与人类社会发展同频共振,进步文化形态取代落后文化形态是必然发生的;均是马克思主义辩证唯物主义中发展观点在文化思想方面的反映。为进一步继承并发扬马克思主义文化哲学中全面发展的观点,在方法论中体现为创新思维。

创新思维以"促发展、开拓性、主动性、谋力"④为特征,是对津门文化思想政治教育建构的常规思维突破,根据天津文化特质及教育者、教育环境、教育对象情况因地因时进行突破,谋求津门文化思想政治教育建构的超越。

---

① 郑永廷:《思想政治教育方法论》,高等教育出版社,1999年,第10页。

② 郑永廷:《思想政治教育方法论》,高等教育出版社,1999年,第12~13页。

③ 《马克思恩格斯选集》(第四卷),人民出版社,2012年,第222页。

④ 周囿杉:《"两个结合"夯实中国式现代化方法论基础》,《天津日报》,2023年3月10日。

创新思维意味着跳出固有思维定式解决天津文化教育缺失等问题。运用创新思维建构津门文化思想政治教育的创新观点如下：

津门文化是区域文化，也是具有普遍世界意义的文化，是生活世界总体文化与生活世界境界文化的统一体。文化世界基于人的劳动、实践、社会关系而具有深远意义。津门文化意义的历史生成逻辑是内生与外生文化相互构建、双向互动的过程和结果，是主体与主体、区域与区域、区域与普遍世界共同造化的过程和结构，是一个多元主体或多元区域构成的文化共同体。津门文明文化形成的历史图谱为：海河文化→商贸文化→租界文化→红色文化→城厢文化→工匠文化→民俗文化→曲艺文化。津门文化是以海河文化为基础、以商贸文化为纽带、以租界文化为媒介、以红色文化为精神、以城厢文化为标志、以工匠文化为载体、以民俗文化为依托、以曲艺文化为象征的地理环境、工匠技术、社会制度、生活观念、精神文化的总体，是大陆文化与海洋文化的总体。津门文化意义生成的历史表明，津门文化是生活世界总体文化和生活世界境界文化，是区域文化或天津人的文化，也是普遍世界或普遍人们的文化。

津门文化思想政治教育是一定的教育主体利用天津文化的思想政治教育资源，对一定的受教育者主体进行教育的教育实践活动。津门文化思想政治教育资源，主要包括津门文化的生活世界总体观、生活世界境界观、人生观、价值观、道德观、法治观等思想观念的精神资源及承载这些精神和观念的载体资源，其中生活世界总体精神和生活世界境界追求是津门文化思想政治教育资源的根本精神。津门文化思想政治教育资源现代转化就是以马克思主义为导向，将津门文化思想政治教育资源转化为现代思想政治教育内容的教育实践活动。津门文化思想政治教育就是用文化哲学世界观、方法论探究津门文化思想政治教育意义结构的理论体系。

津门文化思想政治教育不只是政治意识形态教育，更是生活世界总体和生活世界境界意义教育及建构。津门文化思想政治教育与津门文化教育、一般意义上的思想政治教育、文化思想政治教育相异,但分别与这些类型教育互动并融通。津门文化思想政治教育是区域文化思想政治教育,也是具有普遍世界意义的文化思想政治教育。津门文化思想政治教育是文化思想政治教育的具体化、区域化。文化思想政治教育是思想政治教育的重要内容之一,是将思想政治教育置于文化世界的格局和视野,运用马克思主义文化哲学世界观、方法论进行文化意义建构的过程,利用文化世界的思想政治教育资源所进行的思想政治教育;区域文化思想政治教育就是利用区域文化的思想政治教育资源进行的思想政治教育。津门文化思想政治教育研究和实践为文化思想政治教育和区域文化思想政治教育研究和实践开辟具体道路,并在普遍的道德内蕴和精神结构的教育意义上实现与文化思想政治教育和各种区域文化思想政治教育的贯通、融合和同化。津门文化思想政治教育是津门文化思想政治教育资源的现代转化过程,津门文化思想政治教育资源的现代转化就是教育主体将津门文化蕴含的生活世界总体观、生活世界境界观、人生观、价值观、道德观、法治观等精神内蕴转化为现代思想政治教育内容的过程,这种转化可归结为认知与研究转化、文化交流转化、学校教育转化、载体建设转化、旅游转化五种方式。

三、马克思主义文化哲学之矛盾向度

矛盾是在事物普遍联系基础上反映事物之间的对立和统一关系,揭示事物变化发展内在动力的哲学范畴,由矛盾形成的对立统一规律成为唯物辩证法的核心内容。马克思主义文化哲学从根本上回答了文化为什么会发展的问题,是马克思主义建构生活世界总体观和生活世界境界观的根本方法——矛盾分析方法在文化思想方面的反映。为进一步继承并发扬了马克思主义文化哲学中矛盾的观点，在方法论中体现为辩证思维、法治思维、底线思维、精准思维。

辩证思维以"洞察规律、抓根本、定点"为特征，是用批判的和革命的精神、联系和发展的观点、唯物辩证法基本规律、范畴分析和解决问题的思维能力，以对矛盾和事物发展规律多维度把握为主要内涵。津门文化思想政治教育以解决一定天津社会发展要求与受教育者的思想认知情况之间的矛盾为教育存在的内在依据。这一基本矛盾通过将津门文化思想政治教育者与天津发展要求、受教育情况、教育环境之间建立联系，找出蕴含其中的矛盾，制定使天津发展要求与教育者、受教育者、教育环境相协调的解决矛盾方案，探究津门文化思想政治教育价值"供求"关系律等。

法治思维以"辨是非，图善治，定法"[1]为特征，是运用法治精神、法律原则、法律规范分析、判断、处理津门文化思想政治教育问题的思维方式。[2]津门文化思想政治教育中的资源合法利用是需要关注的问题之一。目前为止相关法治体系包括：法规体系方面有地方政府规章《天津文化中心管理办法》、地方规范性文件由天津市财政局、天津市文化体制改革和发展工作领导小组办公室关于印发《天津文化产业股权投资基金政府出资管理暂行办法的通知》、地方工作文件《天津市人民政府办公厅关于成立天津文化中心工程建设指挥部的通知》。行政执法有天津市武清区文化市场行政执法大队对玉圭园（天津）文化娱乐有限公司行政处罚、天津市文化和旅游局对聚优佳（天津）文化传播有限公司行政处罚、天津市文化和旅游局对天津市河东区文化和旅游局对思莉琪（天津）文化传播有限责任公司行政处罚等。司法案例有天津市滨海新区人民法院（天津自由贸易试验区人民法院）发布7

---

① 周圃杉：《"两个结合"夯实中国式现代化方法论基础》，《天津日报》，2023年3月10日。

② 周强：《坚持以人民为中心　努力让人民群众在每一个司法案件中感到公平正义》，《习近平法治思想研究与实践》（专刊），2021年12月2日。

起涉外及进出口贸易知识产权典型案例之四:原告中文在线(天津)文化发展有限公司与被告美国某公司侵害作品信息网络传播权纠纷一案。

底线思维以"谋主动、守底线、谋高线、定界"①为特征,是我们在建构生活世界总体观、生活世界境界观的过程中,根据津门文化思想政治教育的需要和天津社会客观的条件,严守思想政治教育意识形态底线,制定解决预案,化解教育风险,以最大的努力避免最坏的结果,是自觉运用矛盾对立统一规律的生动写照。津门文化思想政治教育是意识形态教育,是将天津文化中蕴含的意识形态方面、范畴、范围内的精神层次的概念传授给受教育者,核心教育内容是价值观教育。务必使天津文化教育中的价值观与社会主义核心价值观保持高度一致,这是不可逾越的红线。又因意识形态是包含特定阶级利益的、以一定经济社会条件为基础的系统思想观念,故津门文化思想政治教育内容必须具有三个特征:第一,将天津文化中促进天津社会发展、代表天津人民群体利益、指导天津人民行动的思想观念进行传播。第二,将天津文化中具有体系特征的生活世界总体观、生活世界境界观进行传播。第三,将天津文化中以特定社会经济条件为基础的思想观念进行传播。受教育者通过学习天津文化,以有利于天津社会发展的思想观念锤炼自身品格,以有利于天津成为社会主义现代化大都市的发展方向为旗帜,以贡献自身力量为使命,以服务人民、对党忠诚为己任,凝聚起奋发有为的精神动力。②

精准思维以"重实干、求实效、显能"③为特征,贵在以解决津门文化思想政治教育中效能不高等问题为导向,抓住教育过程中突出问题和矛盾,找准靶心、精准发力、持续用力,精准到位,确保抓住病根、直达病灶,对症下药,

---

① 周囿杉:《"两个结合"夯实中国式现代化方法论基础》,《天津日报》,2023年3月10日。

② 李海青、钟香妹:《牢牢把握主题教育的总要求》,《大众日报》,2023年5月1日。

③ 周囿杉:《"两个结合"夯实中国式现代化方法论基础》,《天津日报》,2023年3月10日。

从而提高解决问题的效率。①津门文化思想政治教育"必须敢于正视问题、发现问题。问题是时代的声音。问题意识强不强,决定了津门文化思想政治教育的成效"。应力戒"不愿发现问题,担心发现问题","力戒形式主义,直奔问题去、带着问题学、对着问题改"。②津门文化思想政治教育研究应针对尚停留于道德观、价值观、人生观及各种精神意蕴的分散式和叠加式研究,尚无津门文化思想政治教育的总体意义和结构概念,没有津门文化思想政治教育方法、路径、机制系统研究,更没有把这些研究建立在马克思主义文化哲学方法论基础上,特别是还存在文化历史叙事话语与思想政治教育理论话语体系的断裂问题。

四、马克思主义文化哲学之实践向度

马克思、恩格斯首先突出了劳动实践在文化起源中的作用,并指出文化所强调的是以人的方式进行活动,由此可知实践对文化的生成、发展具有重要作用;发挥人的主观能动性是文化生成与发展的重要因素;因此,主体化方法是马克思主义文化哲学中的重要方法之一。"文化认识是人类掌握世界的基本方式,而作为认识的认识理论又是以人类精神为对象加以探究。"③文化认识与文化实践是辩证统一的关系。文化实践是文化认识的基础,实践在认识活动中起决定性作用;文化认识反作用于文化实践。一切从实际出发又是马克思主义文化实践与认识的辩证统一原理的根本要求。

---

① 周晔:《强化精准思维》,《人民日报》,2022年4月29日。
② 孙英臣:《调查研究要在"实"字上下功夫》,《河北日报》,2023年5月5日。
③ 李燕:《文化释义》,人民出版社,1996年,第316页。

（一）主体化方法：生活世界总体方法和工作世界本质方法

文化与人化具有紧密联系，文化世界即人的本质的现实的对象化世界，就是主体化的生活世界，而生活境界是文化世界的核心。人的实践活动在文化的生成、发展中起到关键作用，实践观点的哲学方法论是主体化方法，就是"主体与客体、主体与主体共同造化历史、现实和世界的方法"，教育者只有将自身的生活、工作、生存环境与自身对津门文化的认知、理解、建构和转化方法相融合，才能获得全面、客观的天津文化认知。"主体化方法追求的不只是历史感，更注重主体感和现代性，它沉迷的不是历史叙事，而是对历史文化的理解、体验、选择与建构，它必须将历史叙事话语体系和感性而零散的日常话语方式转换成理论化、逻辑化、审美化、境遇化、前景化的哲学和思想政治教育的新话语体系，并最终抵达超越历史感和历史叙事的主体化文化世界或文化生存境界。"[①]

主体化方法在尊重纯粹客观历史知识或客观现实的基础上，"把文化世界以及任何一种文化形态、形式的意义都视为主体与客体以及主体之间的共同生活和工作创造，都是研究者、教育者、学习应用者或生活者与工作者的主体间性的认知、理解、体验和建构"。主体化方法是客体化描述与主体间性感知的统一，是一种"关于历史与现实、主体与客体相融通的主体化建构方法"。马克思主义文化哲学视域下的津门思想政治教育"必须从无主体的客体化走向总体的主体化，从背景走向前景，从境遇走向境界，从历史感走向主体感，从客体化的实事或事实走向主客体共同造化的生活世界和存

[①] 李晓元：《文化哲学方法与闽南文化思想政治教育研究》，社会科学出版社，2014年，第55~86页。

在空间"①。

津门文化思想政治教育研究一个基本方法就是"融合讲"的方法,而不是"接着讲"的方法,不是"照着讲",更不是"打断讲"的方法。这种研究在历史、现实和未来的叙事中融入主体化,是主体化的生活世界和工作世界的建构。它一直都在与历史主体、现实生活和前景化世界对话,一直都在与有这种旨趣的思想家对话。这种"融合讲"的方法就是"马克思倡导和践行的'跳出学术、学界圈子直面生活世界'的'打断法'或'描述法',在一定意义上也是时下颇为流行的现象学的'悬置一切概念和实体直接进入现象(现实)世界'的'打断法'或'描述法',而这种打断和描述是主体化的打断和描述,甚至在一定程度上是主体意向性的打断和描述。它一直都在对话,与现实对话、与历史对话、与思想家对话。存在者的存在也是这样,要讲述自己心底的声音,聆听自己心底的声音,这心底的声音就是现实的声音,就是历史的声音,就是思想家的声音"②。

(二)一切从实际出发:文化认识论的根本要求

津门文化思想政治教育在传递天津文化相关知识的同时,使受教育者对天津文化有正确的认识,并在正确认识的基础上进行文化实践,建构自身的生活世界,追求自身的生活境界。津门文化思想政治教育必须按照教育者、受教育者、教育环境等实际情况进行教育活动,一切从实际出发是重要方法之一。

马克思、恩格斯认为,能够被共产党人尊奉的理论以现实的、真实的历

---

① 李晓元:《文化哲学方法与闽南文化思想政治教育研究》,社会科学出版社,2014年,第55~86页。

② 李晓元:《文化哲学方法与闽南文化思想政治教育研究》,社会科学出版社,2014年,第55~86页。

史运动关系为依据,不是以某个世界改革家凭空产生的、抽象的思想为依据。①一切从实际出发,就是要求我们从变化的、特定的、具体的、历史的、客观事物存在出发,去认识客观存在事物,去把握事物发展规律,而剥离任何影响结论客观性的主观成分。

一切从实际出发,应从具体事实出发。恩格斯认为,得出确切结论的依据来源于历史事实和发展过程,以抽象臆断为依据的结论不具有任何实际价值。②列宁同样指出了马克思的理论不是以可能性而是以事实为依据,③进一步将脱离事实的、没有确凿证据的理论比喻成"儿戏",甚至不如"儿戏"。④

一切从实际出发,应做到实事求是。即"研究"客观存在的一切事物(实事)去"探求"蕴藏在事物内部的客观规律。⑤进一步讲,通过发挥人的自觉的、能动的认识事物能力,实现客观事物之"理"向人的认知之"理"(真理)的跃升。一方面,津门文化思想政治教育最基础的工作在于搞清楚"实事",就是了解天津文化思想政治教育的实际、掌握实情,这是建构津门文化思想政治教育所必需的也是唯一可靠的前提和基础。另一方面,津门文化思想政治教育的关键在于"求是",即探求和掌握天津文化思想政治教育的规律。

一切从实际出发,应做到调查研究。"扑下身子、沉到一线,保持求实之气、务实之风,坚决杜绝作秀式、盆景式、蜻蜓点水式调研,多开展随机式、蹲点式、沉浸式、解剖麻雀式调研","奔着问题去、带着问题学、对着问题改"。⑥津门文化思想政治教育应了解受教育者对天津文化的认识状况及由

---

① 《马克思恩格斯选集》(第一卷),人民出版社,1995年,第413~414页。
② 《马克思恩格斯选集》(第四卷),人民出版社,1995年,第582页。
③ 《列宁全集》(第四十七卷),人民出版社,2017年,第457页。
④ 《列宁全集》(第二十八卷),人民出版社,2017年,第364页。
⑤ 《毛泽东选集》(第三卷),人民出版社,1991年,第801页。
⑥ 李海青、钟香妹:《牢牢把握主题教育的总要求》,《大众日报》,2023年5月1日。

此认识形成的思想品德状况。进一步还需了解受教育者形成这一生活世界观和生活境界观、思想品德状况的内在依据——知、情、意、信、行。人的生活世界观和生活境界观的形成除了受外部环境影响，也受自身主观条件限制。①社会环境对受教育者思想政治品德的形成发展具有重要影响，外部制约着人们思想政治品德形成、发展状况，因此还需了解受教育者接受教育的环境等客观因素。综合上述影响教育实施的主客观因素，解决津门文化思想政治教育现有问题：部分大学生对天津文化认知模糊、部分大学生对天津文化兴趣度不高、部分大学生地域文化认同感不强、天津文化思想教育方式较为单一、教育成效不高。津门文化思想政治教育的实施过程是在解决上述问题基础上，结合受教育者的思想品德状况及教育环境等主客观因素，教育者设定不同计划，进行多样性教育。教育者应因材施教，并且通过学情分析，动态了解受教育者思想变化的原因，变更教育实施方案及手段，以期收到良好教育效果。②

综上所述，马克思主义文化哲学方法论实现从观念到方法的飞跃，是联系、发展、矛盾、实践四维度构成的方法论系统，包括历史思维方法、战略思维方法、系统思维方法、创新思维方法、辩证思维方法、法治思维方法、底线思维方法、精准思维方法、主体化方法——生活世界总体方法和工作世界本质方法及一切从实际出发(实事求是、调查研究)方法。在深刻理解马克思主义文化哲学真理与价值、方法与立场的基础上，不仅明确"以何为理""以何为法"，更确定"以谁为本""以谁为主"。马克思主义文化哲学方法论，是马克思主义的辩证唯物主义和历史唯物主义在文化方法论上的反映，坚持以人为本的文化观，以人的"实践活动及其历史选择、历史成果为本为主，建

---

① 《马克思恩格斯文集》(第九卷)，人民出版社，2009年，第40页。

② 张毅翔：《思想政治工作创新发展的内涵特质、动力根源与实践进路》，《思想理论教育》，2022年第10期。

构出与之相适应的独到的思想方法和思维方式"①。这套方法论系统对津门文化思想政治教育建构具有重要意义。

---

① 冯鹏志:《坚持"七大思维"厚筑方法论自信》,《学习时报》,2022年5月31日。

第二章　津门文化思想政治教育总论

基于马克思主义文化哲学中文化的本质是"人的本质力量的对象化"及城市本身的特征,研究津门文化的内涵、外延及当代价值。在此基础上,从马克思主义文化哲学核心关系"人与人的世界的关系"出发,赋予津门文化思想政治教育"生活世界总体观""生活世界境界观"意义建构新内核,依托思想政治教育阐发津门文化思想政治教育本质、基础、体系、原则和方法,对津门文化思想政治教育进行理论建构。

第一节　津门文化思想政治教育概念论

建构津门文化思想政治教育以明确津门文化思想政治教育内涵为基础。欲明确津门文化思想政治教育概念则以明确津门文化内涵及外延为前提。明确津门文化的内涵、外延和当代意义,有助于区分津门文化思想政治教育与津门文化教育、思想政治教育之间的不同,从而更加科学、全面地建构津门文化思想政治教育体系。

一、津门文化概说

"天津是一座很有特色和韵味的城市。九河入海的特殊地理位置和近代以来的风云际会,共同造就了天津内陆文化和海洋文化相互借鉴、传统文化与现代文化交相辉映、中华文化与外来文化兼容并蓄的特质。从历史传承的脉络看,天津文化的原始底色是'上善若水、沽水流霞'的'水文化';从区域文化经纬看,天津文化的发生发展涵养了'南北交汇、东西互鉴'的'融特质';从时代发展的视野看,天津文化的创新创造衍生了'志在万里、达济天下'的'开放范'。多元性、包容性、融通性、开放性、创新性构成了天津文化的基本特征。天津文化名人辈出,是京剧和相声的大码头、评剧发祥地、北方曲艺之乡、中国话剧摇篮、歌唱家摇篮,不仅在近代文化史上占据特殊地位,也形成了具有较高辨识度的津派文化。"①

(一)津门文化的含义

城市文化的定义主要有两种思路,一是在广义文化概念基础上将知识、信仰、艺术、道德、法律、风俗等内容限定在都市社会组织中所具有的,并将物质文化和精神文化限定在城市人们创造,又将都市人群生存状况、行为方式、精神特征及城市风貌纳入城市文化内容中,诸多要素构成的都市文化总体形态。二是只将城市生活环境、生活方式和生活习俗作为城市文化构成要素。②

本书中津门文化的定义吸收上述两种定义思路的合理成分,基于马克

---

① 中共天津市委宣传部:《在推动文化传承发展上善作善成》,求是网,2024年5月1日。
② 秦启文:《城市文化》,中国城市低碳经济网[引用日期2012年10月9日]。

思主义文化哲学中文化的本质是"人的本质力量的对象化"及以城市本身的特征出发对津门文化的内涵和外延进行重新界定:津门文化,是天津文化的别称,是指生活在天津市区域内的人们在改造自然、社会和自我的对象化活动中,所共同创造的具有天津市特点的文化模式:是天津市人群生存状况、生活环境、行为方式、社会组织结构和道德规范,以及这种活动所形成的具有地域性(或天津市特色)的社会制度、思想观念、精神状态、乡规民约、技能技术、艺术产品等的总和。

参照文化有广义和狭义之分,津门文化也可从广义和狭义两方面理解。广义的天津文化由物质文化和非物质文化(包括精神文化)构成。前者指具有物质形态的、有形的器物用品,如天津建筑、人民生活用品、交通设施、电力设施、公共文化娱乐设施等;后者则为非物质文化遗产、思想观念、精神状态、民间习俗、道德规约、法律制度及天津居民生活方式等。

如前所述,无论是狭义的文化,还是广义的文化,都是人类自觉的、能动的进行劳动实践创造出来的产物总和,具体包括物质文明、经济文明、社会文明、政治文明、生态文明及各种社会意识、社会心理、社会风俗习惯等,都是人通过物质的、理论的、艺术的、宗教的实践来改造世界。由此可知,完整意义上的文化形态一般包括四个层面:①物质文化:工具、工艺、技术文明,②社会组织与结构,③行为系统:风俗、伦理、道德、法律、制度,④精神文化:思想、观念、哲学、宗教等意识形态。

文化可分为四种类型:①物质型文化。包括人类已通过劳动实践创造出来一切物质对象及物质生活方式,其中蕴含着人类无差别劳动实践的物质产品是物质型文化的核心内容。物质型文化具体样态包括饮食文化、衣着服饰文化、建筑文化、日用品文化、工具文化等,结绳、算盘、计算机、人工智能机器人等代表了人类物质文化发展的不同层次。不同历史时期不同生产水平体现在物质型文化产品中,也是不同国家、地区、民族的历史积淀,构成其他类型文化形态存在发展的基础。②社会关系型文化。包括不同关系层次的文化,如地缘、家庭、社会组织等,体现社会分工结构、阶级结构乃至民族结构。它处于物质文化与精神文化之间,同时反映精神文化与组织、结构,并反作用于二者。③行为型文化。它是社会成员约定俗成的、共同制定并遵守的社会规范及行为表现出来的文化。包括民俗习惯、社会伦理、道德行为、社会政治法律等制度等,能够从倡导和惩罚两方面约束社会成员的行为,调节和协调家庭关系、人际关系及社会关系。④精神型文化。因它具有抽象性,所以它是流动的、变动的,存在于文化主体人的各种行为之中的一种精神文化。包括价值观念、思想体系、社会意识。人的思维活动过程是一切社会意识的产生、传播和变化发展的过程。其中,为人们所共有的、比较稳定的思考方式也是一种文化要素。通过由人的主观的、能动的思维活动而形成的精神产品所表现出来的文化也属于精神型文化。

基于文化形态的分类,结合城市发展的特征,广义的津门文化形态包括:天津物质型文化(饮食文化、衣着服饰文化、建筑文化、日用品文化、工具文化等)、天津社会关系型文化(社会组织、社会结构等)、天津行为型文化(制度、道德、法律等)、天津精神型文化(哲学、宗教、文艺和社会心理等)(包括非物质文化遗产)。具体由天津优秀传统文化、红色革命文化、社会主义现代化大都市先进文化等组成。

狭义的天津文化指非物质文化,即天津人民生产、生活的精神意识形态总和,它主要包括思想、观念、教育、文学、语言、艺术等精神理念和精神产品。天津文化属于文化总系统中的精神文化范畴,是社会主义先进文化的一个有机组成部分,是独具天津特色的一种地域文化。津门文化是区域文化,也是普遍世界文化,是生活世界总体文化,更是生活世界境界文化。

在狭义的天津文化范畴中,天津精神是生活在天津这片沃土上的勤劳人民建设美好家园的精神追求,集中体现出劳动人民的奋斗美德和不懈追求。而这些必然要在薪火相传的津门文化中进行基因传承。天津从明初设卫建城,到现在迈向社会主义现代化大都市,奋斗、革新、和谐的追求深深厚植于悠久历史的天津文明中,深深植根于天津人民的精神世界之中,深深融化在天津人民的血脉之中。奋斗、革新、和谐是天津城市精神的核心。天津文化铸造成的天津文明,不仅可以在天津人民的奋斗中看到,也可以在朝气蓬勃的人民精神中看到,还能在人民创造的一切物质文明成果和精神文明成果中寻见。

探究津门文化乃至天津文明发展的原因,很重要的是,天津人民有一脉相承的精神追求、精神特质、精神脉络。天津城市文明发展史孕育了丰富多彩的物质文化和非物质文化,这些文化体现在天津不同发展时期,体现在天津人民的不懈奋斗中,体现在天津人民的精神追求中。是天津优秀传统文化、红色革命文化和社会主义大都市先进文化的统一体。

天津人民的特质、禀赋不仅铸就了绵延几千年发展至今的天津城市文明,而且深刻影响着当代天津发展进步,深刻影响着当代天津人的精神世界。津门文化在一代一代的天津儿女手中创造和积淀,也需要在一代一代的天津儿女手中传承,更必将在一代一代的天津儿女手中辉煌。天津文明在继承创新中不断发展,在应时处变中不断升华,滋养着社会主义现代化大都市的建设。津门文化是天津独有的地理环境、发展的经济条件、人民的奋斗共同培育、继承、发展起来的,已成为丰富多彩的物质文明和非物质文明总和,为社会主义现代化大都市建设奠定了厚实的文化、文明基础。天津人民在长期奋斗中培育、继承、发展起来的城市精神,为天津发展和天津城市文明进步提供了强大精神动力。要结合新的实际发扬光大,把天津生活世界总体观、境界观和道德品质转化为建设社会主义现代化大都市的具体行动,体现在平凡的生活世界中、工作世界中、境界追求中。

天津的城市文化与城市人格、城市形态联系紧密。城市文化是城市人格的体现,城市文化发展以城市人格提升为要求,反映出天津地域特色的、与新时代交相辉映的人格光辉,在塑造人民生活世界总体观、生活世界境界观、激发城市发展活力方面发挥重要作用,是实现社会主义现代化大都市建设的更高发展阶段,是品牌立市、强市、兴市、旺市的过程。

(二)津门文化的当代价值

津门文化是生活在历史发展中的天津这座城市的人民创造出来的城市文化,蕴含天津人民勤劳、勇敢、奋斗、追求的创造活动及智慧。津门文化在天津全面建设社会主义现代化大都市中具有至关重要的地位与作用。更好地保障和推动津门文化繁荣发展,才能不断巩固全面建设社会主义现代化大都市团结奋斗的共同思想基础。

正如《天津市 2023 年政府工作报告》指出的那样,在深入将习近平对天津"三个着力"指示批示精神全面贯彻到建设社会主义现代化大都市的新征程中,以"四高"目标为导向,以京津冀协同发展为战略牵引,以"一基地三区"为功能定位,以促进共同富裕为奋斗目标,[1]着力推动天津高质量发展,切实保障人民生活,"自觉把天津放在全国大局中谋划把握,从全局谋划一域,以一域服务全局",需要继承和弘扬天津文化,凝聚建设社会主义现代化大都市的精神力量,为实施市委部署的"十项行动"方案,把宏伟蓝图细化为"施工图"、转化成"实景图"[2],激发天津人民全面建设社会主义现代化大都市"精气神"。

正因为城市文化对全面建设社会主义现代化大都市的推动作用,一个城市重视城市文化建设的程度越高,越能发挥城市科学发展的精神支柱和

---

① 《天津市第十二次党代会报告》,《天津日报》,2022 年 7 月 19 日。

② 《天津市 2023 年政府工作报告——2023 年 1 月 11 日在天津市第十八届人民代表大会第一次会议上》,《天津日报》,2023 年 1 月 17 日。

强大内在力量,使一个地区自信力、凝聚力和创造力的发挥越充分,城市竞争力越大,为城市人民创造美好生活的能力越强。津门文化建设水平高低对社会主义现代化大都市经济社会发展、改革开放、城市治理、人民生活等方面建设有着重要意义。不仅赋予天津这座城市以雄厚的经济实力,同时滋养天津这座城市以强大的生态环境、文化实力优势。①

当今世界,文化不仅是国家之间综合国力竞争的重要考量,而且是支撑社会发展的重要支柱。文化软实力不同于硬实力,更能发挥发展制高点、道义制高点的关键作用。弘扬和传承津门文化,让中国其他地区人民、世界人民了解天津,必须学会讲天津故事。在扩大津门文化影响力的同时,国际社会对天津的了解又进了一步。有利于增进国际社会对天津的理解、扩大,展示天津这座历史文化名城、社会主义现代化大都市的良好形象。

重视天津文化继承与发展,同样有助于解决现代社会快速发展所造成都市居民生活观念、方式无法与快速转型社会环境相平衡的问题,通过延续历史文脉,在继承原有个性的基础上,使都市居民更好地自省自身生存和生活问题,更好地经受自然与精神的双重考验。②

重视天津文化继承与发展,还有助于保有城市自身文化发展的独特性。为有效应对日益强劲的世界性文化浪潮,消除在现代工业发展背景下城市文化模式单一化、一致化、感性形象化的现代化对人文化追求的异化;③更是解决因繁华都市快速而单调的成长导致文化历史痕迹被抹擦的问题,最终为人们的精神找到一个确定的归宿,延续城市的文脉。④

---

① 《威海率先全面完成文化产业为体制改革重点任务》,中国城市低碳经济网[引用日期2012年9月21日]。

② 禹建湘、黄惟琦:《中国文化乡愁的历史生成及当代意义》,《湖南人文科技学院学报》,2017年第4期,第81页。

③ 邹广文:《论全球化时代的现代城市文明》,《开放导报》,2004年第1期。

④ 仇保兴:《城市文化复兴与规划变革》,《城市规划》,2007年第8期。

因此，如果我们想要保障人民对美好生活向往的实现，使人民更好地适应环境变化，必须抓紧关注天津城市文化建设。在为城市居民精神文明建设特别是生活世界总体观、生活世界境界观构建提供正确发展方向的基础上，营造使人民生活美好的城市人文发展环境，为都市文明发展提供有力支撑。①大众传播体系应承担促进天津城市文化建设的使命，赋予人民所处的"拟态环境"以正确媒体价值引导与社会主义核心价值观引领，使天津城市文化价值观潜移默化地与时俱进，焕发生机活力。

二、津门文化思想政治教育概说

津门文化思想政治教育以津门文化思想政治教育活动为研究客体，是关于津门文化思想政治教育发展规律的科学，是一门研究人的生活世界观、生活境界观建构规律及思想品德培养规律的应用性科学。津门文化思想政治教育是中心概念。津门文化思想政治教育是激发和引导人们对天津文化世界进行认知、理解、体验、选择、建构和教育行动；教育人们树立正确的生活世界总体观，形成全面的认知，指导工作、生活实践，是意义建构的过程。

（一）津门文化思想政治教育定义

津门文化是区域文化，也是普遍世界文化，是生活世界总体文化，更是工作世界本质文化，工作创造精神是其根本精神。津门文化思想政治教育是一定的教育主体利用津门文化的思想政治教育资源，对一定的受教育者主体进行教育的教育实践活动。津门文化思想政治教育资源，主要包括津

---

① 禹建湘、黄惟琦：《中国文化乡愁的历史生成及当代意义》，《湖南人文科技学院学报》，2017年第4期。

门文化的生活世界总体观、生活世界境界观、价值观、道德观、人生观、法治观等思想观念的精神资源及承载这些精神和观念的载体资源,其中生活世界总体精神和工作世界创造精神是津门文化思想政治教育资源的根本精神。津门文化思想政治教育资源现代转化就是以马克思主义文化哲学为指导,将津门文化思想政治教育资源转化为现代思想政治教育内容、凝聚建设社会主义现代化大都市力量的教育实践活动。

津门文化思想政治教育是指天津社会或社会群体用天津文化中蕴含的生活世界总体观、生活世界境界观、人生观、价值观、道德规范、法律规范,在提升成员思想品德素养、法治素养和文化素养目标导向下,遵照津门文化思想政治教育实施方案,对受教育者有组织的影响,并促使其自主地接受这种影响,从而形成符合天津社会发展所需要的思想品德的社会实践活动。是动员人们为建设社会主义现代化大都市而团结奋斗的社会实践活动。

津门文化思想政治教育与津门文化思想政治工作相比,两者存在一定区别:第一,津门文化思想政治工作的含义较宽泛,如"津门文化思想政治工作"要组织人们参加各种实践活动,尽管其中也有教育的意义,但终究不能简单地称之为"津门文化思想政治教育"。这一概念主要运用于工厂、农村、党政机关等领域。第二,津门文化思想政治教育的含义更严格,它是津门文化思想政治工作核心的、基本方面内容,是受政治制约的思想教育,是侧重于生活世界总体观、生活世界境界观等意识形态方面的政治教育。这一概念主要运用于学校。

津门文化思想政治教育不同于津门文化教育并与之互动,不同于一般的思想政治教育并与之互动,不同于文化思想政治教育并与之互动。津门文化思想政治教育兼具区域文化与普遍世界文化的思想政治教育,是文化思想政治教育在具体方面、地域范围内的体现。而文化思想政治教育则是思想政治教育在文化方面的具体体现,并将人与人化世界形成的生活世界总体观、生活世界境界观灌输给受教育者。津门文化思想政治教育研究和实践为文化思想政治教育和区域文化思想政治教育研究和实践开辟具体的道路,并在普遍的道德内蕴和精神结构的教育意义上实现与文化思想政治教育和各种区域文化思想政治教育的贯通、融合和同化。

津门文化思想政治教育不同于津门文化教育:第一,津门文化教育是社会按照弘扬和传承天津文化的需要对社会成员进行生活世界总体观、生活世界境界观建构。第二,广义的津门文化教育泛指社会上传播天津文化的一切物质、精神活动。第三,狭义的津门文化教育专指津门文化学校教育,即在学校内,按照弘扬和传承天津文化的社会要求,有目的、有计划、有组织地提升受教育者特别是青少年的思想品德素质、法治素养和文化素养,传授天津文化知识,有秩序地开展文化社会实践活动;其中对学生的津门文化思想政治教育,通常称之为"德育"。津门文化思想政治教育是津门文化教育的子概念。

(二)津门文化思想政治教育的本质

津门文化思想政治教育的本质首先是天津人民生活世界总体观、生活世界境界观的系统教育与建构,也是天津社会生活总体观、生活世界境界观、人生观、价值观、思想道德、法治观念、文化观念等诸意识形态的集合,专指天津政治、法律、道德、哲学、艺术、宗教等。使人们的思想品德向天津社会主导意识形态要求的方向发展,这一目标决定了津门文化思想政治教育的核心任务。正如上文所讲,津门文化思想政治教育不同于津门文化教育的显著区别决定了津门文化思想政治教育对受教育者实施的天津主导意识形态灌输,通过受教育者接受这种灌输并将其内化的过程,实现意义的建构。

津门文化思想政治教育依据马克思主义文化哲学中文化生成与人的存

在、文化本质与人的本质、文化发展与人的发展之间辩证统一关系原理,对受教育者进行进步的政治精神灌输,以激发受教育者最大限度地建设社会主义现代化大都市的工作热忱。津门文化思想政治教育以科学的马克思主义文化哲学武装人,以正确的意识引导人,以高尚的精神塑造人,以优秀的作品鼓舞人,以习近平文化思想引领人,强调积极培育和践行社会主义核心价值观。

津门文化思想政治教育不只是政治意识形态教育,更是天津生活世界总体观和天津生活世界境界观意义教育。生活世界总体观和生活世界境界观意义教育过程,是天津文化历史叙事教育的升华与价值旨归,是津门文化思想政治教育的根本方式。津门文化思想政治教育过程,也是在马克思主义文化哲学立场观点方法指导下,将与中国特色社会主义核心价值观一致、具有天津地域特色的生活世界总体观、生活境界观灌输给受教育者,使受教育者从思想上进行意义建构,从而指导自己的社会实践。

津门文化思想政治教育本质还包括通过提高受教育者的思想道德素质为天津社会主义现代化大都市建设服务。

一方面,津门文化思想政治教育是天津城市文化传播的重要途径。为使时代新人能够适应社会主义现代化大都市发展的节奏与速度,进行教育的过程也是传授实践经验的过程。人们在改造天津城市的过程中,创造了丰富的物质财富和精神财富。文化的本质在于传播,而津门文化思想政治教育正是天津文化传播的重要途径。津门文化思想政治教育活动影响到每个社会个体,将天津社会文化尤其是其核心——价值观及其社会规范传递、落实到每个社会成员身上。它是一种特殊的社会文化传承活动。

另一方面,津门文化思想政治教育是协调人的全面发展和天津社会全面进步的重要手段。基于马克思主义文化哲学揭示文化发展的一般规律——文化发展与人的自由全面发展辩证统一关系原理,人自身发展与社会发展的矛盾推动思想政治教育不断完善。对于津门文化思想政治教育而言,在对受教育者建构正确的生活世界总体观、生活世界境界观、人生观、价值观、道德观、法治观、文化观的基础上,更致力于人的全面自由发展,进而在促进天津社会主义现代化大都市建设的高度下提升受教育者的思想道德等素质。当然也会存在矛盾,津门文化思想政治教育就是解决人的发展与天津社会发展这一矛盾、实现二者相互促进共同发展的重要方式,是协调人的发展与天津社会发展的重要力量。

三、津门文化思想政治教育研究

津门文化思想政治教育以津门文化思想政治教育活动为研究客体,是运用马克思主义文化哲学立场、观点和方法激发和引导人们对天津文化世界进行认知、理解、体验、选择、建构和教育行动,是探究天津生活世界总体观、天津生活世界境界观建构与实践规律的科学,是关于津门文化思想政治教育发展规律的应用性科学。津门文化思想政治教育就是用文化哲学方法探究津门文化思想政治教育意义结构的理论体系。

(一)津门文化思想政治教育的研究领域

津门文化思想政治教育的作用对象主要是当代青年,在实施津门文化思想政治教育的过程中,帮助青年构建正确的天津生活世界总体观、天津生活境界观,灌输青年具备进行社会主义现代化大都市建设的劳动技能、知识水平、思想品德,从而迸发出奋斗的时代火花。

从根本上说,津门文化思想政治教育是研究如何做人的工作、提升人的精神品质的理论,虽然和研究人有关,但不同于生物学、生理学、人类学、医学等学科研究人的生命属性,也不同于众多社会科学研究人制造使用工具、进行生产劳动等人的社会属性,它只是研究人的社会属性的某一个方面。

津门文化思想政治教育以人的有关天津城市的生活世界总体观、生活世界境界观、劳动技能、知识素养形成发展为特殊研究领域,也是津门文化思想政治教育区别于其他学科的重要根据。目的就是要认识和把握人的天津生活世界总体观、天津生活境界观建构、思想品德形成发展的规律,从而有针对性地开展津门文化思想政治教育,使人们的思想向天津社会发展所要求的方向变化,进而促进人的全面发展。

津门文化思想政治教育的研究对象是"三个规律论",即津门文化思想政治教育的研究对象是人的天津生活世界总体观、天津生活境界观建构规律、在天津城市生活工作人们的思想品德形成发展的规律及津门文化思想政治教育的规律。"三个规律"紧密相连,对人的天津生活世界总体观、天津生活境界观建构规律及在天津城市生活工作人们的思想品德形成发展规律的研究和把握,是对津门文化思想政治教育规律研究、把握的前提和基础,三者内在统一地构成津门文化思想政治教育的研究对象。

津门文化思想政治教育学和津门文化思想政治教育既有联系又有区别。二者存在四个方面联系:第一,津门文化思想政治教育是津门文化思想政治教育学产生的前提条件、基础和源泉。第二,津门文化思想政治教育学概括了津门文化思想政治教育活动具体知识体系及实践经验。第三,津门文化思想政治教育实践是津门文化思想政治教育学建构的基本依据。第四,偏离津门文化思想政治教育学理论引领,津门文化思想政治教育实践就可能出现方向错误,大大降低教育的实效性。二者有三个方面不同点:第一,性质不同。津门文化思想政治教育是一项具有应用性的教育实践活动,它以人为作用对象;津门文化思想政治教育学则是一门科学,它以津门文化思想政治教育实践活动为研究客体。第二,研究对象不同。津门文化思想政治教育以人为作用对象,津门文化思想政治教育学以津门文化思想政治教育实践活动为研究客体。第三,目的不同。津门文化思想政治教育的目的在于灌输受教育者解决社会主义现代化大都市建设解决面临具体问题的技能,津门文化思想政治教育学的目的则是深入认识实施津门文化思想政治教育的具体环节,以便总结出能够指导教育者进行教育的规律。

(二)津门文化思想政治教育若干基本范畴

个人与社会的辩证统一关系是揭示文化本质与人的本质关系及津门文化思想政治教育本质的重要范畴,在实现人的全面自由发展目标下规定着津门文化思想政治教育的任务。个人与社会分属不同主体,前者是具有现实的、具体的、历史的个体,后者则是以共同的物质生产活动为基础、因劳动与实践活动发生相互联系和运动发展的人类生活共同体。两者辩证统一关系体现在:第一,马克思揭示的"人的本质"表明,人生活在具体的、现实的社会关系中,不存在脱离社会存在和发展的个体。第二,社会这个人类生活共同体是由人组成,人的进步是社会发展的基石,人在利用社会发展为人进步搭建的舞台同时也作用于社会。

启示:第一,在研究人的思想和行为时,不仅要看到个人和个人行为,而且要看到个人及其行为依托的社会关系结构。第二,在开展津门文化思想政治教育时,要注重影响思想政治教育实施的社会关系结构。第三,要在人的具体实践活动中分析人所处的社会生活关系结构。第四,为培养能够建设社会主义现代化大都市的时代新人,应关注个人的社会化,努力培养有理想、有道德、有文化、有纪律的新人。明确个人与社会相互依存、相互制约、相互促进的关系,也就深刻理解文化本质与人的本质的关系,进而明确津门文化思想政治教育具有社会性,发挥着执政党塑造人、培育人、武装人的重要作用。①

思想和行为是揭示人的思想活动和行为表现相互关系这一范畴。津门文化思想政治教育对人思想的研究,是指制约人的行为的生活世界总体观、生活世界境界观、人生观、价值观、道德观、法治观、文化观等各种精神因素的总和。行为则是在各种精神、观念、思想支配下所产生的言论、活动等外在表现。两者关系:第一,思想先于行为产生,并对行为起到引导作用。第二,行为是思想的外显,并以行为产生的后果反馈于思想。因为思想与行为具有极强的关联性,欲知某人思想可观察他的行为、分析他的行为,也可在了解他思想的基础上预知其行为。然而在现实生活中,也会有知行脱节,表里不一的情况。

启示:第一,引导人们形成正确的思想,并告诉人们面对自身思想与行为的矛盾时,如何通过自身实践解决矛盾,达到自身心灵与行动的双向统一,由此催生出津门文化思想政治教育的任务之一。第二,如何塑造人们建构符合天津社会发展要求的生活世界总体观、生活世界境界观等思想并在正确思想指导下进行社会实践,这成为津门文化思想政治教育理论研究的重要内容。第三,科学认识和把握思想和行为范畴,有助于更好地揭示人的思想品德形成发展的规律及思想政治教育的规律。

内化与外化是揭示人的思想行为变化发展过程及其规律的重要范畴。内化指在津门文化思想政治教育过程中,受教育者在教育者的帮助下将天津社会发展所要求的生活世界总体观、生活世界境界观、人生观、价值观、道德观、法治观、文化观等各种思想内化为自己的认知体系,已实现提升自身思想道德素质、法治素养和文化素养的目标。外化指受教育者将接收到的生活世界总体观、生活世界境界观变为实际行动的过程。两者关系:内化与

---

① 万光侠等:《思想政治教育的人学基础》,人民出版社,2006年,第176页。

外化相互依存又略有区别。第一,内化与外化对受教育者指导行为的维度不同,前者由社会他律变为自律,后者由自律变为自己正在自律,内化与外化共同构成一个"社会要我这样做""我要这样做""我正在(已经)这样做"的循环圈。第二,内化与外化紧密联系,如果没有内化,外化则缺少基础和前提;如果没有外化,就无法体现内化;内化与外化代表人的生活世界总体观等处在不同发展阶段。第三,内化中有外化是指在内化过程中会有相应的行为表现,外化中也有内化是指行为表现又会强化内化。两者共同推动受教育者符合社会主义现代化大都市的建设要求,而非是两个相互不同的思想品德发展阶段。

(三)津门文化思想政治教育的研究意义

研究津门文化思想政治教育有助于加强和改进津门文化思想政治教育,促进津门文化思想政治教育科学化。津门文化思想政治教育是完成党的政治任务的中心环节。改革开放以来,津门文化思想政治教育既有成效,也存在问题,亟待加强与改进,研究津门文化思想政治教育,无疑有助于加强和改进津门文化思想政治教育。时代新形势、社会新发展、受教育者新变化,迫切要求改变传统型、非理论性、非系统的津门文化思想政治教育为系统化、规范化、科学化的津门文化思想政治教育与之相适应,完成这一转变,就必须对津门文化思想政治教育进行多方面的深入研究。

研究津门文化思想政治教育有助于促进全面深化改革,促进天津社会主义现代化大都市建设顺利进行。1978年改革开放,天津市面貌发生了巨大变化。现在我国正处于进一步全面深化改革的阶段,天津正处于全面建设社会主义现代化大都市的征途上,这必然引起天津社会结构的变动和各阶层人们利益的调整,产生大量的思想和行为问题,解决这些问题,正是新形势下津门文化思想政治教育的重要任务。市场经济除了市场调节和政府调节以外,道德力量的调节也是必不可少的。津门文化思想政治教育在马克思主义文化哲学立场观点方法论指导下,促进津门文化思想政治教育对人们思想问题的积极疏导,为天津社会主义现代化大都市建设创造思想文化条件。天津社会主义现代化大都市建设,需要发挥津门文化思想政治教育的作用。一方面,通过塑造正确的生活世界总体观等以提升人的思想道德素质、法治素养和文化素养,服务于天津现代精神文明建设;另一方面,通过激发人的自觉性、能动性、创造性,使人们精神饱满地从事各种天津社会主义现代化大都市建设活动。

研究津门文化思想政治教育有助于凸显津门文化思想政治教育的世界意义。文化即人化,也就是主体化,就是主体化世界,就是生活世界总体,而生活世界境界观居于文化世界的核心。津门文化的生活世界总体和生活世界境界本质意义结构,赋予津门文化思想政治教育以生活世界总体和生活世界境界本质意义教育,而非仅仅依托天津历史文化叙事结构。津门文化是区域文化,也是普遍世界文化。饮食文化如十八街麻花、狗不理包子等发生、盛行于天津,也潜行、流行于世界;民俗文化如杨柳青木版年画、津门法鼓发生于天津,却享誉世界。以区域文化思想政治教育开拓和升华人们的区域文化存在,进而实现区域文化与普遍世界文化相融通的双重存在意义,并为一般或普遍文化思想政治教育提供研究和实践的方法论和示例。

第二节　津门文化思想政治教育基础和体系

在明确津门文化、津门文化思想政治教育内涵及外延的基础上,为构建津门文化思想政治教育体系,除了需把握津门文化思想政治教育的根本问题和出发点,即了解津门文化思想政治教育的基础,还要明确津门文化思想政治教育体系,即教育机体的内在构造,从而开创性地建构具有天津地域特色的津门文化思想政治教育体系。

一、津门文化思想政治教育基础

党的二十大提出"两局""三变",即"中华民族伟大复兴战略全局和世界百年未有之大变局""世界之变、时代之变、历史之变",天津市第十二次代表大会提出"建设社会主义现代化大都市",在此背景下,津门文化思想政治教育的基础之问正当其时。津门文化思想政治教育的基础之问需要解决重视基础、基础含义、求解基础学问三个问题。这三个问题前后相继,是一个既有区别又有联系的整体命题。

(一)重视津门文化思想政治教育基础

"重视"津门文化思想政治教育是基础命题。习近平早在2014年一次集体学习时特别指出"加强基础研究",这里基础蕴藏着规律、基础素养、家学家传、历史、文化等内容。在思想政治教育学科中,探讨基础问题,即"勘察思想政治教育基础理论的基础"①。对于津门文化思想政治教育而言,是思想政治教育在地域文化方面的重要内容,自然也需探讨基础问题。基础是思想政治教育学科的根基。

"重视"津门文化思想政治教育基础就是要在"重视"的基础之上再"进入"津门文化思想政治教育的对象领域。具体而言,"进入"需对认识对象进行定位。也就是津门文化思想政治教育基础在哪里。一是空间位置。即津门文化思想政治教育基础的空间位置。(如图2.2所示)津门文化思想政治教育在社会的深处。二是时间位置。即津门文化思想政治教育的基础从历史

---

① 孙其昂:《论勘察思想政治教育基础理论的基础》,《思想政治教育研究》,2021年第1期。

过程看,伴随着思想政治教育学科基础、天津文化形成发展过程从什么时候开始、现在到达什么阶段、达到什么程度等。三是主体位置。即谁来承担津门文化思想政治教育的主体。

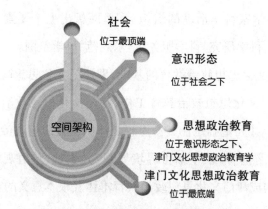

图2.1　津门文化思想政治教育基础结构

(二)津门文化思想政治教育基础的含义

理解津门文化思想政治教育基础的含义需要厘清基础含义与意义、基础的具体内容、基础的基础三个问题:

第一,所谓"基础",包含三方面含义:一是将"基础"分开理解,"基"是"埋墙基""础"是"立柱墩","基"与"础"均是建筑物的地下部分;二是引申义,指某个事物得以发展的根本或起始点;三是特指某个方面的根本,如经济基础。这里津门文化思想政治教育基础指的是津门文化思想政治教育的根本问题和起点。明确"基础"的含义便夯实了津门文化思想政治教育的基础。

第二,津门文化思想政治教育的基础应包括四个要素:学人、学问(知识)、范式、科学研究活动。这四个要素构成的基础是多要素、多层次的,是一个结构,包括津门文化思想政治教育是什么及意义两个方面的问题。前者是津门文化思想政治教育组成的基本要素及结构,后者指这些基本要素及结构的意义(功能)。津门文化思想政治教育在性质上是科学共同体,在主体上是学者共同体,在功能上是知识共同体。

所谓科学共同体,是以津门文化思想政治教育知识为基础,由思想政治教育学术成员、价值观、科学研究、科学服务、学术规范等组成的学科性社会共同体,它是科学家科学活动的组织。[①]里面析出七个要素:知识、学术成员、学科价值观、科学研究、科学服务、学术规范、科学氛围。

第三,津门文化思想政治教育的基础,即津门文化思想政治教育基础的更深层次是津门文化思想政治教育工作、津门文化思想政治教育环境等共同的基础。这个共同基础是什么? 思想是津门文化思想政治教育基础的基础,包括生活世界总体观、生活世界境界观、人生观、价值观、道德观、法治观、文化观等,构成津门文化思想政治教育本体及根本意义的客体。(如图2.3所示)

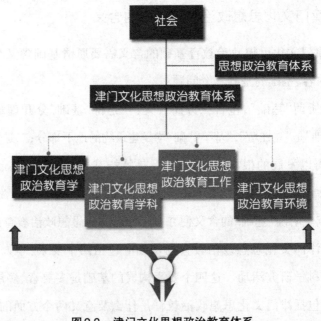

图2.2　津门文化思想政治教育体系

---

①　孙其昂:《思想政治教育学前沿研究》,人民出版社,2013年,第110页。

一般而言,讲述津门文化思想政治教育原理会使用如思想政治教育、思想政治工作、思想、行为、思想道德素质、思想政治素质等用语,他们之间的关系非常复杂多样,既有将津门文化思想教育与政治及道德教育进行比较,又有与意识形态进行比较,还有与马克思主义思想政治教育进行比较,更有与中国共产党思想政治教育、政治工作、德育工作、理论课与宣讲、网络思想政治教育、基层思想政治工作中各个领域进行比较等。

津门文化思想政治教育由人、思想(天津文化中生活世界总体观、生活世界境界观等)和人的社会活动组成。津门文化思想政治教育是灌输天津文化中生活世界总体观、生活世界境界观等的活动,主要作用于受教育者的思想。因主要基于思想领域,故而成为津门文化思想政治教育基础之间的基础和来源。由此,思想作为津门文化思想政治教育的元素,贯穿津门文化思想政治教育全体及活动全过程:(如图2.4所示)

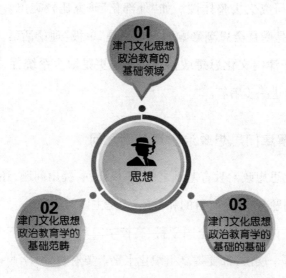

图2.3　津门文化思想政治教育基础的基础

张耀灿和徐志远对思想及思想与行为作了系统探讨,徐志远从博士学位论文到后来主持国家社科基础课题始终对思想及思想与行为进行研究。①余仰涛对思想关系作出系统研究并写出专著《思想关系学》。张蔚萍等对思想与行为的关系作了系统分析并写出专著《思想行为学概论》。研究思想视角很多,如将思想放在思想政治教育视域下研究,也有放在思想政治教育视域下,还有讨论思想的内生机制问题,或从对思想政治教育中的思想发出"悬置抑或复归"疑问,更有研究"思想政治教育中'思想'概念的再思考""思想政治教育思想空间结构探析""大数据破解思想政治教育'思想'之谜的思考"。

虽然有许多研究,但思想仍然是一个谜。这个谜至少要解答的内容(题目)有:其一,思想的含义、定位、结构与功能,包括思想政治教育的思想与其他思想的关系。其二,思想与行为的关系。其三,思想(思想政治教育)的内化与外化,实质是内化和外化的含义、内化与外化的关系。

思想政治教育基础理论研究中存在研究基础不扎实进而胡乱跟风的现象,从而导致研究失去整体性。如"外部化"研究比较突出。一是"在……下"模式。二是受社会思潮影响明显。三是"单极"理论话语。四是技术模式影响。对于津门文化思想政治教育研究更是缺少系统性、基础性研究。这些问题亟待进一步解答。

(三)求解津门思想政治教育基础之问

津门文化思想政治教育基础之问,不仅要问,提出问题,还要解,要解答问题。解答问题有方法,有目的和目标,又是主体的活动。

解答的主体和职责由全国学科、高校学院和学人个体三个层次主体承担。无论是哪个层次,都要提高组织化水平。要有责任+学业+专业素养+学科使命+时代新人,要有津门文化思想政治教育基础的自觉。

---

① 徐志远:《现代思想政治教育学基本范畴及其体系构建研究》,人民出版社,2022年。

从解答津门文化思想政治教育基础之问的诠释学思路考察,津门文化思想政治教育的基础之问本身就是津门文化思想政治教育活动。津门文化思想政治教育活动是人的活动,是意义建构活动。

诠释学方法是意义建构的重要方法。这里的中心环节是理解。由理解进入解释,总起来是诠释学。津门文化思想政治教育基础问题的解答与津门文化思想政治教育意义建构可以实现贯通,二者联系起来。

在诠释学中讨论理解与解释的关系。第一种观点认为,理解和解释不同。伽达默尔认为赫尔默斯之所以能够做到翻译和理解,是因为他先理解了诸神的语言和指示,"他才能进行翻译和解释,因此理解就成为翻译和解释的前提"[①]。这种观点认为理解处于解释之前。

理解可以用心语,思想中默默思考。解释则要运用语言,用语言陈述出来,而理论领域的解释还要使用概念:语言、概念(日常概念和理论概念)。解释活动是主体在对客体的理解基础上的解释活动,包括理解、阐释、概念、语言等要素和环节在内的应用过程。应用过程反映实践能力,体现诠释学意义的实践智慧。文本解释/思想政治教育解释:理解、阐释、应用、实践能力。

第一,正确处理解释主体的前见或前理解(经验)。前见或前理解(经验)的自觉。在这个问题上,要破解"前理解"(经验)的内在阻力。培养专业素养和基础素养,包括整体基础素养和专项基础素养及专业基础素养和外部基础素养。

第二,正确处理"两个世界"的转换。诠释学是能够实现不同世界相互转换的工作,即实现了"神的世界"与"人的世界"转换、"陌生世界的语言世界"与"另一个自己的语言世界"转换。[②]津门文化思想政治教育者进入"内

---

① 洪汉鼎主编:《理解与解释:诠释学经典文选》,东方出版社,2001年,第3页。

② 《真理与方法》(第2卷),台湾时报出版公司,1995年,第103页。

部世界"，从津门文化思想政治教育专业以外的知识世界进入津门文化思想政治教育专业知识世界，实现以津门文化思想政治教育专业知识世界为中心并实现与外部知识世界的统一。

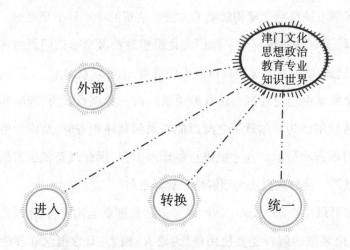

图2.4　津门文化思想政治教育专业知识世界

在这个过程中，思想政治教育专业硕士研究生、博士研究生自己是主体，要实现主体与主体性的统一。津门文化思想政治教育者的主体性必须通过具体教育实践才能形成。[①]

二、津门文化思想政治教育体系

在厘清津门文化思想政治教育"重视基础""基础的含义""求解基础学问"这三个基本问题之后，需要深入认识津门文化思想政治教育体系含义、基本构思、再造进路三个基本问题。

---

① 孙其昂：《思想政治教育学科的基础之问——国家社科基金课题重点项目"思想政治教育基础理论体系研究"报告》，河海大学系列讲座，2023年2月27日。

（一）津门文化思想政治教育体系的含义

体系与系统,两者都是对具有复杂结构和承担复杂功能之有机体的说明。但两者说明的侧重点不同:系统侧重于说明有机体基于适应性的需要而形成的结构功能和内外之间的互动联系;体系侧重于说明有机体基于主体性的存在而形成的结构、功能和内外之间的互动联系。

体系是指在特定环境中形成的能够应对环境挑战的具有复杂结构与功能的有机体。津门文化思想政治教育体系是指在特定津门文化思想政治教育环境中形成的能够应对环境挑战的具有复杂结构与功能的津门文化思想政治教育有机体。需要对几个重要的相关性概念进行学术考察:一是津门文化思想政治教育环境(情境),二是津门文化思想政治教育(生态)系统,三是津门文化思想政治教育范式。

津门文化思想政治教育环境(情境)是指,"作用于一个生物体或生态群落上并最终决定其形态和生存的物理、化学和生物等因素的综合体"[①]。环境概念在津门文化思想政治教育领域的应用过程:一是内外空间思维:天津社会环境、气候。二是过程内部要素:环体。三是生态系统思维:内外交互。四是情境思维:强化津门文化思想政治教育活动微观形态学术评价。特点:"中心—周边"的条件论思维;形成综合性研究领域现有研究局限性;作为方法论思维的适应性问题、成果的抽象性、津门文化思想政治教育的特质与主体性不足。

津门文化思想政治教育(生态)系统是指,在津门文化思想政治领域内,教育者、受教育者、教育团体、教育介体之间按照一定结构、一定机制运行的,引导受教育者生活世界总体观等思想形成的社会子系统。形成有机性

---

① 中国大百科全书出版社:《大不列颠百科全书》,中国大百科全书出版社,2007年。

主体和互动性思维(构成要件、结构、功能、生态关系等)。不足:一是内部构成要素及其相互关系尚未明确清晰,二是系统与外部环境之间的关系原理尚不明朗,三是与环境概念一样,存在思维的适切性问题,四是津门文化思想政治教育系统的独特性依然没有获得有效说明。

津门文化思想政治教育范式,既可以指构成整体的、成员所共有的思想观念等,又可以指能够作为城规科学谜题解答基础的模型和范例,是整体的某一个元素。津门文化思想政治教育在学科理论与实践两个领域使用范式;使用范式是津门文化思想政治教育自觉和实践自觉的重要表现,体现在效度(对学科研究效度深广)和限度方面(对实践研究有推进,但后续乏力,缺乏对思想政治教育的涵括力)。

目前,津门文化思想政治教育研究现状:第一,缺乏综合性、整体性的研究领域;第二,面临着推进乏力的困境,根源有三:一是自然科学思维借鉴的局限;二是扎根津门文化思想政治教育实践的研究稀缺;三是作为世界观方法论的马克思主义文化哲学的观点运用不足。现有研究状态需要既能够体现津门文化思想政治教育主体性,又能够实现津门文化思想政治教育整体协调性的体系研究的出场。

(二)津门文化思想政治教育体系的基本构思

津门文化思想政治教育体系研究的必要性表现为:生活世界总体观、生活世界境界观、无产阶级意识形态及其津门文化思想政治教育的本质需要和体现(有机化、科学性、实践性),面向社会主义现代化大都市建设新征程的需要(专业化与协同性、新场域、新姿态),思想政治教育工作体系化创新发展的需要(走出"小思政",构建"大思政"格局),津门文化思想政治教育理论创新发展的需要(学科体系、学术体系、话语体系)。

津门文化思想政治教育体系基本原则:推进实践知识增量、戒绝逻辑体系构造原则。津门文化思想政治教育是一门应用科学,在教育者对受教育者实施津门文化思想政治教育过程中,建构受教育者生活世界总体观、生活世界境界观、人生观、价值观、道德观、法治观的过程,使受教育者在正确思想观念引导下进行社会实践,并非仅仅停留在思想观念的建构上,而忽略实践。

津门文化思想政治教育体系的目标:构建面向实践的津门文化思想政治教育学科体系、学术体系、话语体系。这三大体系的建构,有利于深刻认识天津取得的实践成果和成就,凸显天津发展史的奋斗成就,为实现社会主义现代化大都市建设目标凝聚团结奋斗力量,增强天津文化在世界舆论场上的传播力、影响力,通过"融合讲"而非"接着讲""打断讲",加快构建天津文化话语和叙事体系,讲好天津故事、传播好天津声音,展现奋斗、创新、包容的天津形象,拓宽天津文化的国际传播广度。

津门文化思想政治教育建构应遵循三方面规范:第一,学科体系应满足两个维度的需要,一方面要把握本质、规律和学科价值,另一方面要培养人才。第二,学术体系要改变已有研究重于学术体系内部的逻辑自洽性而轻于实践效能发挥的不足。第三,话语体系应着力加强在学科实际和生活世界的对话沟通能力。

津门文化思想政治教育体系研究是新时代地域文化思想政治教育发展的主要任务,决定了地域文化思想政治教育发展的未来趋向;它既需要个体学者的专注度、敏锐性、想象力,也需要学术共同体协同攻关;善于将研究目光投向一线思政工作和工作者,从中捕捉实践智慧讯息。

(三)津门文化思想政治教育体系再造

中共中央、国务院针对新时代加强和改进思想政治工作、加快构建高校思想政治工作体系、新时代公民道德建设实施、法治中国建设、开展法治宣传教育第八个五年规划、法治社会建设实施、法治政府建设实施等提出重要部署,归结为三方面内容:系统思维、把思想政治工作作为治党治国的重要方式、思想政治工作的社会体系,实际上点明了津门文化思想政治教育体系再造的着力点。

津门文化思想政治教育关乎天津社会发展,是天津社会工作、城市建设的生命线,体现出在党的领导下优良传统、鲜明特色和突出政治优势。加强和改进津门文化思想政治教育工作,事关天津发展的前途命运,事关天津社会长治久安,事关天津人民进行社会主义现代化建设的凝聚力和向心力。地域文化弘扬是城市品牌建设的重要内容之一,对城市发展发挥重要作用。

现实定位分工体系下思想政治工作融合形态的解构及其危机呈现出混沌—融合—结合—疏离—分立—目标的单向度实现与结构性失衡"大格局",一体化的要求吁求津门文化思想政治教育的体系再造。

分工与总体、大局与现实要求需要把津门文化思想政治教育工作作为天津加快社会主义现代化大都市建设的重要方式。以实现受教育者全面自由发展为目标,促进生活世界总体观、生活世界境界观、人生观、价值观、道德观、法治观、文化观等内化于心,外化于建设天津的实践。根本任务是加强马克思主义文化哲学等思想在意识形态领域的指导地位,汇聚建设社会主义现代化大都市的思想基础。基本思路是提高津门文化思想政治教育科学化规范化制度化水平。依靠人民群众,为建设社会主义现代化大都市服务。

治党治国,是一个远远超出学校范围的宏-微观社会实践系统,如果津门文化思想政治教育体系再以学校为中心,是否能够满足这个系统的需要?现行津门文化思想政治教育/工作体系在时间、空间维度上是否缺损或失衡?学术体系与工作体系是否成为共同体?各部分之间是否有效、是否衔接?

机关、企业、学校、家庭、社区……津门文化思想政治工作不仅是微观行动，更是总体政治框架的重要组成部分。

除了上述需要解答的问题外，津门文化思想政治教育需要社会化及公共化。同时，从域外实践的反思与启示的角度来看，是否所有其他国家都没有这样的体系？没有明确分工的"体系"的国家，是如何以其形式上分立的社会政治——教育性活动保证政治体系的维系和民众思想观念正常化的？其他国家是否在思想政治教育领域存在一个观念中的共同体？

津门文化思想政治教育新体系的目标定位是社会实践体系，基于"新时代"的特征、面向新时代的问题；治党治国大系统的政治性——体系的领导力量、运行动力；服务于新时代中国特色社会主义现代化大都市发展（不仅仅是经济发展）；满足新时代人民日益增长的精神需要（结构变化、层次提升和目标升华）不同人群的精神需要。津门文化思想政治教育新体系之特征的前提性认识以生活世界总体观为中心的、所有方面的、所有人的、生命周期中所有时段的思想建构及社会实践活动。

津门文化思想政治教育体系再造的实践进路探究需要综合考量政策依据和现实基础。需要考虑不同受教育者情况、不同教育环境开展津门文化思想政治教育工作，如企业、农村、机关、学校、社区等，表明津门文化思想政治教育具有场域的开放性、对象的全体性。这些均根源于习近平对"大思政课"的重视，课堂和社会生活均是思想政治教育的渠道，要在"大思政课"概念下，结合现实需要进行思想政治教育。

那么，通常所说的"社会大课堂"是怎样的存在形态？津门文化思想政治教育的社会体系与社会思想政治教育体系又是什么？特别是隐性方面？现实的思想政治教育实践活动，包括社会宣传、群众工作、信访工作、社会工作、青年工作、民事协调等如何展开？

解决上述问题关键在于建构津门文化思想政治教育新体系。津门文化思想政治教育新体系的多维结构首先包括日常性体系与专门化体系。专门化体系,即津门文化思想政治教育体制内活动体系及思想政治课大中小幼一体化建设。其次包括社会思想政治教育体系,分为常态性体系与应急性体系。最后,包括显性思想政治教育体系与隐性思想政治教育体系。

津门文化思想政治教育新体系的新特点是:第一,隐性政治性。隐性思想政治教育中的政治显性问题。第二,广泛社会性。即对象类型的全面性,对所有人的教育者的普遍性。所有人都是教育者场域的广泛性、时间的随时性、深度情境性、情境与问题一体性的统一。第三,多维度解题能力。社会问题—思想观念问题—思想政治教育问题—津门文化思想政治教育问题—津门文化思想政治教育的解题能力。第四,深度生态化。校内"十育人"到全社会"大思政"格局;以学校—家庭—社会构建共同推进津门文化思想政治工作大格局建构。①

津门文化思想政治教育新体系的运行机制应实现三个方面的变革:一是领导与管理体系变革。二是学校主渠道的重心前移,体系规划下的多主体协商。三是组织文化的变革,向主导—主流—亚文化的互容互构机制方向努力。具体内容在第三章第二节第二部分管理内容展开论述。

第三节　津门文化思想政治教育原则和方法

津门文化思想政治教育原则是教育者对受教育者建构生活世界总体观、生活世界境界观、人生观、价值观、道德观、法治观、文化观,使受教育者

---

① 金林南:《论思想政治教育体系》,河海大学思想政治教育研究所讲座,2022年3月31日。

在正确思想观念指导下进行社会实践所遵循的教育活动准则。它既反映了津门文化思想政治教育的客观规律，又是人们对津门文化思想政治教育的主观认识，是教育者对实施津门文化思想政治教育、解决面临矛盾的本质认知，折射出津门文化思想政治教育所依托的教育环境与受教育者等因素之间的本质关系。只有掌握正确地实施津门文化思想政治教育的原则，才能反作用于天津社会发展。[①]这些原则是具有方向性、服务性的。在津门文化思想政治教育原则的指导下，教育者选择实施津门文化思想政治教育的方式方法。

一、津门文化思想政治教育原则

津门文化思想政治教育原则的确立有客观依据，一般而言，依据马克思主义文化哲学思想中人的存在与文化环境具有相互创造的双向性和辩证统一的关系原理，以及马克思辩证唯物主义方法论中的系统思维，制定津门文化思想政治教育原则需正确处理此教育与社会经济基础、上层建筑之间、与社会相关子系统之间、系统内部各因素之间的相互关系。也就是，遵循原则能够使教育者、受教育者、教育介体（教育目标，内容、方法）、教育环体（教育环境）达到最优配置，实现结构的优化，从而提高津门文化思想政治教育的效果。[②]

（一）津门文化思想政治教育原则的依据和特征

津门文化思想政治教育原则应以津门文化思想政治教育客观规律为内

---

① 郑永廷：《思想政治教育方法论》，高等教育出版社，1999年，第8~9页。

② 郑永廷：《思想政治教育方法论》，高等教育出版社，1999年，第9页。

在依据。即津门文化思想政治教育者实施津门文化思想政治教育过程中如何把握各要素之间必然、内在、本质联系的依据。这些必然联系或关系决定着津门文化思想政治教育的原则体系。

津门文化思想政治教育者实施津门文化思想政治教育涉及三方面关系：第一，津门文化思想政治教育系统与天津社会条件、社会制度等之间的关系；第二，津门文化思想政治教育系统与天津社会相关子系统之间的关系，如经济工作、政治工作、社会工作、文化工作、教育工作及人民生活等。第三，津门文化思想政治教育与此教育系统内部各构成要素之间的关系。包括津门文化思想政治教育者、教育对象、教育介体、教育环体、教育载体等。

津门文化思想政治教育原则是依据内在规律指导下的津门文化思想政治教育系统与天津社会条件、社会制度等之间的关系、与天津社会相关子系统之间的关系、与此教育系统内部各构成要素之间的关系确定的。从津门文化思想政治教育系统与经济基础、上层建筑之间的关系来看，津门文化思想政治教育本身属于天津社会上层建筑范畴，具体即是意识形态领域，遵循着天津经济基础与上层建筑其他内容之间辩证统一关系原理发挥作用。津门文化从思想政治教育系统与社会各平行系统的关系来看，津门文化思想政治教育系统与天津经济工作、文化工作、教育工作、管理工作等系统的关系，都是平行融合的关系。这是由天津社会主义现代化大都市建设要求、城市文化发展规律、人的思想品德形成发展规律和思想政治教育自身特点所决定的。为了使津门文化思想政治教育系统内教育者、受教育者、教育介体、教育环体、教育载体之间形成最优结构，从运行层次确立津门文化思想政治教育原则。

津门文化思想政治教育原则体系的基本特征：

其一，整体性。津门文化思想政治教育原则以津门文化思想政治教育规律为内在依据,虽基于三个不同层次构成,但是互相联系、能够实现1+1+1>3效果的原则整体。

其二,层次性。依据津门文化思想政治教育过程而将津门文化思想政治教育原则具体划分为从属层次、关联层次、运行层次,并遵循着从上至下的顺序在不同条件和范围内发挥作用,使津门文化思想政治教育发挥不同功效。具体结构内容及位置如图所示。

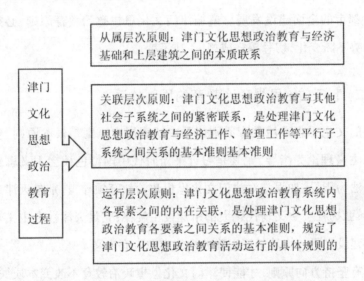

图2.5 津门文化思想政治教育原则关系层次与构成

其三,辩证性。一方面,津门文化思想政治教育原则制定的内在基本依据具有客观性,也就是津门文化思想政治教育规律、津门文化思想政治教育与天津社会经济、天津社会相关子系统、此教育系统内部各要素之间关系具有客观性,使津门文化思想政治教育原则具有绝对性。另一方面,对津门文化思想政治教育原则做从属层次、关联层次、运行层次的划分具有相对性,那是因为每一层次中所涉及各种关系具有辩证抽象性,是具体的、历史的、现实的。由此而知,对津门文化思想政治教育原则的把握应坚持绝对性和相对性相统一,避免认知的片面性。

其四，发展性。因津门文化思想政治教育客观上与天津社会经济、天津社会相关子系统、此教育系统内部各要素之间具有必然关系，而天津社会经济等具有动态变动性。这就决定了津门文化思想政治教育实践是一个根据客观教育实际不断发展变化的动态体系。一方面，天津社会发展变化决定津门文化思想政治教育原则发生变化。另一方面，原则变化意味着津门文化思想政治教育新经验不断积累、新规律不断认知，反过来促进社会主义现代化大都市的全面建设发展。遵循津门文化思想政治教育原则，必须因时因地因势不断变化，切忌墨守成规、一成不变。

（二）津门文化思想政治教育的原则体系

津门文化思想政治教育原则体系中从属层次原则是根本原则，包括以马克思主义理论为指导，尤其是习近平新时代中国特色社会主义思想立场观点方法为指导；加强党对津门文化思想政治教育领导，特别是天津市党委的领导；弘扬社会主义现代化大都市建设主旋律；立足天津社会主义现代化大都市建设实际。均是坚持正确的政治方向应有之义。

只有坚持方向原则，才能使津门文化思想政治教育不改变本质属性，才能团结天津人民在党的领导下进行社会主义现代化大都市建设，才能最大限度地发挥津门文化思想政治教育的立德树人作用。坚持方向原则是实现津门文化思想政治教育价值的根本要求。具体要求包括：一是必须始终坚持以马克思主义文化哲学、习近平新时代中国特色社会主义思想作为津门文化思想政治教育的指导思想；二是自觉坚持思想政治教育方向的原则性；三是科学坚持方向的原则性。

第一，以马克思主义文化哲学、习近平新时代中国特色社会主义思想为指导。在马克思主义文化哲学世界观、方法论指导下进行研究、建构津门文化思想政治学。马克思主义文化哲学是对前人文化观的批判与扬弃，使人类文化观发生颠覆。一方面,从对文化概念的分析入手确定文化哲学的基本论题和理论视野,把文化哲学理解为与经济哲学、政治哲学并列的一个哲学分支;另一方面,从对哲学传统的考察入手说明文化哲学的主题和视域,把文化哲学看作属于实践哲学传统的新哲学。

第二,加强党对津门文化思想政治教育的领导。党的领导是我国革命和建设事业取得胜利的根本保证,也是从根本上促进思想政治教育健康发展,达到全面提高人的素质这一目的的重要保证。加强党对津门文化思想政治教育的领导,是思想政治教育的性质和特点所决定的,也是党自身建设的需要。津门文化思想政治教育,从历史上看,是我们党的优良传统和政治优势,邓小平告诫我们,新形势、新条件使我们应重视思想工作而不能只将眼光停留在经济工作上。①江泽民在改革开放的背景下同样指出加强思想政治工作的必要性和重要性。②在全面推进社会主义现代化建设的今天,思想政治教育是我们党领导下的社会主义精神文明建设的重要内容。党对津门文化思想政治教育的领导是党通过各级组织来实现的,主要包括党对津门文化思想政治教育的政治领导、思想领导和组织领导。其中,政治领导是核心,思想领导和组织领导是政治领导实现的重要保证。在全面建设社会主义现代化大都市天津的今天,津门文化思想政治教育要探索工作新思路、开拓工作新局面,就更需要加强党的领导,任何弱化或抛弃党的领导的做法都将导致思想政治教育走向歧途。

第三,弘扬社会主义现代化大都市建设主旋律。任何社会,都有一个居于主体地位的道德价值观,在我国,爱国主义、集体主义、社会主义是整个社会的主旋律,也是广大人民应具有的道德素质。而津门文化的生活世界总

---

① 《邓小平文选》(第三卷),人民出版社,1993年,第48页。

② 中共中央政策研究室:《江泽民论精神文明建设》,中央文献出版社,1999年,第113页。

体观、生活世界境界观、价值观、道德观、人生观、法治观在本质上,与爱党、爱国、社会主义具有高度一致性。爱国就必须热爱集体、热爱天津、热爱社会主义事业。在爱国主义教育中,要坚持地域传统和民族传统、时代精神相结合,要坚持社会主义现代化大都市建设方向,把热爱天津和热爱社会主义统一起来,要以社会主义的集体主义价值观为尺度,教育群众正确处理天津社会主义市场经济条件下个人利益、集体利益和国家利益的关系,防止和克服极端个人主义、本位主义思想的影响。

第四,立足天津社会主义现代化大都市建设实际。求实原则,指津门文化思想政治教育要依据天津社会发展变化实际调整教育方法、教育手段、教育平台、教育载体、教育原则、教育目标,最大限度地发挥津门文化思想政治教育的成效。现实意义:切实坚持求实原则,有助于津门文化思想政治教育更好地贴近教育对象的思想实际,贴近生活,使津门文化思想政治教育落到实处并取得预期效果。反之,就会导致津门文化思想政治教育"空对空"或"自说自话"。具体要求包括:津门文化思想政治教育者应在充分做好调查研究的基础上,怀抱求实、务实、踏实的工作精神,科学地、具体地、多样地、与时俱进地开展津门文化思想政治教育。邓小平也曾明确指出,"实事求是"对无产阶级运用马克思主义改造世界、实现四个现代化具有基础性意义。①同样,津门文化思想政治教育要取得成效,也要实事求是,从天津社会的客观实际出发,从津门文化思想政治工作对象的客观现状出发,研究新情况、新问题,总结新经验,探索津门文化思想政治教育在新形势下的发展规律。也就是说,津门文化思想政治教育要将教育者、受教育者的具体情况与天津社会发展联系起来综合考虑。天津目前处于"百年变局和世纪疫情相互交织"的世界新的动荡变革期、实现中华民族伟大复兴的关键期,京津冀

---

① 《邓小平文选》(第二卷),人民出版社,1994年,第143页。

协同发展、"一带一路"建设和构建新发展格局等重大战略的机遇交汇叠加期,面临着如何完成国内改革发展稳定的任务,如何利用天津在全国发展大局中地位优势、"得天独厚的区位优势、联通内外的港口优势、基础雄厚的产业优势、人才富集的科教优势、改革开放的先行优势、底蕴深厚的文化优势",并将这些优势转化为高质量发展的强大动能。"综合判断,我们仍然处于大有可为的战略机遇期、优势叠加的历史窗口期,处于转型升级的决战决胜期、构建新发展格局的争先进位期。"[1]这一转变,已经、正在并将继续引起天津社会多方面的深刻变革,从而使人们的生活世界总体观、生活世界境界观、人生观、价值观、道德观不同于过去。津门文化思想政治教育要想为社会主义现代化大都市发展赋能,必须在全面、客观的调查研究基础上,制定促进天津社会发展的教育实施方案,从而更好地激发劳动人民奋斗、拼搏的精气神。[2]

津门文化思想政治教育原则体系中关联层次原则是基本原则,包括坚持津门文化思想政治教育与注重个人需要和利益相结合;坚持逐步推进、稳扎稳打;坚持解决世界观等问题与解决实际问题相结合;坚持人的全面发展的科学教育观。

第一,坚持津门文化思想政治教育与注重个人需要和利益相结合。即符合性原则。符合性是指津门文化思想政治教育者应根据受教育者具体的接受能力、接受水平、个人喜好等主题特征制定具体教育实施方案。只有符合性极强的教育才能促进受教育者将接收到的生活世界总体观、生活世界境界观、人生观、价值观、道德观、法治观、文化观等思想内化于心、外化于行,在正确的思想观念引导下进行社会主义现代化大都市建设。正如美国

---

① 李鸿忠:《在中国共产党天津市第十二次代表大会上的报告》,《天津日报》,2022年6月21日。

② 万光侠等:《思想政治教育的人学基础》,人民出版社,2006年,第353~399页。

政治心理学家威廉·F.斯通所指出的那样,传送信息的高效性取决于沟通方法的有效性与接收者的知识和情绪差异、教育水平,专业兴趣、智力情况等因素相符合的程度。门雷蒙德·鲍尔在他的《顽固的受传者》一文中同样指出,传播信息被接受的程度取决于该信息与受传者的兴趣、立场、信仰、价值观念是否一致。①也就是说,津门文化思想政治教育必须根据受教育者具体主体性特征,以及其思想行为变化发展的特点来制定具体教育实施方案。马克思鲜明指出,个人总是从自己利益出发,②无论在什么情况下,无论是过去还是现在,③考虑的都是个人自己。④表明个人活动与利益有关。列宁认为,只有将理想与群众斗争参加者的利益紧密联系,才能使最崇高的理想具有现实价值。他进一步强调,直接而迅速改善劳动群众的状况,才能激发群众参加工人运动的热情与积极性,更加坚定不移地跟党走,勇于牺牲、不怕困难,服务于伟大的革命事业。⑤也只有充分考虑到个人经济利益,才能引导群众为向共产主义过渡做准备。⑥毛泽东也说过,事关人民看得见的物质福利才能产生作用。⑦邓小平则说:革命精神因为包含对物质利益的认知才能够促进革命行动的产生。应注重个人利益与国家、社会利益的辩证统一关系,才能避免走向极端个人主义和自私自利的境地。因此,在思想政治教育过程中既要讲革命精神,又要讲物质利益,把两者结合起来,工作才会具有实效性。江泽民也曾指出,我们制定政策的依据必须全面考虑到人民群众各方面利益的需要,这里的人民群众还要考虑不同阶层的人民,而且要考

---

① 张琼、马尽举:《道德接受论》,中国社会科学出版社,1995年,第11页。

② 《马克思恩格斯全集》(第三卷),人民出版社,1960年,第514页。

③ 《马克思恩格斯选集》(第一卷),人民出版社,1995年,第135页。

④ 《马克思恩格斯选集》(第一卷),人民出版社,1995年,第119页。

⑤ 《列宁全集》(第二十一卷),人民出版社,1990年,第325页。

⑥ 《列宁选集》(第四卷),人民出版社,1995年,第570页。

⑦ 《毛泽东文集》(第二卷),人民出版社,1993年,第467页。

虑具体利益,并处理好这些利益形成的各种关系。①

第二,坚持逐步推进、稳扎稳打。毛泽东曾经指出,任何地方的人民群众,都是不同的,既有积极向上的,也有被动落后的,更有两边都不是的中间分子。②在新的历史条件下,理想信念教育的对象及他们的世界观、人生观等思想状况,具有共性也有差异的特点。津门文化思想政治教育要根据不同对象的特点和具体情况,分层次地提出不同的要求和教育方法,把党的先进性和纯洁性统一起来。对此邓小平指出,我们在坚持使每个人都向社会主义和共产主义目标奋进的前提下,应根据不同人成长中体现的才能品德差异、制定符合他们自身特点的目标。③逐步推进、稳扎稳打的原则体现在教育内容上,就是应体现由低到高逐步深化的特点。为此要正确引导人们在正确处理个人利益和社会利益关系的基础上正确认识和处理社会理想和个人理想的关系。自觉在进行教育的过程中引导受教育者将自身理想与天津发展相结合。具体要求:应深入实际开展调查研究,通过发放问卷、访谈等形式了解受教育者的理想内容,帮助他们区分科学理想与庸俗理想,教会他们运用科学标准进行理想的选择:一是看这种理想是否肯定科学合理性并以此为基础,二是看这种理想是否肯定并有益于人的生命价值的实现,三是看这种理想倡导的道德是否有助于人格提升和社会进步,四是要看这种理想是否有助于人的心理健康。

第三,坚持解决世界观等问题与解决实际问题相结合。津门文化思想政治教育帮助人们进行科学选择后树立科学的理想信仰,在"务实"与"务虚"相结合的前提下,解决广大人民群众客观利益问题,并将其纳入津门文化思想政治教育的过程中来,只有如此,才能增强人们实现崇高理想的信

---

① 万光侠等:《思想政治教育的人学基础》,人民出版社,2006年,第271~275页。

② 《毛泽东选集》(第三卷),人民出版社,1991年,第898页。

③ 《邓小平文选》(第二卷),人民出版社,1994年,第106页。

念,津门文化思想政治教育才能在树立科学的理想信仰方面发挥应有的作用。要求切实解决人民群众一切问题,在为群众谋利益的基础上提高人民群众的政治觉悟与文化程度。①群众利益问题的实质是群众现实工作和生活中不能回避的问题,直接关系到他们工作的进步和生活水平的提高,这个问题解决不好,势必会影响到他们的思想进步,影响到他们科学理想信仰的树立和形成。②

第四,坚持人的全面发展的科学教育观。这一教育观对津门文化思想政治教育的健康发展具有重要意义。马克思主义文化哲学中阐述文化发展与人的全面发展的辩证统一关系,文化与人类的实践活动不可分离,文化活动就是人的实践活动。作为一个事实概念,人化是相对于非人化而言的,它是指客观世界、特别是自然界受到人类实践的改造而这样那样地打上了人的本质力量的印记、在越来越高的程度上表现为人的作品。人类通过文化活动创造着人化的世界,并在此过程中把握世界,将世界变成人化的世界,是人的本质的现实的能动创造性的外显形式,并随着人类自身的发展而发展。③文化教育工作关注人的发展,实质上注重人的内在价值和外在价值提升。在使人认识到自身是"价值的存在物"的基础上,通过自觉拓展、弘扬自身价值,激发人进行文化创造的自觉性、主动性,从而塑造人的独立人格,并使人学会生存、学会生活、学会工作、学会在建立和谐社会关系的前提下发展自我。④津门文化思想政治教育工作在马克思主义文化哲学中文化发展与人的发展关系原理指导下,关注人的全面发展,关注人的内在价值和外在价值的整体提高。

---

① 《毛泽东著作选读》(下册),人民出版社,1986年,第563~564页。

② 万光侠等:《思想政治教育的人学基础》,人民出版社,2006年,第353~359页。

③ 《马克思恩格斯全集》(第四十二卷),人民出版社,1979年,第123页。

④ 万光侠等:《思想政治教育的人学基础》,人民出版社,2006年,第399~402页。

津门文化思想政治教育原则体系中运行层次原则是主要原则,包括主体原则、激励原则、示范原则、实践性原则。

第一,主体原则,是指津门文化思想政治教育者在进行教育工作过程中,能动的、自觉的实施教育活动。一是这种教育实践具有客观实在性。它不是我们脑海中的主观认识活动,不能在脑海中完成对世界的改造,更不能像堂吉诃德那样与风车大战。教育实践活动是客观的、物质的。人们作为教育主体运用教育手段(PPT、多媒体等)同教育客体(受教育者)发生实际的相互作用,教育的主体、客体、手段是客观存在的。如果不提高教育环境等客观条件,不掌握并学会运用教育规律,很难提升教育水平,促进教育向纵深发展。教育实践能引起把人脑中的生活世界总体观等变成现实的存在。二是这种教育实践具有自觉能动性。它是教育者自觉的、有意识的、能动的活动,是教育者自觉改造受教育者主观世界的创造性活动,从而指导人们进行社会实践。"在人类主体性意识空前觉醒的现时代,主体性问题已经成为教育学界关注的一个热门话题。主体性思想政治教育正是作为教育革新的一个成果应运而生的。"①坚持主体性原则,激发主体自觉主动学习、践行天津生活总体观、天津生活世界境界观,从而具备建设社会主义现代化大都市的能力。

第二,激励原则。是指津门文化思想政治教育者运用发放物质奖金、颁发书面表彰证书、授予荣誉称号、评选先进个人等各种激励手段,激发受教育者进行生活世界观、生活世界总体观等思想观念改造,并指导实践行为,以期服务于社会主义现代化大都市建设发展。坚持激励原则是受教育者生活世界总体观、生活世界境界观、思想品德等形成发展规律的要求,是天津社会发展的客观要求,是完成当前津门文化思想政治教育主要任务的

---

① 万光侠等:《思想政治教育的人学基础》,人民出版社,2006年,第216页。

要求。具体要求是:在建立各种激励形式相互搭配的教育机制基础上,使用能够促进受教育者提升自身素质,且符合津门文化思想政治教育目标的方式方法。

第三,示范原则。是指在津门文化思想政治教育过程中,教育者应率先垂范,在坚定理想信念、培养高尚道德情操、拥有仁爱之心方面示范学生。应树立坚定理想信念,明确肩上背负的责任。正确理想信念是教书育人、播种未来的指路灯,力争在传播知识、思想、真理及塑造生命、灵魂、新人的过程中,用好校园阵地,精于"授业""解惑",更要以"传道"为责任和使命,要以为人处世、于国于民、于公于私正确的价值观示范学生。应有仁爱之心,让学生"亲其师""信其道"。教育是一门"仁而爱人"的事业,爱是教育的灵魂,没有爱就没有教育。通过线上、线下结合,多渠道了解学生思想上、认识上的困惑,及时为学生解答,做学生成长成才的引路人。

第四,实践性原则。当前,津门文化思想政治教育存在单一主体的实践育人工作不能有效达成育人目标,易产生教育失灵的现象;多主体的实践育人工作不能有效协同,影响实践育人效果;实践育人缺乏与思想政治教育有机融合,导致立德树人教育目标、为党育人、为国育才教育原则指向不清晰;实践育人欠缺将思政育人与课程思政紧密融合等问题。因此,应在马克思主义文化哲学思想指导下,建立政府统筹、学校主导、企业助力、社会支持、家庭参与、学生成才的六方主体协作的共建共治共享共担的津门文化思想政治教育实践育人有机体,使津门文化思想政治教育落到实处,收到实实在在的实效。

二、津门文化思想政治教育方法

津门文化思想政治教育方法是教育者为使天津文化所蕴含的生活世界

总体观、生活世界境界观、人生观、价值观、道德观、法治观、文化观等内化于受教育者内心，指导受教育者进行社会主义现代化大都市建设实践而使用的各种方式和手段。基于"大文化""大思政"概念，虽然津门文化思想政治教育课堂教学是传播天津文化的主阵地、主渠道，但是津门文化思想政治教育实践育人工作同样发挥着传承天津文化、建设天津先进文化的作用。只有实现津门文化思想政治教育课堂育人与实践育人相结合，才能收到教育预期效果。因此，津门文化思想政治教育方法包括津门文化思想政治教育课堂育人方法体系、实践育人方法体系两大方法系统。

（一）津门文化思想政治教育课堂育人方法体系

津门文化思想政治教育课堂育人是思想观念塑造、意义建构的过程，是教育者按照事先制定的教育实施计划向受教育者进行天津文化思想体系教育，引导受教育者逐步树立正确的生活世界总体观、生活世界境界观、人生观、价值观、法治观、文化观。津门文化思想政治教育课堂育人既可以口头灌输，也可以文字灌输；既可以由教育者灌输，也可以由受教育者自我灌输；既可以在一个课堂上集体灌输，也可以个别灌输辅导；既可以用形象灌输，也可以启发式、问题式灌输。

津门文化思想政治教育课堂育人具体要求是：

一是必须正确把握"灌输"的内涵，本意是通过导引的方式将水引入缺少水分的地方，引申为将知识以形象化方式而非照本宣科式输送给渴求知识的人们。具体要求是：首先，在尊重教材基本结论和简要论述的基础上，根据受教育者认知水平、思想道德水平等因素，采用适合不同受教育者的教学方法，激发学生听课的积极性。[1]其次，可采用案例式、体验式、探究式、专

---

[1]　习近平：《思政课是落实立德树人根本任务的关键课程》，《求是》，2019年第17期。

题式、互动式、分众式教学等方式,融合现代 AR、VR 等多媒体信息技术,建设智慧课堂,实现智慧教学。再次,要在讲授津门文化知识的同时,融入正确的生活世界总体观、生活世界境界观、人生观、价值观、道德观、法治观、文化观,警惕文化复古主义和文化虚无主义,运用马克思主义文化哲学方法论,特别是创新思维、系统思维、辩证思维进行津门文化思想政治教育,引导学生学会正确的思维方法,从而实现意义建构活动。最后,要有历史视野,能够将天津文明史,特别是天津人民近代以来斗争史、改革开放 40 多年的天津实践史,通过生动、形象的方式讲述,也可以将天津文明史与其他城市发展史作比较,突出新时代天津取得的建设成就。

二是要注意联系实际进行文化教育;特别是联系学生所遇到的现实文化问题掰开了、揉碎了,一条条娓娓道来,深入剖析解答疑惑。通过讲授天津文化重点、难点、热点、疑点,巧妙地将天津文化知识点与学生关注点结合,联系教材体系,构筑点、线、面教学之基,培养学生解决复杂文化问题的综合能力和高级思维。对于学生的疑惑点,要特别善于运用横向比较方法,将天津文化与其他城市、国家文化、文明情况作比较,善于利用国内外的案例、数据、图片、视频、照片等素材,在老师讲好天津故事的基础上,鼓励学生讲述天津发展故事,[1]引导学生在全面客观认识天津文化的基础上,睁眼看世界,批判地继承与发扬天津文化。[2]应努力贴近现实,与学生学习、思想和生活实际深度结合。善于运用启发式教学法,教会学生拥有一双发现问题的眼睛,自觉思考解决问题的方法。

三是津门文化思想政治教育者要不断变革教学设计,以适应天津社会发展需要。进一步讲,教学设计应实现教学目标(文化、知识、个体目标)、教

---

[1] 习近平:《思政课是落实立德树人根本任务的关键课程》,《求是》,2019 年第 17 期。

[2] 习近平:《思政课是落实立德树人根本任务的关键课程》,《求是》,2019 年第 17 期。

学逻辑(价值、科学、生活逻辑)、教学方法(灌输、论证、建构方法)三位一体，最终落到规范化、科学化、深度化讲述天津文化精髓，提高针对性和实效性，做到知、情、意、行有机统一，以理服人、以情动人、以文化人。第一，讲深即深入、深刻，而非讲浅，更非为深入而深入。如讲清楚天津文化历史生成逻辑、核心要义、基本样态等内容。第二，讲透即抓住根本、本质、规律、关键，而非云里雾里，更非似是而非。如应讲清天津文化定义、具体分类、天津文化资源转化方式等内容。第三，讲活即"点火"，适应学生、贴近实际、内容鲜活、方法灵活才能激活学生积极性、主动性、创造性，而非"浇火"讲死，"不食人间烟火"，更非"熄火"死讲，"目中无人"。如讲天津文化具体内容时，可设计作业题目：你眼中的"天津"，请同学们交流自己感受体会，而非空洞地讲解。

津门文化思想政治教育课堂育人方法论体系具体由翻转课堂教学法、对分课堂教学法、创客教学法、话题式教学法、比较教学法、一分钟教学法、情境教学法、PBL教学法、CBL教学法、同伴教学法、角色扮演教学法等组成，这些方法交互为用，才能提高津门文化思想政治教育的实效性。

翻转课堂教学法，需要学生在来到课堂之前，已经完成老师通过雨课堂、学习通等平台布置的学习作业，从而使课堂变成师生间答疑解惑的互动场所。这里需要特别注意的是：在雨课堂、学习通上提前录制的讲课视频必须短小精悍，以大约几分钟——十几分钟为宜。整体教学过程经历第一阶段"信息传递"再到第二个阶段"吸收内化"的过程，使课前预习、课堂答疑解惑、课后复习完美结合，实现了对课堂的翻转重构。如事先将"天津八国租界的由来"这一内容录制视频，向学生传递相关信息。

在学生通过视频了解上述内容后，课堂上可针对学生提出的"近代资本主义-帝国主义在天津开设租界的原因是什么？""为什么侵略者能够在天津开设租界？"等问题进行答疑解惑。课后在设计侵略者在天津设立租界的时间及设立租界的西方列强包括哪些等复习题巩固学生事先通过视频学到的天津历史文化内容。

对分课堂教学法,即是以讲授—作业—讨论三个部分构成的对分课堂(PAD)。第一阶段,老师在讲授时,应注意提纲挈领地点明津门文化重点与难点,使学生了解即将学习的内容框架结构即可。第二阶段,应让学生独立学习与完成作业,学习过程中需要完成一份"亮考帮"的作业。所谓"亮考帮"作业,就是学生将自己认为拿手的内容拿出来考别人,"当堂对分"或"隔堂对分"。当堂对分就是PAD在一堂课内完成,隔堂对分就是把P和D放在课内完成,把A放在课外完成。第三阶段,进入小组讨论环节,学生主要依托"亮考帮"的作业开展小组合作学习,老师不参与评分,激发学生积极性。第四阶段,全班交流环节,老师对出现问题进行解答点评。如以"近代资本主义–帝国主义列强如何利用天津租界实施政治干涉"这一内容运用对分课堂教学法讲授为例,老师在讲授时先列出学习重点与难点:第一,各侵略国以租界为依托,建立起自己的领事馆。第二,各侵略国无视中国主权,强行取得了租界的统治权。第三,列强在天津租界享有司法权和警察权。第四,英国和日本在天津利用租界进行政治干涉的典型事实。之后让学生学习相关内容,学生学习完上述内容后,课堂或课后完成"亮考帮"作业,再进行小组讨论,组内成员互相评分。

创客教学法:学生在创意、设计、制作、分享、评价五个环节中进行协作探索、发明和创造,激发学生"做中学"的积极性。创客教育内容选取天津文化中符合学生兴趣爱好的内容,比如天津工匠文化,激发学生培养自身技能的欲望,吸引学生大胆地去实践,不断提高学生分析问题、解决问题的能力。遵循自由开放、创新创意、探究体验的教育理念,以实践创造学习为主,是培养社会主义现代化大都市建设创新型人才的新型教育方法。

"话题式"教学法是一种以天津文化某个方面内容作为一个或几个话题

载体的教学方法,话题的选取可以贴近学生生活实际自由选择,学生在整个话题讨论过程中无拘无束,寓知识学习于乐趣之中,具体流程如下:

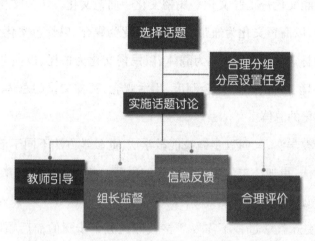

图2.6　"话题式"教学法流程

如选取"资本主义-帝国主义利用天津租界进行无孔不入的经济掠夺"为专题进行分组讨论。将全班同学划分为四组,依据相关内容分别讨论"开设洋行、把持海关、输出资本、武装走私",之后进行互评。

比较教学法,即是为突出天津文化特点而选取的教学方法。通过不同文化的比较,来深入了解天津文化的内在特点和天津文明成就。如将天津文化的生成逻辑与其他地域文化生成逻辑相比较,进而有助于明确天津文化本身具有的特点。如将天津文化的历史生成逻辑与闽南文化做比较,闽南开漳圣王文化、妈祖文化、土楼文化、红色文化及哲学文化和诗文化是闽南文化基本样态,其中开漳圣王文化是核心范式、文明发端,闽南海洋文化是闽南文化具体形态的普遍范式,闽南文明文化形成的历史图谱为:旧石器时代的氏族文化→新石器时代(内含青铜器时期)的"七闽"部落文化→闽越融合部落文化→闽越与中原移民融合文化→开漳建州的开漳圣王文化。[①]
而津门文明文化形成的历史图谱为:海河文化→商贸文化→租界文化→红
色文化→城厢文化→工匠文化→民俗文化→曲艺文化。津门文化是以海河
文化为基础、以商贸文化为纽带、以租界文化为媒介、以红色文化为精神、以
城厢文化为标志、以工匠文化为载体、以民俗文化为依托、以曲艺文化为象
征的地理环境、工匠技术、社会制度、生活观念、精神文化的总体,是大陆文
化与海洋文化的总体。

　　一分钟教学法,又叫五步微技能教学法,此教学方法不同于前面所讲翻
转课堂教学法,更加注重学生学习情况的反馈。具体包括掌握教学重点、探
问相关支持证据、教导一般规则、强化正向、纠正错误五个步骤。需要特别
指出的是:实际教学过程不需要严格按照这五个步骤的前后顺序,可打乱
使用。

　　PBL教学法(Problem-Based learning)是以问题为依托,将以教师为中心
转变为以学生为中心,通过案例设计可供学生小组讨论的问题,使学生在合
作学习中进行自我导向,培养学生学习能力。如可进行如下问题设置:如何
认识天津文化? 教材知识点是天津文化的生成逻辑、内涵与外延、基本样态
等。学生关注点是津门文化思想政治教育能给予我什么? 我如何学习天津
文化? 教学结合点为:天津文化在人生成长中有什么特殊意义和作用? 学
习天津文化有怎样的要求? 教材知识点是学生全面发展目标、思想道德素
质、法治素养、文化素养目标。学生关注点是怎样使自己成为一个文化素养
的人才? 教学结合点为:全面发展目标对于人生发展具有怎样的意义? 大
学生应确立怎样的全面发展目标? 引导学生运用马克思主义文化哲学立
场、观点、方法分析问题和解决问题。如可设置"租界发展与近代天津城市

---

① 李晓元:《文化哲学方法与闽南文化思想政治教育研究》,社会科学出版社,2014年,第30页。

发展的关系"为情境,让学生将自身发展与城市发展相联系,激发学生为建设社会主义现代化大都市奋斗的热情。

CBL教学法(Case-Based Learning)是以教学目标为导引选取案例,通过案例的学习激发学生主动思考分析问题的积极性,让学生进行小组讨论,从而强化天津文化知识点的学习,在进一步增强思辨分析能力的基础上提高文化素养等。

同伴教学法,即老师课前布置学生阅读部分讲义内容,上课刚开始只讲解简单知识点通过学生讨论后进行相关内容测试。根据学生测试情况决定是否开展新一轮知识点讲授或重复讲解刚才测试内容相关知识点。

角色扮演教学法:通过角色扮演(Role Playing)让学生身临其境地了解角色所处地位,明白角色真实心理活动。如可进行天津法治案件审理的模拟法庭教学。事先将剧本发给学生,让学生自行挑选角色进行排练,之后在课堂上进行模拟法庭演练。

(二)津门文化思想政治教育实践育人方法体系

习近平指出:"要把课堂教学和实践教学有机结合起来,充分运用丰富的历史文化资源"[①],紧密联系中国共产党领导下天津人民的奋斗历程,继承与弘扬天津文化精神,激发建设社会主义现代化大都市的精气神。因此,津门文化思想政治教育实践育人,是津门文化思想政治教育者有目的有计划地组织、引导受教育者参加各种社会实践活动,促使受教育者在实践中形成正确的生活世界总体观、生活世界境界观、人生观、价值观、法治观等。

津门文化思想政治教育实践育人的直接理论依据是马克思主义文化认

---

① 《习近平总书记在湖南考察时的讲话》,载于《习近平论教育工作》(2020年),"学习强国"学习平台,2021年11月10日。

识论和实践观。社会实践活动是人们形成正确的生活世界总体观、生活世界境界观、人生观、价值观的根本途径，对培养教育对象的思想品德具有极其重要的作用。津门文化思想政治教育实践育人，有利于更好地建构生活世界总体观、生活世界境界观、人生观、价值观、道德观、法治观、文化观等思想观念，有利于增强课堂育人效果。具体要求为：应根据受教育者所处的教育环境及自身思想品德水平、文化修养等具体情况选择匹配度高的实践育人活动方案。同时，还应积极提供物质、场地、资金等条件提升实践育人效果。

正如习近平指出的那样，可以通过创建文明校园、新媒体新技术应用，增强"以文化人以文育人"的时代感和吸引力。①津门文化思想政治教育实践育人方法论体系由拓展天津文化主题观影、天津文化主题征文比赛、大学生讲天津文化思政课比赛、天津文化微视频制作、天津文化主题展演、天津文化红歌比赛、实践教学、社会志愿服务、社会考察等实践教育方式构成。

以强化实践教学为基础。实践教学不仅可以深化学生对津门文化的认知，而且成为课堂育人的重要环节和课堂教学一道发挥着以文化人的关键作用。以弘扬天津红色革命文化为例，将全班学生分为六组，每组讲述一个天津红色文化故事，以抽签的方式决定每组的选题：信仰筑就不竭的力量 生命立起不倒的战旗——英雄旗手王玉龙，革命理想贯终生、巾帼亦为真豪杰——幽燕女杰刘清扬，如磐的初心、悲壮的赞歌——莲花峰七勇士，文韬武略—英雄、慷慨悲歌建奇功——杨十三，历史转折的风云岁月——蔡和森与八七会议精神，志趣相投赴革命、一生一世一双人——周恩来邓颖超的红色爱情。还以厚植天津工匠文化为例：

①　习近平：《把思想政治工作贯穿教育教学全过程 开创我国高等教育事业发展新局面》，《人民日报》，2016年12月9日。

第一，职业院校分别制定适合不同专业特点的实践教学标准，在全面落实国家标准的同时，以实验教材、实践教学管理为抓手，以实现专业课实践教学与思政课实践教学同向同行。[①]

第二，深化实践教学方法改革。以问题、项目、案例教学为基础，引导学生开展研究性学习等。[②]以《职业技能拓展训练增材制造》为例，教学环节按照"资讯—计划—决策—实施—检查—评估"情景实施六步法进行。一是课前：自主学习法（资讯）。教师发布劳动任务，学生通过超星学习通、中国大学MOOC（慕课）等网络资源和教师线下演示示范相结合的模式获取劳动知识，感知劳动技能。二是课中：讨论教学法、生产劳动法、体验教学法、讲授演示法、互动式教学法（计划—决策—实施—检查）。教师充分利用多媒体、现场讲演等手段，组织学生开展教学，学生作为劳动者利用所学知识技能，结合师生互动、生生互动方式解决劳动中遇到的问题，教师对学生的劳动过程进行指导，为学生顺利完成教学项目提供保障。三是课后：师生互动、生生互动（评估）。增强学生的质量意识，追求高品质的劳动成果。教师进行多元化教学评价及教学反思，学生进行总结巩固，追求更熟练的劳动操作技巧和更高精度质量，以此完成整个劳动育人的过程。[③]

第三，以工匠文化厚植思政第一课堂。在思政课程实践教学环节中融入："精益求精是工匠精神的追求，专心致志是工匠精神的特点，坚守传承是工匠精神的灵魂，创新发展是工匠精神的境界，协作和谐是工匠精神的风

---

① 《教育部等部门关于进一步加强高校实践育人工作的若干意见》，中华人民共和国教育部官网，2012年1月10日。

② 《教育部等部门关于进一步加强高校实践育人工作的若干意见》，中华人民共和国教育部官网，2012年1月10日。

③ 战忠秋：《职业技能拓展训练增材制造 课程"课程思政"教学设计》。

尚,诚信义气是工匠精神的理念,吃苦耐劳是工匠精神的前提。"①在学生讲述工匠故事的过程中,加深学生对其中蕴含的工匠精神产生的哲学内涵、工匠精神的核心价值与时代特征、工匠精神对当代大学生的时代价值及中国梦和"工匠梦"内在关系等问题的认知与理解。

第四,专业课程融入工匠文化思想政治教育。以《职业技能拓展训练增材制造》课程为例,本课程以职业素养提升为抓手,明确为什么做,教导学生精于业;探索如何去做,引导学生匠心筑梦;实践如何做好,注重学生职业素养提升。课程总体目标是在辛勤劳动中淬炼劳动能力,在崇尚劳动中树立劳动观念,在热爱劳动中培养劳动态度,在诚实劳动中锻造劳动品德;培养敬业、诚信、踏实、沟通、协作、主动、坚持、学习、自控、创新的职业素养。在讲解增材制造的历史变革、基本概念、加工特点及应用领域等时,融入介绍增材制造中的中国及天津制造案例,激发学生爱国主义情怀;结合古代的增材制造工匠文化,挖掘蕴含的中国智慧,上升到中华优秀传统文化自信的高度。②

第五,充分发挥部分国内知名技能专家的作用,通过建立"师带徒"新型育人模式、开设"中华文化技能大讲堂"、建立"技能辅导员制度"、面向学生开放国家级技能大师工作室、创新首席专家工作机制、组织指导学生参加各级各类比赛竞赛等,形成具有工匠精神实践特色的教师团队建设和学生徒弟培育的多维度教育实践体系,进一步提高在校大学生的综合能力,让学生在"学与做"中练技术、增才干、学做人,实现应用型人才培养模式的改革与创新。

社会服务活动,依托主题团日、主题党日、"三会一课"活动,开展弘扬天

---

① 魏明孔:《中国传统社会的工匠精神——以〈中华大典·工业典〉为主要史料》,湖南工业大学官网,2018年11月13日。

② 战忠秋:《职业技能拓展训练增材制造 课程"课程思政"教学设计》。

津文化的系列活动,引导学生在社会服务活动中建构正确的生活世界观、生活境界观、人生观、价值观、道德观、法治观、文化观等。以厚植天津工匠文化为例,组建学生志愿者工匠服务队,长期跟踪采访不同专业的典型工匠代表,如"无胆英雄"不负人民的张伯礼、港口工人变身"蓝领专家"的孔祥瑞、电力抢修"活地图"的张黎明、老老实实做人结结实实盖楼的范玉恕、不断创新的"电气华佗"李刚、执着专注创新不止的周小东、矢志研发的乙烯专家吴文清等,使学生加深对工匠认知与认同。同时,通过邀请能工巧匠进校园上劳动课,建立劳动教育教师特聘制度,让学生在"三师"——人生导师、学习导师和职业导师的指导下深刻领悟工匠文化的独特魅力,激发奋斗的热情。

社会考察活动,"是考察者自己动脑、动口、动手的方法。通过调查获得丰富的第一手材料"①,通过整理调查材料,形成针对某个主题的调查报告。此活动可以使学生深入了解津门文化的内涵及意义,通过沉浸式体验感知天津文化的独特魅力,激发学生积极提升自身文化素养的能动性。以天津职业技术师范大学经济与管理学院信管2201班参加"挑战杯"天津市大学生课外红色专项活动为例,此项活动为深入学习宣传贯彻党的二十大精神,加深对习近平总书记坚强领导下取得的历史性成就和变革的深刻感悟,持续激发爱党爱国爱社会主义的热情,厚植家国情怀,涵养进取品格,紧跟党投身全面建设社会主义现代化国家、全面推进中华民族伟大复兴的新征程,以更好的奋斗姿态书写绚丽的青春篇章,天津职业技术师范大学经济与管理学院信管2201班,特组"挑战杯"参赛小队,参加以"实践感悟新时代 挺膺担当新征程"为主题的"挑战杯"红色专项活动。

作为历史名城天津的大学生,天津职业技术师范大学经济与管理学院信管2201班这一调研小队仰赖这座城市丰厚的历史底蕴及闪耀的历史荣

---

① 郑永廷:《思想政治教育方法论》,高等教育出版社,1999年,第119~136页。

光,决定以天津现存红色文化资源为主要依托、遥望这座城市的历史故事,开展他们此次"实践感悟新时代 挺膺担当新征程"的红色社会实践调研活动。

这一调研小队从天职师大校园出发,先后来到平津战役纪念馆、中共天津历史纪念馆、天津博物馆。在馆内体会历史变迁、感悟时代风云,慨叹前辈筚路蓝缕、创千古伟业之不易。馆内的调研活动结束后,调研小组进行了热烈讨论,大家交流了彼此的感悟,每个人都收获多多。带着馆内的调研结果,他们走出浓缩的历史画卷、来到绚丽的当代世界,走在百年前,无数仁人志士为争取民族解放、人民幸福摇旗呐喊的土地上,眼望着周围的高楼大厦,穿梭在各个红色纪念馆之间,走在解放桥上,真真切切地感受到历史与现实的交融,更加丰富了他们此次调研活动的结果。

此次调研总体分为三个板块:体悟红色文化、感悟红色精神;重走红色足迹、追溯红色记忆;探访红色人物、挖掘红色故事。

在"体悟红色文化、感悟红色精神"方面,他们深刻感受到天津红色革命文化形成、发展的历史脉络及蕴含其中的丰富革命精神和厚重历史文化内涵。透过瞻仰烈士遗物,可以窥见革命烈士在战火纷飞年代中激荡的革命精神和革命热忱。欣赏一张张战士的照片,可以体会战士心中蕴含的对祖国、对人民深深的眷恋。

在"重走红色足迹、追溯红色记忆"方面,他们踏着"红色足迹",走过那些当年革命前辈闹革命曾经住过、设立过政权、成立过组织或革命队伍驻扎过的地方,以及类似的和革命事迹和人物有关的地方和遗迹,感受着岁月脚步中凝聚而成的共产党人艰苦创业历史丰碑的巍峨,明白昔日流血牺牲已成为今日留给子孙万代的光荣遗产。

在"探访红色人物、挖掘红色故事"方面,他们深刻懂得"红色人物"就是为了党和祖国英勇奋斗、无私贡献甚至献出生命的人,为党和人民做出重要

124

奉献、为争取民族独立不懈斗争的人。红色人物演绎的红色故事诉说着天津红色革命的昨天,激励着一代又一代青年缅怀英雄事迹,继承烈士遗志。

通过这段时间对天津红色资源的调研,他们深切领会到"一座天津城,半部近代史"这句话的内涵所在。从五四运动为中国共产党的成立奠定人才基础到中国共产党带领中华民族走过波澜壮阔的百年,从平津战役的伟大胜利到改革开放以来中国快速发展取得的发展成就。真切感悟到红色精神的内涵与魅力:让他们看到中国共产党带领中华民族披荆斩棘走过一百多年,依然春秋鼎盛,在未来依旧有坚定的决心,带领中华民族建立千秋伟业,真正实现中华民族伟大复兴!

在天津觉悟社旧址,他们深刻感受到,那个水深火热的时代,青年们救国救民的赤子之心及为国家利益摇旗呐喊的英勇无畏。而今天的解放桥,在海河之上,笑送海河入渤海、喜迎八方来游客。发挥交通职能的解放桥,吸引着来自世界各地的游客,前来了解这座古桥的昨天与今天;犹如一位耄耋之年的老者,在向过往的海河儿女讲述着那些过往云烟。他们瞻仰着周恩来、邓颖超留下的珍贵文物、二人的工作笔记,遥想着二人互相携手、共赴革命的奋斗日夜,敬仰之情油然而生;他们二人宛若一面熠熠发光的旗帜,照亮青年前行的路。

此次调研活动的思考和建议:六百多年的沧桑与繁华共同谱写了天津悠久的历史。近代以来,中西合璧、古今兼容是天津这座城市的独特风貌,海河流淌浸润的每一寸土地上都散发着浓浓的"津味儿"文化,深深地影响着每一个到过这个城市的人。天津丰富的革命足迹让人叹为观止,而如何将这座城市的红色革命文化资源利用好、红色革命文化传统发扬好、红色革命文化基因传承好成为他们调研小队最后要思考的问题。

首先,天津的红色资源虽然丰富,分布却十分零散,来往各个纪念馆非常不易,希望政府能重视交通问题,在节假日开通红色资源游学专线,为市民拜访各个红色景区提供便利。其次，爱国主义教育要从娃娃抓起，他们在各个红色景区调研时，发现来游玩学习的小朋友不多，尽管零星有父母带着子女前来，大多数也只是拍照留念，走马观花地逛一圈，根本没有认真聆听革命故事、感悟革命精神，这样的参观方式无疑是失去了红色景点该有的教育意义。最后，部分景区出现维护不足的现象，且大多数景区并未配备讲解服务，如果讲解得当，无疑是更有利于革命文化的传承。①

综上所述，运用津门文化思想政治教育方法，必须因时因地因势开展，在坚持实事求是、调查研究的基础上，融合现代新媒体、新技术，将津门文化思想政治教育课堂育人与实践育人方法体系交互为用，共同赋能津门文化思想政治教育，提升教育的实效与成效。

---

① 本人指导天津职业技术师范大学经济与管理学院信管2201班娄诗蓝等学生申报《挑战杯红色专项项目》，参赛作品《抚昔望"津"踏红色文化》获得第十七届"挑战杯"中国银行天津市大学生课外学术科技作品竞赛红色专项活动三等奖。

第三章　津门文化思想政治教育分论

当前,津门文化思想政治教育还存在一些问题,如欠缺对津门文化思想政治教育重要性的认识,天津文化融入天津各高校思政课程与专业课程程度不高,融入方式方法比较单一,对天津文化的讲解内容不够鲜活,欠缺针对性、实效性,对天津文化内涵逻辑研究欠缺。同时,欠缺对任课教师天津文化素质的培养,津门文化思想政治教育管理体制机制还有待完善,对教育效果的评价体系有待健全,大中小学津门文化思想政治教育一体化建设需要深化,没有形成学校、家庭、社会协同进行津门文化思想政治教育合力。这些问题有的已在第二章进行讨论,有的将在第三章进行探讨。

第一节　津门文化思想政治教育者和教育对象

津门文化思想政治教育效果的取得,一个重要因素就是合理解决教育者和教育对象之间的关系,形成教育者"主导"、教育对象"主体"的教育关系。教育者发挥着组织和引导的作用,教育对象则在教育者的指导下,将接受的生活世界总体观、生活世界境界观、人生观、价值观、道德观、法治观、文化观内化于心、外化于行。

一、津门文化思想政治教育者

津门文化思想政治教育者,即是在马克思主义文化哲学的指导下,将生活世界总体观、生活世界境界观、人生观、价值观、道德观、法治观、文化观以符合教育对象的方式方法传授给教育对象,培育教育对象全面建设社会主义现代化大都市的思想品德,激发教育对象实现自身发展与天津发展相统一的"精气神"。津门文化思想政治教育者包括广义与狭义之分,狭义的津门文化思想政治教育者仅指专职教育人员,广义的还包括兼职教育者、受邀或受聘在特定时间地点对特定对象进行津门文化思想政治教育的人。

(一)津门文化思想政治教育者具有主导性

津门文化思想政治教育者凭借着在整个思想政治教育过程中的主导地位,对教育对象发挥主导作用。所谓津门文化思想政治教育者的主导性,与被动性相对,是教育者自觉地发挥自身主观能动性传播、弘扬天津文化,激发教育对象建设现代化大都市的"精气神"。就是津门文化思想政治教育者在津门文化思想政治教育实施活动中发挥其主导作用方面表现出来的积极属性。津门文化思想政治教育者的主导性是指:引导津门文化思想政治教育过程并推动津门文化思想政治教育发展的主体,对受教育者塑造生活世界总体观、生活世界境界观、人生观、价值观、道德观、法治观、文化观等发挥主要作用并且引导受教育者向推动天津社会发展方面进步。

津门文化思想政治教育者主导性所具有的特性和时代要求主要表现在:

第一，双向互动的引导性：教育者首先应是正确生活世界总体观、生活世界境界观等的引导者，是践行正确思想观念的表率和模范，"用一个灵魂唤醒另一个灵魂"，播种正确思想观念蕴含的价值"火种"[①]，引导学生自觉将价值"火种"转化为实践"火种"。其次，教育者进行教育活动应建立与学生人格上的平等关系。不能将人格平等关系与地位平等关系画等号。不应将自身是教育对象引导者与帮助者身份同教育对象思想道德成长之路的知心朋友、同志身份相混淆。[②]最后，教育者对教育对象引导作用的发挥取决于所使用的方式方法。正如第二章第三节第二部分所阐释的课堂育人方法体系与实践育人方法体系，在引导教育对象树立正确的生活世界总体观、生活境界观等时，应将两大体系融合为用，以最大限度地提高育人成效。

第二，以人为本的促进性：这一特性与第二章第三节第一部分津门文化思想政治教育"坚持人的全面发展的科学教育观"原则暗合。在马克思主义文化哲学中阐述文化发展与人的全面发展辩证统一关系原理的指导下，津门文化思想政治教育者应是这样的"促进者"：应关注教育对象的人的意义上的发展，实质上注重教育对象的内在价值和外在价值的提升与促进。在使人认识到自身是"价值的存在物"的基础上，通过自觉拓展、弘扬自身价值，激发人进行文化创造的自觉性、主动性，从而塑造人的独立人格，并使人学会生存、学会生活、学会工作、学会在建立和谐社会关系的前提下发展自我。[③]教育者成为"促进者"的前提是自身首先成为"能鼓舞和推动别人前进的人"[④]。在此基础之上，应不断考虑教育对象需要，鼓励学习[⑤]而非"填鸭

---

① 杨旭光：《做"经师"和"人师"的统一者》，《光明日报》，2022年11月11日。

② 檀传宝：《学校道德教育原理》，教育科学出版社，2000年，第173页。

③ 万光侠等：《思想政治教育的人学基础》，人民出版社，2006年，第399~402页。

④ 《马克思恩格斯全集》（第四十二卷），人民出版社，1979年，第155页。

⑤ 联合国教科文组织国际教育发展委员会编著、华东师范大学比较教育研究所译：《学会生存——教育世界的今天和明天》，马胜利等译，教育科学出版社，1996年，第172页。

式"灌输知识,①从而改变教育对象被动接受知识的现状,以促进其积极参与进来提升自身能力。②

第三,德才兼备的示范性:欲使津门文化思想政治教育提升实效,就在于教育者榜样力量的发挥。③孔子曾强调身正令从的道理,④邓小平同样指出党员特别是领导干部的模范示范作用。⑤教育者的人格力量和人格魅力是能否成功进行津门文化思想政治教育的重要条件。在以德施教之前应先做到以德立身、学为师范。欲向学生头脑灌输津门文化,并促进津门文化中蕴含的生活世界总体观、生活世界境界观等内化于心、外化于行,必须先使教育者自身具备较高的文化素养。只有教师真正做到用天津文化坚定信仰、锤炼品格、强化党性、指导实践、提升质量,才能确保扎实推进津门文化思想政治教育工作提质增量。

第四,设计组织的能动性。首先,教育者是津门文化思想政治教育活动的设计者。教育者应在充分对学生年龄特点、已有知识经验、学习能力、学习风格等进行学情分析之后,确立讲授某个天津文化内容的教学目标(知识与技能目标、过程和方法目标、情感与价值观目标),设计导入新课、讲授新课内容、课堂小结等教学环节所需要的一系列教学方式方法。特别应注意设计板书,实现与多媒体课件的完美结合。还需要对整体教学过程实施之后做一个教学反思,如根据天津文化讲授标准、知识的跨度、学生的认知水平,是否对教学内容有增有减;学生是否对天津文化某个内容具备客观全面

---

① 冯增俊:《当代西方学校道德教育》,广东教育出版社,1993年,第71页。

② [伊朗]S.拉塞克、[罗马尼亚]C.维迪努:《从现在到2000年教育内容发展的全球展望》,马胜利等译,教育科学出版社,1996年,第106页。

③ 国际21世纪教育委员会向联合国教科文组织提交的报告:《教育——财富蕴藏其中》,联合国教科文组织总部中文科译,教育科学出版社,1996年,第138页。

④ 《论语·子路》:子曰:"其身正,不令而行;其身不正,虽令不从。"

⑤ 《邓小平文选》(第二卷),人民出版社,1994年,第268、342页。

认知;课堂讲授采用某某方法是否有利于学生理解等。其次,教育者是津门文化思想政治教育活动的组织者。从教育活动的开始到教育活动的结束,教育者始终起着主导和支配作用。他必须按照津门文化思想政治教育目标,具体执行和实施津门文化思想政治教育任务,全程实现津门文化思想政治教育的所有工作程序,也就是将事先设计好的教案完美呈现、实施。最后,教育者是津门文化思想政治教育活动过程中的主导者。也就是说,教育者在津门文化思想政治教育过程中始终处于主导、支配和调控的地位。从传递信息的角度来说,教育者要立足现实,从受教育者当前确立的生活世界总体观等思想观念出发,引导教育对象树立正确的生活世界总体观等,把天津社会建设社会主义现代化大都市要求的政治观点、思想体系、道德规范传递给教育对象,通过内化外化的过程,引导思想政治教育对象提升文化素养、形成良好品德,从而实现教育对象的自由而全面地发展。[1]

(二)教育者实现津门文化思想政治教育主导性的关键因素

津门文化思想政治教育者的主导性,是津门文化思想政治教育主导性实现的关键因素,基于上述所阐释的主导性所具有的特性和时代要求,支撑这些特性且发挥主导地位和主导作用的是教育者自身的素质。正如卢梭所言,教师造就一个人的前提便是他自身必须是高尚的、有教养的人。[2]教育者的素质与能够把握天津文化内涵及天津社会发展建设要求成正比。[3]因此,教育者实现津门文化思想政治教育主导性的关键因素便是自身素质的提升。[4]

---

[1]　万光侠等:《思想政治教育的人学基础》,人民出版社,2006年,第187~191页。

[2]　[法]卢梭:《爱弥尔—论教育》(上),李平沤译,人民教育出版社,1978年,第27页。

[3]　张耀灿、陈万柏主编:《思想政治教育学原理》,高等教育出版社,2001年,第245页。

[4]　石书臣:《现代思想政治教育主导性研究》,上海学林出版社,2004年,第251~263页。

儒学经典《大学》中有关于"穷理正心,修己治人"的学问,强调应满足外治(齐家)的需要,不断去掉自身弱点,达到对人、事、物的全面认识,客观、公正地待人、接物、处事,具有公正之品德。津门文化思想政治教育者可从修身的重要性及目标、内修、外治三个方面来提升自身素质。

1.修身的重要性及目标使津门文化思想政治教育者明确立德树人的根本任务与要求

《大学》第一章中讲到,无论是皇帝还是百姓,都以修身作为根本。本与末相对而言,本末是指做事要分清主次与先后,抓主要的和基础的。只有抓住"修身"这一根本,就已经接近《大学》的根本要义。只有按照事物的本末去解决问题,才能做到有始有终,也就接近事物发展变化的本质规律。它指导教育者做人做事以修身为本。津门文化思想政治教育者应以"立德树人"作为津门文化思想政治教育的出发点和落脚点。

习近平在党的二十大报告中进一步重申立德树人是教育之根本,教育的根本任务就是培养德智体美劳全面发展的社会主义建设者和接班人。[①]为实现学生德智体美劳全面发展,教师不仅应具备广博的学识,还应具有丰富的专业知识,更应具备很高的品德修养。而在教师素质的诸要素中,师德修养又居首位。在教育对象看来,教育者不仅拥有高大形象,更重要的是代表智慧与高尚人格。津门文化思想政治教育者更加需要以身作则,发挥对学生生活世界总体观、生活世界境界观的引导作用。通过自身所作所为,影响、感染受教育者,激发其建设社会主义现代化大都市的无限热情。

"大学之道"要达到三个目标:第一,"明明德",理解德,牢记德,彰显大德;贵在"自明"(即自觉、自得)。第二,"亲民",就是实现自身、他人、集体三

---

① 习近平:《高举中国特色社会主义伟大旗帜 为全面建设社会主义现代化国家而团结奋斗——在中国共产党第二十次全国代表大会上的报告》,人民出版社,2022年,第34页。

个主体同向进步。贵在"无所不用其极"即无时无处不刻意追求进步。第三,"止于至善",合乎角色,符合教师规范;品格与学识并举,有人格魅力;榜样示范,是后人效法的典范。

对立德树人的要求则表现为:"第一,做好老师,要有理想信念。""第二,做好老师,要有道德情操。""第三,做好老师,要有扎实学识。""第四,做好老师,要有仁爱之心。"①培育服务于天津全面建设社会主义现代化大都市的时代新人,在对天津传统文化"古为今用,去粗取精、去伪存真"的基础上,形成具有天津地域特色与人文气息的思想理念和道德规范,并用超前眼光和辩证思维,对天津文化进行创造性转化、创新性发展,使天津文化蕴含的"思想观念永远符合人类发展趋势、体现世界进步潮流"②。此外,做人类灵魂的工程师,正如习近平所强调的那样,"教师是人类灵魂的工程师,承担着神圣使命"。"传道者自己首先要明道、信道。高校教师要坚持教育者先受教育,努力成为先进思想文化的传播者、党执政的坚定支持者,更好担起学生健康成长指导者和引路人的责任。"③

2.内修的途径给津门文化思想政治教育者指明师德养成的方法

《大学》认为:格物、致知,诚意、正心是"内修";它为教育者指明了师德养成的途径。

"格物致知"的要义:通过直接经验,获得关于事物的结构要素及其关系,以及事物发展过程的知识,同时开发自己的智慧潜能。身为一名津门文化思想政治教育者,通过教师培训和课堂教学,总结教学规律,提高自身教

---

① 习近平:《做党和人民满意的好老师——同北京师范大学师生代表座谈时的讲话》,人民出版社,2014年,第4~9页。

② 董俊山:《培养担当民族复兴大任的时代新人》,人民网,2018年8月24日。http://theory.people.com.cn/n1/2018/0824/c40531-30248071.html。

③ 习近平:《论教育》,中央文献出版社,2024年,第157页。

学能力,天津文化知识是根本基础。应充分了解天津文化发展逻辑理路,深刻体悟天津文化内涵、外延、意义、基本样态,从与其他地域文化比较的视角加深对天津文化本质特征的把握和理解。

"诚意"的要义:教育者进行津门文化思想政治教育时,应做到自身言语行动符合教育目标要求,做到"不自欺"与"不欺人",遵循教育规律,讲究教学方法,实事求是地开展教育工作。应有做教师的坚守,一是坚决守卫,不离开思政三尺讲台。二是坚决遵守,不背离立德树人要求。讲文化要接地气,让故事成为道理,让根本方法成管用办法,增强学生的获得感。

"正心"的要义:克服欲望、情绪、兴趣的干扰,把"放飞的心"(这是一颗端正的心)找回来,使心与身同在、使心(即思想)与行动一致、使心(即主观)与客观一致。作为一名津门文化思想政治教育者,将自身教育之心与爱生之心相融合成为一颗仁爱之心,在传播、弘扬天津文化的基础上,引导学生树立正确的生活世界总体观、生活世界境界观等思想观念,进而激发他们建设社会主义现代化大都市的热情。

3.外治的规律使津门文化思想政治教育者深知师德产生的重要影响

《大学》认为:齐家、治国、平天下是"外治";一位具有高尚品德的教师能够对学生家庭品德的塑造、社会文化发展产生积极作用。

"治国必先齐其家"符合社会教化的一般规律,是"恕"道(有诸己而后求诸人,无诸己而后非诸人)及言教与身教的关系规律(言教以身教为基础并与身教一致才能有效)的集中体现。教师应是学生最亲近、最尊敬人的身份,向学生传播天津文化蕴含的生活世界总体观、生活世界境界观等思想观念。

《大学》讲道:"一家仁,一国兴仁;一家让,一国兴让。"正确的生活世界总体观、生活世界境界观凝聚成为建设社会主义现代化大都市的优秀品格,对受教育者起到感化、引导作用,净化人们的心灵。身为一名教师,同时还扮演父、子、兄、弟等角色,均要符合"父义、母慈、子孝、兄友、弟恭"家庭伦理规范,使自家和睦、使家族和睦、使别人家和睦,进而推动社会的精神文明建设。

"大学之道"所言的修身,是"兼善天下",提倡君子"穷则独善其身,达则兼善天下"的良好品德和人文胸怀。强调道德践履、修身实践、知行合一的重要性与必要性。应做到知中有行,行中有知;以知为行,知决定行。应注重"学高为师、德高为范"的师德、"学为人师、为人世范"的师风、"传道、授业、解惑"的师行相统一。发扬《大学》倡导"如切如磋,如琢如磨"的修养德性精神,做好"经师"与"人师"相统一的津门文化思想政治教育者。

二、津门文化思想政治教育对象

津门文化思想政治教育对象,指在教育者进行津门文化思想政治教育活动时施加可控性教育影响的对象。包括广义教育对象和狭义教育对象。狭义教育对象是指个体教育对象,也就是受教育者;广义教育对象还包括教育者。在狭义教育对象中,津门文化思想政治教育的重点对象,主要是领导干部和青年。掌握教育对象的基本特性,有助于提高津门文化思想政治教育实效。

(一)津门文化受教育者具有主体性

从根本上说,主体性是一个哲学概念。人们在研究主体及主体性问题时确立一个原则,也就是一定将主体放在与客体相互关系中来研究主体性。马克思在看待人的主体性时,同样将它放入现实的社会关系中,并且结合人的本质属性(即社会属性)去认识,认为主体性必须在社会关系与客体相互作用中才能显现出来并发展,集中体现建设社会主义现代化大都市的能动与自觉。当这一对象具备建设社会主义现代化大都市的能力时,此对象就是主体,另外的对象则是客体。人的这种把自身生命活动变成自己意志和自己认识对象的主体性,区别于动物将自身与自身生命活动混同看待。人的本质便体现在人的主体性中,并伴随着人与自然社会环境的互动而发展变化。

作为津门文化思想政治教育主体作用对象的客体,受教育者必然要在思想政治教育过程中接受教育主体施加的思想政治教育的作用和影响,并且使教育对象的生活世界总体观、生活世界境界观、人生观、价值观、道德观、法治观、文化观向教育者希望的方向变化。但津门文化思想政治教育客体作为有思想有感情的人,同时也具有"主体性"的特点,主要体现在三个方面:

第一,自主性。马克思主义文化哲学思想中生活世界总体观的建立是基于人化世界。生活世界是由于人的实践不断创造出的人的世界与人的关系的总体。自然世界在人的能动地改造世界的社会性的物质实践中,成了人化自然。人为了追求自己想要的生活,实现自身发展,将自然变成自己的对象化。为了实现生活世界境界的跃升。在人化自然的过程中,体现出人类自主性活动特点。人类将自然变成自己对象是在自我意识的驱使下进行的活动。同样,接受津门文化思想政治教育的受教育者,也具有自我意识,能够自主地认识和改造主观世界。这也是津门文化思想政治教育得以顺利展开进行的原因之一。受教育者能够自己确立学习目标,根据自身学习需要自主选择接受的思想观念信息,积极地汲取教育内容,从而自主地调节自己的思想活动和行为,把教育者灌输的生活世界总体观、生活世界境界观等转化为自觉学习提高思想政治品德的内在需要,创造性地外化为实际行动。

第二,创造性。马克思主义文化哲学思想认为,为了实现生活世界境界的跃升,人类即实践的主体借助实践的手段(工具等),将实践的对象(外在世界)改造成人化世界,产生出了许多实践的结果(产品)。人类建构生活世界境界高低在一定程度上取决于客观条件的制约和客观规律的支配,取决于人的自觉能动性发挥的程度。在人类将自然变成人化自然的过程中,人使观念的东西转化为物质的东西,不断使自然之"物"变成从属于人的生活需要的存在物,从而在人与人化世界之间建立起一种崭新的、更高级的生活世界统一关系,实现了人的生活世界境界的提升与跃迁。在津门文化思想政治教育活动过程中,受教育者接受教育者灌输的生活世界总体观等思想观念,会激发自身进行文化创造的特性,会选择、接受、调节教育活动,不断提升自身的文化素养等。

第三,计划性和预见性。津门文化思想政治教育客体并不是消极地遵从教育主体的目标,他会根据教育者灌输的生活世界总体观、生活世界境界观等,形成自己的生活世界总体观、生活世界境界观、价值观、人生观等。在用自己的生活世界总体观、生活世界境界观、价值观、人生观指导自己实践的过程中,完成自己预设目标,实现自我超越。

马克思主义文化哲学思想中揭示了文化发展与人的自由全面发展之间的辩证统一关系:一方面,文化创造的实践主体——人类学会运用改造自然社会规律,进而创造出自身向往的美好世界;另一方面,无论是文化创造,还是历史发展,均追求人的全面自由发展,当人类通过运用自然及社会发展规律改变既有文化环境时,促进人的自由解放,使人类历史由"史前的历史",进入"人的历史",即可实现人类从必然王国进入自由王国的飞跃。[1]而人自由全面发展来源于人的主体性特征对社会关系产生的作用和影响。津门文化思想政治教育者进行教育时,应注意发挥受教育者的主体性,以便更好地使受教育者实现自我全面自由发展。[2]当然,受教育者主体性特征的发挥依赖于教育者主导性特征的引导与激发,教育者主导性特征发挥得越彻底,受教育者实现自身全面自由发展的可能性就越高。

---

[1]　李燕:《文化释义》,人民出版社,1996年,第25~30页。

[2]　万光侠等:《思想政治教育的人学基础》,人民出版社,2006年,第191~193页。

(二)科学分析津门文化思想政治教育受教育者的方法

作为津门文化思想政治教育重点对象而言,党政领导干部不仅是津门文化思想政治教育的领导者、组织者,更是津门文化思想政治教育的实施者,能够有效实施津门文化思想政治教育的前提是,自身先要深刻理解掌握天津文化的内涵、逻辑理路、意义、基本样态等内容。因此,了解党政领导干部的思想情况非常必要。加之,党政领导干部因为对人民群众具有较大示范作用,为提高党政领导干部思想品德,必须了解其思想情况,方便有效进行津门文化思想政治教育。

作为津门文化思想政治教育又一重点教育对象,青年是津门文化思想政治教育的主要对象和重点对象。由于青年肩负着全面建设社会主义现代化大都市的任务,是生力军力量。还因为青年正处在生理、心理急剧变化时期,也是生活世界总体观、生活世界境界观、人生观、价值观、道德观、法治观、文化观等形成的关键时期,极强的可塑性决定着对青年实施津门文化思想政治教育的必要性。为此,也必须深刻了解青年思想状况,方便津门文化思想政治教育工作有效开展。

为深入了解津门文化思想政治教育重点教育对象的思想等情况,可采用如下方法:

第一,历史分析法:历史分析法是指把教育对象放到全面建设社会主义现代化大都市这一特定的时代背景和历史条件下,运用马克思主义文化哲学方法体系中的历史思维,通过历史眼光和辩证思维相结合,将教育对象过去的思想观念情况与现在的情况联系起来认识教育对象思想品德的历史生成逻辑,把握教育对象个人发展脉络和前进方向,方便从宏观上制定津门文化思想政治教育实施方案。

第二,动态分析法:动态分析法是把教育对象在不同时期的思想行为情况进行对比,运用马克思主义文化哲学方法体系中的辩证思维,即批判的和革命的精神、联系和发展的观点、唯物辩证法的基本规律、范畴分析和解决一定天津社会发展要求与受教育者的思想认知情况之间的矛盾。通过将津门文化思想政治教育者与天津发展要求、受教育情况、教育环境之间建立联系,找出蕴含其中的矛盾,制定使天津发展要求与教育者、受教育者、教育环境相协调的矛盾解决方案。

第三,立体分析法:立体分析法是对教育对象进行多层次、全方位分析的方法。运用马克思主义文化哲学方法体系中"一切从实际出发"的原理,从教育对象变化的、特定的、具体的、历史的、客观条件出发,去认识教育对象,去把握教育对象思想品德发展规律,而剥离任何影响结论客观性的主观成分。即"研究"教育对象的思想品德(实事)去"探求"蕴藏在教育对象内部的思想品德发展客观规律。进一步讲,通过发挥人的自觉的、能动的认识事物能力,实现客观事物之"理"向人的认知之"理"(真理)的跃升。

第四,定性分析和定量分析相结合的方法:定性分析是从教育对象思想品德情况的内在规定性来研究教育对象思想品德发展规律的一种方法;定量分析是运用统计学等数学方法以及现代科学技术手段对教育对象思想品德进行量化指标的测量、统计和分析的方法。二者的统计结果可以通过柱状图、饼状图、EXCEL表格、调查问卷报告等形式表示出来。如下图是2022—2023学年度第二学期《中共党史》课程中天津红色文化测试学生的得分情况,客观题50题,每题2分,共100分。95人参与测试,平均分93.3分,正确率93%。由此可看出学生对天津红色文化掌握的程度较高。

试卷统计（与成绩分布、习题正确率、主观题批改相关的人数统计，均为已交卷人数）

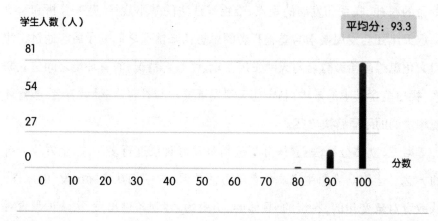

图3.1 2022—2023学年度第二学期《中共党史》课程中
天津红色文化测试学生的得分情况

三、津门文化思想政治教育者与教育对象的关系

津门文化思想政治教育者与教育对象的关系，指教育者基于传播天津文化的政治需要及教育对象基于学习天津文化、提高自身思想品德素质的需要建立起来的一种互动的、职业的、专业的关系，它通过津门文化思想政治教育活动，教育者使教育对象获得正确的生活世界总体观、生活世界境界观等思想观念，帮助教育对象提高自身思想道德素质，更好地解决个人发展遇到的问题及指导社会实践。

（一）津门文化思想政治教育者与教育对象关系——主导+主体

津门文化思想政治教育者与教育对象关系的四个特征：第一，明确的目的性。教育者基于传播天津文化的政治需要进行津门文化思想政治教育活动,教育对象基于学习天津文化、提高自身思想品德素质的需要参与津门文化思想政治教育活动。第二,具有工具性和情感性的兼容性。一方面,教育者进行津门文化思想政治教育活动具有明确目的,决定了二者之间的关系是工作关系;另一方面,教育者应有仁爱之心、较高思想道德素质,通过与教育对象建立良好的情感关系来提高教育实效。第三,"予与取"的非对等性。教育者传授给教育对象正确的生活世界总体观、生活世界境界观等思想观念,是"予";教育对象获得正确的生活世界总体观、生活世界境界观等思想观念,从而提升自身思想道德素质,是"取"。第四,以教育对象的利益为中心。从津门文化思想政治教育的原则可以看出,实施此教育活动旨在促进教育对象自由而全面地发展,主要是满足其学习天津文化、提高自身思想品德素质的需要,包括经济、政治、社会、文化等利益。

一方面,津门文化思想政治教育者与教育对象的关系是一种主导关系,即津门文化思想政治教育过程中教育者与受教育者之间形成的主导与被主导的关系。这种主导关系在津门文化思想政治教育实施过程中特指教育实施者对受教育者进行的"导"与受教育者发挥主观能动性的"学"之间的互动关系。①欲明确"导学"一词的核心意蕴需明确"指导"一词的特定含义。根据《世界教育年鉴(1955)》,赋予"指导""援助性"特质,且是基于个人幸福和社会效益的需要,以便发现、发展各自潜力。②杜威将"教育""指导"画等号,提出"指导"能够使受教育者不分散注意力,而是集中到某一条连续的道路上,为避免"指导"走向反向性帮助的极端及调节或支配的极端,需要有时对"指导"加以控制。③"这里的指导,主要指学习指导。"④此是指教育者具有

---

① 任顺元:《导学论:实践新课程的指导理论》,浙江大学出版社,2003年,第2页。

② 任顺元:《导学论:实践新课程的指导理论》,浙江大学出版社,2003年,第3页。

③ [美]约翰·杜威:《道德教育原理》,王承绪等译,浙江教育出版社,2003年,第45页。

④ 石书臣:《现代思想政治教育主导性研究》,上海学林出版社,2004年,第284~300页。

"实施主导性",即指导受教育者学习天津文化形成的历史逻辑、具体内涵、基本样态,从而树立天津文化蕴含的生活世界总体观、生活世界境界观、人生观、道德观、价值观、法治观、文化观等。

另一方面,津门文化思想政治教育是一项基于特定目标、计划且由特定主体实施的融教育、培养、提升教育对象三位一体的教育对象提升自身思想道德素质的主体性实践活动。在津门文化思想政治教育过程中,教育对象基于提升自身思想道德素质的需要、能动地学习天津文化并创造性地运用天津文化改变自身思想观念,从而指导自身社会实践。此主体性特指教育对象接受、实践的主体性。受教育者能够自己确立学习目标,根据自身学习需要自主选择接受的思想观念信息,积极地汲取教育内容,激发自身进行文化创造的特性,从而自主地调节自己的思想活动和行为,把教育者灌输的生活世界总体观、生活世界境界观等转化为自觉学习提高思想政治品德的内在需要,创造性地指导实际行动,不断提升自身的文化素养等,完成自己预设的目标,实现自我超越。

(二)建立津门文化思想政治教育者与教育对象之间的关系途径

建立良好的津门文化思想政治教育者与教育对象之间的关系途径包括:

第一,努力提高教育者的人格魅力:人格正,就要有高尚的人格、堂堂正正做人。津门文化思想政治教育者要有良好的师德,行得端、做得正,以身作则,率先垂范。教育者的品德修养对教育对象产生深远影响,在灌输正确的生活世界总体观、生活世界境界观等同时,高尚的人格魅力对教育对象身心健康发展均有影响。教育者应做到"为人师表",教育者是教育对象学习的典范和榜样,是教育对象的"活教材"。本章第一节第二部分内容已详细阐述如何从修身的重要性及目标、内修、外治三个方面来提升自身思想道德素质。教育者只有具备较高的思想道德素质才能散发人格魅力。除此之外，自律严，就要严于律己。教育者要对自己高标准、严要求，时刻以"经师""人师"的标准要求自己，才能与教育对象建立良好的关系。

第二，大力提升教育者的文化素养：天津文化是地域文化，也是社会主义先进文化的组成部分。教育者要深入研究天津文化的历史形成逻辑、具体内核、基本样态、当代价值等内容，树立"欲化人者必先自化"的教育理念，并将其体现在津门文化思想政治教育工作中。具体而言，津门文化思想政治教育者应具有自觉讲解天津文化的意识、教化育人态度、文以化人的能力。首先，应培养教育者"勤于学习更需善于学习"的学习力。不仅向学校内同行学习、向学校外的专家学习，还需向国家或市区的"空中课堂""在线课堂"名师学习。其次，应培养教育者既"准"又"深"地思考津门文化思想政治教育"实"问题的思考力。所谓"准"，就是不偏不倚，一是一、二是二，既不放大，也不缩小，着力点准、问题定性准、与事实相符。所谓"深"，透过现象看本质。所谓"实"，就是指实实在在、有分量，不能鸡毛蒜皮、轻飘飘。最后，应培养教育者"站住讲台—站稳讲台—站好讲台"的实践力。教育者紧扣文理学理哲理，切实提高天津文化的感召力和影响力，打造"以文化人"金课。应紧扣入情入理，增强课堂教学的吸引力和亲和力，打造"师生共进"金课。紧扣新思想新要求，培养建设社会主义现代化大都市的时代新人，打造"政治性强"金课。紧扣好老师大先生，让教育者理解德，牢记德，彰显大德，打造"立德育人"金课。紧扣提质提效，熔高阶性、创新性、挑战度于一炉，打造"质量过硬"金课。教师应"学"作示范、"研"求深入、"教"显实效、"行"重创新，做天津文化思想政治教育的践行者。

第三，加强与教育对象的情感交流：课堂上，教育者通过创新课堂形式，发挥红色资源优势，以"讲故事"的方式，与教育对象进行情感交流，熔铸教育对象爱国深情。围绕议题，设计活动型学科课程的教学；强化辨析，选择积极价值引领的学习路径;优化案例,采用情境创设的综合性教学方式。在激发教育对象学习天津文化兴趣和积极性的基础上,引起教育对象的情感共鸣。走出教室,迈入社会实践的大课堂,让津门文化思想政治教育课堂具有"烟火味"。把教育课堂搬到天津伟人故里、革命遗址、红色地标。通过天津红色文化学习教育,让教育对象去了解天津共产党人的光辉历程,感悟峥嵘岁月,让耳熟能详的红色故事成为津门文化思想政治教育的"教科书"。讲好天津红色文化,并不是对红色历史的简单宣传,更需要触及教育对象的灵魂。通过主动开展对身边的红色地标、红色教育基地实地调研,赓续红色血脉,让天津红色文化学习教育更具体,助力教育对象汲取精神营养、坚定理想信念、积蓄磅礴力量。

第四,坚持与教育对象沟通对话:教育者可采用线上、线下相结合的形式开展对话,注意调动教育对象参与对话的积极性,并且正确解答、处理对话中的问题。以一位教育者"包联"多个学生对象为例(如图所示),既可以线上进行津门文化思想政治教育,也可以线下进行,以提高津门文化思想政治教育实效性。

图3.2　作者本人"包联"学生进行线上与线下津门文化思想政治教育

津门文化思想政治教育者应答好"以文化人"新答卷,在践行"两个维护"上走向前。答好"初心使命"新答卷,在强化以学生为中心的教学理念上走向前。答好"干事创业"新答卷,在提升自身教研能力上走向前。打牢立德树人的教师责任,答好新时代赶考路上的教育答卷。

第二节　津门文化思想政治教育环境与管理

马克思主义文化哲学"文化可能性"问题指人的存在状态与所处环境的内在关联性,即人的存在的文化境遇问题。在此文化境遇问题视域下的"环境"特指人类自己创造的社会文化境遇,自身所处的文化境遇不同,环境也就不同。无论人本身的存在多么不同,自然物质环境、社会环境、狭义上的文化环境都是文化环境,都是人的环境。[①]马克思指出的社会生产人,人也生产社会。人与社会环境实现双向互动:人创造社会环境,社会环境也创造人。马克思主义文化哲学进一步揭示出文化环境与人的存在具有内在相关性,津门文化思想政治教育环境的形成与营造便是以环境与人的活动、文化环境与人的存在之间的辩证统一关系为理论基础。津门文化思想政治教育能否进行有效管理又是教育环境塑造的关键因素。

一、津门文化思想政治教育环境

津门文化思想政治教育环境,指对津门文化思想政治教育活动及津门文化思想政治教育对象的天津文化蕴含的生活世界总体观、生活世界境界观、人生观、价值观、道德观、法治观、文化观及思想品德的形成和发展产生影响的一切外部因素的总和。

---

① 李燕:《文化释义》,人民出版社,1996年,第118页。

(一)津门文化思想政治教育环境特征及分类

津门文化思想政治教育环境特征包含四个方面:第一,复杂性。该教育环境是由不同环境要素按照不同层级、不同类型构成的一个动态、立体的系统。该系统对受教育者天津文化中生活世界总体观、生活世界境界观、人生观、价值观、道德观、法治观、文化观的塑造、思想品德形成发展及津门文化思想政治教育活动的影响多重性与多样性,不同的教育对象对环境影响的选择和适应存在较大差别。第二,动态性。因世界处于运动变化之中,决定了津门文化思想政治教育环境处于动态变化中,进而使组成系统的环境要素随着整体教育环境的变化而作出调整。教育环境发生变化的根源在于人类改造自然社会的文化活动。第三,特定性。津门文化思想政治教育活动及具体的教育对象受到天津地域环境的影响和制约,一方面,天津城市发展影响津门文化思想政治教育活动及受教育者,即环境具有直接制约性;另一方面,津门文化思想政治教育活动对天津城市发展起到促进作用。第四,可创性。即指教育者可以自觉地、能动性地创造教育环境,此特征使津门文化思想政治教育环境不同于其他类型的环境。教育者对环境产生双重作用,一方面可以积极营造环境;另一方面,教育者可以强化或减弱环境的某些影响。

一般意义而言,津门文化思想政治教育环境可分为自然环境和社会环境:前者又称为物理环境,是生活在天津地域的人们生存和发展的物质基础,即天津社会存在和发展的自然条件的总和。社会环境是指人们所处的天津社会条件及天津城市发展进程中所形成的各种社会关系的总和。津门文化思想政治教育环境还可以按形态、性质、状态、作用方式、覆盖范围进行若干种类划分。如形态上可分为物质环境和精神环境,性质上可分为良性环境和恶性环境,状态上可分为开放环境和封闭环境,作用方式上可分为直接环境和间接环境,覆盖范围上可分为宏观环境和微观环境。因宏观环境与微观环境对理解津门文化思想政治教育管理等内容具有重要意义,这里重点阐述。

宏观环境,即是以对津门文化思想政治教育实施及对教育者、受教育者发挥作用的天津社会生产力水平、生产方式为基础形成的生产关系条件与政治、经济、文化等方面上层建筑构成的环境整体。

经济环境主要是指影响受教育者的天津文化中生活世界总体观、生活世界境界观、人生观、价值观、道德观、法治观、文化观的塑造、思想品德形成发展和津门文化思想政治教育活动的天津社会经济制度和经济生活条件。社会经济制度是指生产关系总和,包括生产资料所有制形式及产品的分配形式。经济环境,特别是天津社会经济制度以天津社会生产力水平、生产方式为基础形成的生产关系条件为基础,对受教育者生活世界总体观、生活世界境界观、人生观、价值观、道德观、法治观、文化观的塑造产生影响。经济环境决定了生活在天津的人们的经济生活条件,对教育对象的生活世界总体观等形成发展产生直接影响;天津经济发展为受教育者的思想品德水平不断提高、津门文化思想政治教育赋予教育者实施教育活动更符合社会主义现代化大都市建设的物质条件。由此可见,天津经济制度的变革必然会带来津门文化思想政治教育和经济环境的变化。

政治环境,主要是指对受教育者的天津文化中生活世界的总体观、生活世界境界观、人生观、价值观、道德观、法治观、文化观的塑造、思想品德形成发展及津门文化思想政治教育活动产生影响的天津社会上层建筑的核心——社会政治制度及受其制约的天津现实政治状况。"社会政治制度,是体现人们之间政治思想关系的有形载体,包括国体、政体、民主和法治建设、党风廉政建设、社会安定程度等。在社会政治制度中,国家制度对人们思想政治素质的影响最为明显。加强思想政治教育,归根结底是要使全体人民成为党和国家利益的忠诚保卫者与维护者。因而他们的政治方向、价值观念、行为规范等,必然要受国家政治利益和政治规范的制约;他们的政治社会化过程,不能离开维护和保卫党和国家利益的轨道。这种与国家政治利益的密切联系,决定了思想政治教育的方向。此外,社会政治制度的其他因素,也影响到人们民主与法治观念的确立、政治参与热情的激发、政治责任感的养成以及对党和政府的政治评价与态度等。"①

文化环境,按照第一章第二节第一部分内容中阐述的"大文化"概念,可以明确:在天津生活的人们进行的物质财富和精神财富创造的总和均属于文化环境范围,亦包括制度、社会意识形态、组织机构等。文化环境因具有四个特性对受教育者的天津文化蕴含的生活世界总体观、生活世界境界观、人生观、价值观、道德观、法治观、文化观的塑造、个人思想品德的形成发展及津门文化思想政治教育发挥重要作用:第一,人文性,即津门文化思想政治教育文化环境的根本特征。文化创造能够使人的本质力量对象化,使人类不仅从头脑中实现新旧观念的更替,而且指导进行社会实践,从而对社会制度产生革命性或改良性作用。文化创造是人类观念及行为上的创新,还包括制度设置及贯彻方面的创新,具有塑造人的功能——文化的各个层面都体现了这种属性:一是作为文化核心的价值观,是人在观察社会、处理各种事务时必须遵循的基本准则;二是作为规范层面的道德规范和习俗等,起着规范人的作用:三是作为文化观念和精神载体的文化产品,是感染人、教育人的巨大精神力量。第二,社会性,教育对象生活世界总体观、生活世界境界观等思想观念的形成和发展均会受到"日用而不知"的文化影响。第三,创造性,天津文化环境是天津人民创造性活动的产物。文化创造的动力在于人的需要。马克思认为:人的需要具有丰富性蕴含,既可以指需要自

---

① 沈国权主编:《思想政治教育环境论》,复旦大学出版社,2002年,第13页。

身,也可以是人类满足自身需要的活动,还可以是基于满足需要基础上的新需要。人的需要能够产生文化创造活动,并且通过转化不利文化环境的消极因素,从而发展文化环境中利于人类生存发展的因素。第四,复杂性,按照第一章第二节第一部分内容中阐述的"大文化"概念可知,文化本身的复杂性、多元性决定了天津文化环境的复杂性。

大众传播环境,是指经由天津电视、报纸、网络、书籍、广播、电影、录音、录像等大众传媒传播的天津文化信息所构成的环境。这里特别要就大众传播中的一个新因素——新媒体对受教育者的天津文化中生活世界总体观、生活世界境界观、人生观、价值观、道德观、法治观、文化观的塑造、思想品德形成发展的影响做些探讨。新媒体是融合数字、互联网、移动技术为一炉,借助5G网络,与受教育者使用的电子设备终端相连,将天津社会生活世界总体观、生活世界境界观等信息传输的媒介整体。它具有交互性与即时性、海量性与共享性、多媒体与超文本、个性化与社群化的特点。新媒体对津门文化思想政治教育产生正反两方面影响:积极影响是新媒体有助于丰富津门文化思想政治教育内容,开辟了新的教育途径;消极影响是新媒体主体的多元化、大众化可能弱化津门文化思想政治教育的主导性;新媒体内容的庞杂性,可能弱化津门文化思想政治教育的针对性;新媒体表达的隐蔽性,会对教育对象产生不良影响。

微观环境,因具有直接影响性与具体作用性,不同于宏观环境。主要包括家庭环境、学校环境、社会组织环境、社区环境、同辈群体环境等。

家庭环境,是指影响和制约作为教育对象的家庭成员特别是青少年受教育者的天津文化蕴含的生活世界总体观、生活世界境界观、人生观、价值观、道德观、法治观、文化观的塑造、思想品德形成发展的各种家庭因素的总和。因家庭环境发挥着直接影响青少年思想品德形成发展的作用,制约着学校津门文化思想政治教育。家庭环境对津门文化思想政治教育影响的特点:一是基础性,家长的生活世界总体观、生活世界境界观、人生观、价值观、道德观、法治观、文化观等,不仅对子女产生潜移默化的影响,更是深深打上了家长的烙印。这种影响具有基础性。二是普遍性和长久性,受教育者从出生便受到所处家庭环境的影响,无一例外,因此家庭影响具有普遍性。一般意义上人的一生与家庭相伴,因而家庭对人的影响具有突出的长久性特征。三是渗透性,家长的一言一行、家庭成员之间的关系、家风、家教、家庭氛围、生活习惯等,通过家庭教育会潜移默化地影响受教育者,从而收到改变自身思想认识的效果。

学校环境对受教育者的天津文化蕴含的生活世界总体观、生活世界境界观、人生观、价值观、道德观、法治观、文化观的塑造、思想品德的提高发挥重要作用,特别是通过学校颁布的各项规章制度、制定的校训、教学管理活动、课外实践等方面进行的。这种影响具有以下特点:一是政治性,学校进行系统传授天津文化知识时,十分重视按天津社会发展要求对青少年进行生活世界总体观、生活世界境界观、人生观、价值观、道德观、法治观、文化观教育。政治性是学校环境区别于家庭环境的重要特点之一。二是导向性,学校环境应与天津社会发展要求保持一致,能够避免教育对象成长成才过程的盲目性和曲折性,有助于激发教育对象建设社会主义现代化大都市的积极性。三是全面性,学校教育不同于其他环境教育的一点,便是教育者可以融政治性、思想性、知识性、娱乐性等因素于一体,进一步提高津门文化思想政治教育实效性。

社会组织,指具有特定工作目标、履行社会职能、相对独立的社会群体,如政府机关、各类型企业、商场等。天津社会组织环境对其成员的天津文化蕴含的生活世界总体观、生活世界境界观、人生观、价值观、道德观、法治观、文化观的塑造、思想品德的形成发展和津门文化思想政治教育的影响方式:一是社会组织效益,某个天津社会组织如果效益比较好,职工思想政治教育就会较为顺利并易取得实效。相反,这势必导致组织成员的思想问题增多,津门文化思想政治教育的难度增大。二是社会组织管理方式,不同的管理方式对职工思想和津门文化思想政治教育具有不同的影响。如发挥全过程民主管理的企业有助于激发成员积极性,增强成员自觉提升思想政治素质的积极性。三是社会组织风气,组织成员关系越和谐文明,越有助于提高组织成员的工作积极性和主动性,越有助于提高津门文化思想政治教育的成效。四是组织内的人际关系,正确处理组织内的各种人际关系,进而建立和谐的人际关系,有助于组织成员的健康成长和顺利发展,也有助于组织津门文化思想政治教育的顺利进行。五是组织领导者的形象,组织良好风气的形成和保持,同组织领导者的倡导与推广密切相关。作为示范者的领导者,能够以自己的行为举止慢慢引起组织成员的效法,形成良好的文化氛围。

社区环境对社区成员的天津文化蕴含的生活世界总体观、生活世界境界观、人生观、价值观、道德观、法治观、文化观的塑造、思想品德形成发展具有重要的影响,影响因素主要有以下四方面:一是社区生活秩序和经济发展程度。社区生活秩序越安定,人民越安居乐业,越有助于社区成员接受正确的生活世界总体观等思想观念。二是道德规范和习俗。社区作为居民生活场所,居民形成的规约有助于营造良好的社区舆论。三是社区风气。社区风气对生活于其中的每个成员起着潜移默化的作用,同时对社区津门文化思想政治教育效果也有重要影响。四是人际交往。在人际交往过程中,社区行为规范、习俗、风气等会通过多种途径传递给居民,从而统一社区成员的行为。

同辈群体,指由具有类似家庭背景、相同年龄、相似爱好、特点等的人组成的关系密切的同辈群体对受教育者的天津文化蕴含的生活世界总体观、生活世界境界观、人生观、价值观、道德观、法治观、文化观的塑造、思想品德形成发展起作用。特点:一是自由性。因同辈群体的组成是人们根据自身特点自由组成,因而交流自由,容易产生复杂多变广泛的津门文化思想政治教育影响。二是互感性。同辈群体对群体内部产生思想品德影响通常是潜移默化的,通过群体间无意中进行的互动实现的。三是认同性。同辈群体间因关系密切,会对组成成员产生相当大的无形压力,促使同辈群体成员认同群体观念、主张等,从而对思想品德产生较大影响。

(二)优化津门文化思想政治教育环境路径

优化津门文化思想政治教育环境,是指充分利用宏观环境与微观环境中的积极因素,以及环境中的消极因素转化为积极因素,从而加大环境对教育对象生活世界总体观、生活世界境界观、人生观、价值观、道德观、法治观、文化观的塑造、思想品德形成发展的促进作用。

优化津门文化思想政治教育环境有助于受教育者的天津文化蕴含的生活世界总体观、生活世界境界观、人生观、价值观、道德观、法治观、文化观的塑造、思想品德的形成和发展。因良好的环境具有导向、规范、感染、强化作用,优化社会环境有助于提高津门文化思想政治教育的实效。又因社会环境制约着津门文化思想政治教育活动成效的提高,优化环境在顺利开展津门文化思想政治教育工作中占有基础性地位,必须优化津门文化思想政治教育宏观环境与微观环境。

一方面,优化津门文化思想政治教育的宏观环境途径包括不同层次。在优化津门文化思想政治教育的经济环境方面:要全面深化改革,大力发展天津社会生产力,特别是新质生产力,[①]不断提升天津综合实力;要建立天津社会市场经济新秩序;要坚持效率优先、兼顾公平的分配原则。在优化津门

---

① 习近平经济思想研究中心:《新质生产力的内涵特征和发展重点》,《人民日报》,2024年3月1日。

文化思想政治教育的政治环境方面：坚持和完善天津社会民主制度；坚持依法治市，加强法治天津建设；通过精简优化政府机构"精"出加速度；加强法治天津政府建设和天津党政干部思想道德建设；妥善处理天津社会各种矛盾，保持天津社会的稳定和发展。在优化津门文化思想政治教育的文化环境方面：传播正确的生活世界总体观、生活世界境界观等思想观念；努力使天津各项文化事业发展符合津门文化思想政治教育要求；以传播正确的生活世界总体观、生活世界境界观等思想观念为基点带动天津群体文化环境建设；以加强文化市场建设和管理为依托，优化文化市场环境。在优化津门文化思想政治教育的大众传播环境方面：加强对大众传媒的建设与管理，以确保传播正确的生活世界总体观、生活世界境界观等思想观念；大众传播要加强对舆论的监督和引导，促使大众树立正确的生活世界总体观、生活世界境界观等思想观念；加强新媒体相关立法工作开展，以规范新媒体。

另一方面，优化津门文化思想政治教育的微观环境途径包括不同层次。在优化津门文化思想政治教育的家庭环境方面：应注重提高家长天津文化思想政治素质，引导家长对子女灌输生活世界总体观、生活世界境界观等思想观念；增强家长培育子女思想品德的责任感；倡导科学、有利于子女身心健康的教育方法。在优化津门文化思想政治教育的学校环境方面：应主导津门文化思想政治教育的内容，进行多元化整合和一体化运作思想政治育人资源；努力探索党建政治引领"凝心聚力"、打造以文化人"思政金课"、科研发展实现"强筋壮骨"、教师队伍建设"提质保量"、管理服务水平"稳中求进"的"五抓五促"建设模式。在优化津门文化思想政治教育的社会组织环境方面：重视津门文化思想政治教育的重要性，以营造民主、公平，具有凝聚力的工作环境，提高津门文化思想政治教育成效。在优化津门文化思想政治教育的社区环境方面：发挥社区党组织和居委会的社区发展核心作用；以文明家庭、文明居民主题精神文明创建活动为抓手，营造浓厚天津社区积极向上的氛围；以提高社区居民文化素质为目标，开展丰富多彩、健康有益的社区文化活动。在优化津门文化思想政治教育的同辈群体环境方面：不仅要对群体做分类指导，而且应重点引导群体核心人物；构建家庭、学校、社会相互配合机制，以提高津门文化思想政治教育实效。

二、津门文化思想政治教育管理

津门文化思想政治教育管理是指津门文化思想政治教育领导部门、主管机构及其管理人员，按照制定的教育计划、有组织地指挥、协调和控制等管理津门文化思想政治教育过程，整合津门文化思想政治教育资源，以达到灌输正确生活世界总体观、生活世界境界观等目标，实现教育对象自由全面发展，完成津门文化思想政治教育任务的创造性活动过程。津门文化思想政治教育管理活动具有明确的目的性，即这一管理活动是围绕着津门文化思想政治教育目的而进行的，所有的活动都是为了实现津门文化思想政治教育的根本目的及据此而确定的具体目标，津门文化思想政治教育管理活动围绕教育目的展开，以有效达到教育目的为目标。津门文化思想政治教育管理的主要对象是津门文化思想政治教育的资源。整合资源，讲求效率，是津门文化思想政治教育管理的核心。

（一）完善"党领导下的社会参与"是津门文化思想政治教育管理的模式

津门文化思想政治教育管理模式是由计划、组织、指挥、协调和控制五项基本要素构成的，在此基础上建构的"党领导下的社会参与"管理模式。津门文化思想政治教育管理通过计划手段，循序渐进地达到津门文化思想政治教育目的。其中，具有战略性特征的决策是最高层次的、指导全局的计划。运用组织手段,以实现对教育活动各类资源进行有序配置,为计划有效实现提供保障。指挥能够调动津门文化思想政治教育系统内所有成员的积极性,有效地协调津门文化思想政治教育系统内的人际关系,其中主要是教育者之间的关系和教育者与受教育者之间的关系,降低内耗,减少干扰,从而营造良好的津门文化思想政治教育氛围;督促津门文化思想政治教育系统内所有成员遵照计划完成目标。协调是整合各项资源使之同向发挥作用,实现津门文化思想政治教育高效运作,形成各方面工作的合力。通过建立信息反馈与调节控制机制,实现对津门文化思想政治教育活动及其管理工作进行及时有效的调控。

"党领导下的社会参与"的津门文化思想政治教育管理模式由上述五个基本元素构成,不同于传统的"权威式""民主式""放任式"管理模式,是指在中国共产党天津市党组织的统一领导部署下,由天津市政府、社会、家庭、社区等合力形成的一种管理系统。体现了民主集中制的原则,反映了我国基本国情和津门文化思想政治教育实际的现实要求,是符合津门文化思想政治教育实际与天津社会经济体制相适应的津门文化思想政治教育管理模式。体现了党的领导在津门文化思想政治教育管理中的核心地位:强调充分发挥行政、生产和业务部门的作用,体现了津门文化思想政治教育工作与经济建设、业务工作紧密结合的原则与要求,强调发挥群团组织、社会力量的作用,体现了津门文化思想政治教育工作各个部门(党、青年团、政府主管部门、学校、教育者)应管尽管思想。

第一,要完善高校党的领导体制,发挥天津市普通高校党委领导下校长负责制的重要作用。根据社会主义现代化大都市建设等相关要求,选派高校党委书记和校长。高校党委书记和校长各司其职,高校党委书记在贯彻执行国家、天津市思想政治教育工作要求的基础上,全面负责思想政治教育工作。校长必须在经过党委有关决议通过后方可行使职权。高校其他党委班子人员也必须按照各自职责抓好津门文化思想政治教育各项工作。

第二，要强化院(系)党的领导，发挥院(系)党委(党总支)的政治核心作用。院(系)党委(党总支)必须强化政治把关作用，坚持政治建院、制度治院、人才强院、教学立院、科研兴院、品牌育院等学院建设目标的正确方向。在政策倾斜、制度引导、资源调配等方面认真执行民主集中制原则，即通过院(系)党政联席会议决议制度，切实保证党的路线方针政策贯彻执行。①进一步强化院(系)集体领导、党政分工合作的工作机制。

第三，加强党委抓津门文化思想政治工作协同合作。努力探索党建政治引领"凝心聚力"、打造以文化人"文化金课"、科研发展实现"强筋壮骨"、教师队伍建设"提质保量"、管理服务水平"稳中求进"的"五抓五促"建设模式。让广大教育者工作有条件、干事有平台、待遇有激励、发展有空间，切实提高教育者的获得感、荣誉感，提高教育者安于教学、乐于教学、善于教学的责任感和使命感，打造天津文化思想政治教学、研究、宣传人才培养的"导航仪"和"样板间"。下足力气，做大文章，以创一流的目标要求，扎实推进新时代津门文化思想政治教育内涵式发展。

第四，提升学校社会服务能力，创新社会服务机制。充分发挥学校特色和优势，创新社会服务机制，聚焦津门文化思想政治教育发展，促进科研成果转化，全面提升社会服务能力和社会贡献力。开展多种形式的天津文化宣讲，推动天津文化创新成果进中小学校园、进社区、进各类新经济组织和新社会组织、进网站。积极参与推进大中小学思政课一体化建设，通过定期与中小学开展津门文化思想政治教育教学交流活动，线上线下集体备课相结合，为各学段津门文化思政课教师提供切磋展示、提升突破的平台，切实

---

① 《关于加强和改进新形势下高校思想政治工作的意见》，中国政府网，2017年2月27日，http://www.gov.cn/xinwen/2017-02/27/content_5182502.htm。

加强大中小学津门文化思政课教师之间的沟通合作。

(二)津门文化思想政治教育管理的内容

津门文化思想政治教育管理的内容,是津门文化思想政治教育管理任务的体现和具体化。其主要内容包括规范管理、平台管理、过程管理和队伍管理等。

第一,加强统筹,进行顶层设计。津门文化思想政治教育的规范是津门文化思想政治教育者在教育活动过程中所应遵守的准则、规则的总和。主要内容包括岗位职责、教育制度、管理制度、工作制度、行政法规等规范体系。首先,要健全法律和规章制度,制定津门文化"三进"工作育人政策体系,为提高津门文化思想政治教育实效和育人质量提供政策和资金保障。其次,各高校要成立津门文化"三进"工作领导小组和组织机构,加强顶层设计,做好津门文化思想政治工作年度规划、中长期规划和实施方案,明确育人目标、工作任务、工作进度和责任人,确保工作有序推进,任务落实。教学单位要根据学校津门文化思想政治工作规划和实施方案,结合办学定位、办学特色和人才培养目标,制定自身的工作推进细则,拓展津门文化以文化人的途径,形成教材、课堂、宿舍、实践、教师阶梯式发展、学生成长成才的全方位育人格局,最终达成"进师生头脑""产生师生情感共鸣"的预定目标。同时,社区社团也要积极发挥搭建活动平台和提供服务需求的纽带作用,为高校学生开展社会实践、志愿服务活动提供平台和服务对象支持。

第二,加大投入,打造文化育人工作平台。建设津门文化思想政治教育信息管理平台,以进行系统而科学地收集、加工、传递、控制、反馈工作,增强津门文化思想政治教育实效。要以工作水平、队伍素质能力提升为目标,为思政教育平台建设提供人才、经费、硬件的保障。同时,融入 VR、AR、人工智能等技术打造津门文化育人思政课虚拟教研室、资源平台、网络集体备课平台、"互联网+"思想政治工作载体平台。将津门文化思想政治教育工作纵向流程管理转化为规范化、平台化、可视化、智能化的津门文化思想政治教育实践育人综合数据治理体系。[①]例如建立国家级、省部级津门文化思想政治教育实践育人协同体系建设工作研究共建基地、高校之间组建实践育人协同体系建设工作研究联盟等。特别是在高校层面,以津门文化思想政治教育实施方案制定为抓手,明确考核标准、确立行为规范、搭建项目平台、建立健全制度、创新教学模式、树立特色品牌等。另外,还要加强津门文化思政课名师工作室建设,通过紧紧围绕天津文化相关理论、教育教学重难点进行有组织的教学科研外,设立学院津门文化思政名师、网络思政名师培育项目,打造院级名师工作室。深化课程改革、推广教学经验等,培育具有较大影响力的津门文化思政课领军人物,提升学校津门文化思政教育质量和学科建设水平。设置专项资金,制定津门文化思政课教师参加学术会议实施办法,通过拓宽视野的学术交流互动,提高津门文化思想政治教育相关研究的深度、广度。

第三,过程管理,构建监控保障体系。将天津文化融入学校党建工作中,实现党的领导下社会力量齐抓共管监督格局。建立巡查监督机制,构建计划、执行、检查、改进、评价、总结、反馈七环监控流程体系,落实好二级党组织主体责任,纵深推进津门文化思想政治教育建设督查工作。一方面,压实津门文化思想政治教育监督工作主要负责人第一责任,建立第一责任人"首要·主要·全面"责任追究机制。另一方面,建立班子成员"一岗双责"督促落实机制,完善党委"一把手"不甩手与班子成员"不缩手"责任互联互通、压力互传互导的共同治理体制。另外,支持二级纪检组织落实好监督专责。建立管党治党政治责任落实不到位的及时约谈机制。把津门文化思想政治教育工作同构建津门

---

① 吴满意、高盛楠:《高校思想政治教育数据治理研究》,《马克思主义理论学科研究》,2022年第9期。

文化实践育人协同体系制度建设结合起来,使与提高津门文化思想政治教育实践育人协同体系建设工作实效相一致的监控保障体系有章可循、有据可依。

第四,加强队伍建设,提升文化素养。首先,通过党校学习、网络培训、集中学习、专题研讨、理论报告讲座、实践锻炼等形式,深入学习研究天津文化历史形成逻辑、具体内涵、基本样态、当代价值。其次,发挥课堂教育主渠道作用,通过教育者集体备课、集中培训、业务交流、合作开发校本教材教案、深化教学改革、改进教学方法、加强天津文化项目研究等,提高教育者的教材建设、课程开发、理论研究等能力。最后,加强考核激励,激发全员育人动力。教育者应是学习实践天津文化的典范,是为学为人的表率。教师文化水平都在潜移默化中影响学生。遇到一个好老师会让学生一生受益。因此,对教师的考核评价要专业化。一是教学科研两手抓。"重教学"以固其本,"强科研"以成其高。津门文化思想政治教育教师一方面要传播好新知识、新理论,做好教学工作;另一方面,要搞好科研,以科研促教学,通过设立教学研究项目、课程改革创新项目等,将津门文化思想政治教育建设成效转化为绩效,鼓励教师进行津门文化思想政治教育改革创新。二是立德与育人并重。要打造有道德情操的师资队伍。重视教师职业道德,实施师德"一票否决"。开展津门文化思想政治教育的教师要以"四有"好老师、《新时代高校教师职业行为十项准则》等内容为圭臬,成为经师和人师的统一,无违反师德规范、教师职业法规的行为。

第三节　津门文化思想政治教育资源

如前所述,无论是狭义的文化,还是广义的文化,都是人类自觉地、能动地进行劳动实践创造出来的产物总和,具体包括物质文明、经济文明、社会文明、政治文明、生态文明及各种社会意识、社会心理、社会风俗习惯等,都是人通过物质的、理论的、艺术的、宗教的实践来改造世界。完整意义上的文化形态一般包括物质文化、社会组织与结构、行为系统、精神文化四个层面,文化形态相对应有物质型文化、社会关系型文化、行为型文化、精神型文化四种类型。津门文化思想政治教育资源便是基于文化形态进行的探讨。

一、津门文化思想政治教育资源概述

所谓津门文化思想政治教育资源,是指可以开发并服务于天津文化思想的政治教育,有助于提升人的政治觉悟、道德水准、思想素质,各种文化活动形式及其成果的统称。它由观念性要素、环境性要素和实体性要素构成。所谓观念性要素包括天津社会生活世界总体观、生活世界境界观等观念信息要素。环境性要素主要包括前面提到的宏观与微观环境中对津门文化思想政治教育发挥作用的要素。文化资源中的实体性要素的利用开发,为津门文化思想政治教育提供加工对象,教育资源中的文化观念性要素等通过打通知识与产业、信息与教育之间的通道,赋能津门文化思想政治教育。①

(一)津门文化思想政治教育资源分类

基于文化形态的分类,津门文化形态也可以分为四类,即天津物质型文化、天津社会关系型文化、天津行为型文化、天津精神型文化。在此基础上,津门文化思想政治教育资源从文化要素的类型来分,可分为天津物质文化资源(饮食文化、衣着服饰文化、建筑文化、日用品文化、工具文化等)、天津行为文化资源(制度、道德、法律等)和天津精神文化资源(包括非物质文

---

① 陈华洲:《思想政治教育资源论》,中国社会科学文献出版社,2007年,第41页。

遗产①）。然而津门文化思想政治教育资源因包含天津社会物质财富和精神财富在内的各种类型资源，所以体现在天津社会生活各个领域。从文化的形成时间来分，可分为传统文化资源与现代文化资源。传统资源是指经过历史沉淀的天津人民创造的智慧成果等能被用作教育开发利用的历史文化资源综合。②现代资源则是在社会主义现代化大都市建设新时期下，能被教育开发利用的各种资源综合。③"从文化要素的性质来分，有先进文化资源与落后文化资源；从文化的地位来分，有主流文化资源和亚文化资源；从文化的主体来分，有精英文化资源与大众文化资源；从文化的范围来分，有外来文化资源与本土文化资源；从文化的形态来分，有有形文化资源和无形文化资源。需要说明的是，上述的文化形态之间并不是绝对分开的，而是相互交叉和重合的。例如，主流文化、先进文化和现代文化就存在重合。"④津门文化思想政治教育资源包含生活境界总体观、生活世界境界观、人生观等思想观念、精神力量、智力因素，因而形成教育的"文化力"⑤。

进一步讲，津门文化思想政治教育现代资源从文化要素层面看表现为如下三类：

第一类，在天津进行社会主义现代化大都市建设中创作的文明健康精神成果。包括兼具知识性、科学性、文学性的图书、报刊、音像制品和电子出版物等。⑥这些精神文明成果涵括政治、经济、法律、文化、制度、民俗等多个

---

① 详见《天津市人民政府关于公布第五批市级非物质文化遗产代表性项目名录的通知》，央广网，2022年6月12日。

② 陈华洲：《思想政治教育资源论》，中国社会科学文献出版社，2007年，第103页。

③ 陈华洲：《思想政治教育资源论》，中国社会科学文献出版社，2007年，第106页。

④ 陈华洲：《思想政治教育资源论》，中国社会科学文献出版社，2007年，第87~90页。

⑤ 贾春峰：《文化力》，人民出版社，1996年，第13页。

⑥ 《中共中央　国务院关于进一步加强和改进未成年人思想道德建设的若干意见》，《人民日报》，2004年3月23日。

方面。既有永久性经典学术图书,又有大众类型的普通读物,还有介绍西方的精神文化产品。

第二类,改革开放以来特别是党的十八大以来,天津取得的许多建设成就。天津以新发展理念引领经济"高质量发展",由注重量的积累转变为质的提升。"京津冀协同发展",发挥京津冀协同发展的地域优势。"着力保障和改善民生",实现了人民对美好居住条件和生活条件的向往。"美丽天津建设",发挥城市公园助力城市环境"绿肺"功能。"全面从严治党",发挥惩治领导干部不作为、乱作为利剑高悬作用。改革开放以来天津进行现代化建设取得的物质文化和精神文化成果都是宝贵的津门文化思想政治教育资源。

第三类,在新的历史时期蕴含在天津劳动模范、道德模范中的精神实质。如抗击新冠病毒疫情中的"济世国医"张伯礼,用"肝胆相照"的赤诚诠释了"大医精诚,医者仁心"的丰富含义。作为军医,和平区南营门街竞业里社区居民段肇谊在照料为救战友身负重伤的顾伟力时,被他舍己为人的精神深深打动,明知对方双下肢瘫痪还毅然披上嫁衣,并用50年相依相守,诠释世上最美的伉俪情深。2007年以来,天津共有13人登上"全国道德模范"榜单,60多人获全国道德模范提名奖。这些模范人物用生命的故事诠释了生活世界的总体观、生活世界境界观、人生观、价值观等,彰显了海河儿女催人奋进的精神力量。

(二)津门文化思想政治教育资源结构

天津是一座历史悠久的城市,拥有丰富的文化思想政治教育资源。津门文化思想政治教育资源主要包括以下几个方面:

第一,历史建筑与街区。天津既传承了中华优秀传统文化中"天人合一"思想,又融合了西方实用主义建筑理念,形成了一座具有世界建筑风格的现代化大都市。天津经典建筑有石家大院、天津老城厢、天津鼓楼、天津古文化街、津湾广场建筑群、天津文化中心建筑群、天津音乐厅等。天津传统居民建筑主要包括四合院、三合院、筒子院、独门独院及门脸儿房等。天津风貌建筑中中式历史风貌建筑如天津文庙、天津天后宫和大悲禅院,主要集中在天津老城和宫北大街及宫南大街一带。天津历史风貌建筑中另一部分多以西洋建筑为代表。如位于解放北路欧式风格的银行、商家和饭店所构成的西洋古典建筑群;又如采用爱奥尼柱式柱廊、严谨古典主义风格的天津汇丰银行大楼、英国古典风格的天津利顺德饭店、古典复兴主义风格的原中央银行天津分行大楼等,更有"万国建筑博物馆"的五大道历史风貌建筑区。这些地方汇聚了众多的租界时期建筑,展现了天津的中西合璧特色。其中,古文化街是天津文化的发祥地,记录着天津老城区的形成过程,蕴藏着丰富的文化内涵和历史价值。

第二,艺术与非物质文化遗产。天津的非物质文化遗产丰富多彩,体现了深厚的文化底蕴和独特的地方特色。如杨柳青年画、泥人张彩塑、天津风筝、津派传统篆刻技艺、满汉双文书写艺术、津派王氏内画、津沽陶瓷扒花技艺、津沽手绘(贡尖)年画技艺、津派刻瓷、津派国画传统技法、粉彩瓷器制作技艺、李氏微刻核桃、陈氏制瓷(手绘)制作技艺、无同竹编、王氏泥塑、葫芦烙画、金石撕纸、丰台福德源木雕等,[1]这些非物质文化遗产不仅是天津的文化瑰宝,也是中国传统文化的重要组成部分,更是津门文化思想政治教育的宝贵资源。值得被保护和传承。

第三,现代文化设施。天津拥有现代化的文化设施,如天津市文化中心,这是天津市展示文化底蕴的重要平台,也是津城公共文化核心区的重要组成部分;滨海新区文化艺术中心,位于滨城核心区,是天津市文化设施的

---

[1]　详见《天津市人民政府关于公布第五批市级非物质文化遗产代表性项目名录的通知》,央广网,2022年6月12日。

另一个重要组成部分；国家海洋博物馆作为国家级公共文化设施，它为公众提供了丰富的海洋文化知识；天津博物馆是市级博物展览类设施之一，为市民和游客提供了了解天津历史和文化的窗口；天津图书馆作为市级图书阅览类公共文化设施，为读者提供了丰富的图书资源和阅读空间；天津歌舞剧院和天津交响乐团等市级文化活动类设施为市民提供了高水平的艺术表演。这些设施不仅展示了天津的现代文化风貌，也是津门文化思想政治教育重要资源，为受教育者沉浸式体验天津文化提供了重要场所。

第四，红色文化资源。"鉴往知今守初心。天津是一片富有光荣革命传统的热土，是中国最早传播马克思主义、最早建立党的地方组织的地区之一。"[1]天津革命旧址、红色足迹、红色遗物、红色人物、红色故事是津门文化思想政治教育的重要资源。历史是今天的过往，中共中央北方局旧址、中共顺直省委机关旧址、中共天津地方执行委员会旧址、觉悟社旧址、新生社成立旧址、张园——天津市军管会旧址、中共中央在津秘密印刷厂旧址、吉鸿昌旧居、中共平津唐点线工作委员会旧址、金汤桥这十处具有代表性的天津红色文化革命旧址，是进行爱国主义教育的重要场所。瞻仰着带有新民主主义革命时期海河儿女在中国共产党领导下走过的那段艰苦卓绝而又激情燃烧的岁月印记的遗物、遗迹，激励着一代一代的人们为全面建设社会主义现代化大都市不懈奋斗。

第五，自然风光与人文景观。天津靠山面海，有海河、盘山等自然风光。"海河，是天津的母亲河，孕育了天津人民骨子里的豁达与幽默，见证了天津建卫620年丰富、独特的文化与底蕴，深深烙印在每一个天津人的心间。"[2]海河，是一条精神之河，"像一条记录城市兴起繁盛的血脉，又仿佛铭刻城市历

---

① 中共天津市委宣传部：《在推动文化传承发展上善作善成》，求是网，2024年5月1日。

② 廖晨霞：《沿着海河 品津卫文脉》，《天津日报》，2024年5月5日。

史的图腾"。透过海河,可以了解天津的历史沧桑。天津盘山被誉为"京东第一山",以其自然山水和名胜古迹闻名,是进行爱国主义教育的重要场所。天津还有黄崖关长城,这是一处历史悠久的长城景点,可以感受到长城的雄伟和历史的沧桑,也是进行爱国主义教育的重要场所。

第六,文化活动与节庆。天津定期举办各种文化活动和节庆,如祭祀、宗教节日的出皇会、城隍庙会、浴佛节、关公祭、中元节、灶王诞、祭孔、财神诞等,以及具有各地特色的节日活动,如妈祖文化旅游节、鼓楼风情旅游节、国际友好城市艺术节、蓟州区山货节等。天津皇会(原名"娘娘会""天后圣会")、葛沽宝辇会列入国家级非物质文化遗产名录。此外还有天津蓟州溶洞庙会、天津水上公园庙会、天津运河庙会等。天津国际设计周、天津运河文化节等,这些活动丰富了市民的文化生活,也是津门文化思想政治教育的宝贵资源。

综上所述,津门文化思想政治教育资源涵盖了历史、艺术、现代文化设施、红色文化、自然风光、文化活动等多个方面,形成了独特的、具有天津城市文化特色的思想政治教育资源群。

津门文化思想政治教育精神资源的开发利用,必须在马克思主义文化哲学立场观点方法论的指导下,合理开发利用,坚持精神资源共时态层次(民族精神资源、群体精神资源和个人精神资源)和历时态层次(传统精神资源和时代精神资源)相统一。

在共时态层次精神资源的开发利用方面:因民族精神资源是精神资源的最高层次,它与群体精神和个人精神是一般与个别的关系。因此,民族精神资源的开发利用是津门文化思想政治教育开发精神资源的着眼点和主要方面,通过对民族精神资源的开发利用,来推动群体精神资源和个人精神资源的形成和开发利用。同时,群体和个人精神资源也会将其自身的积极因素融入民族精神资源中,成为民族精神资源不竭的动力。群体精神资源指的是某群体主体所体现出的群体信念、群体意识、群体情感。在群体中,群体共同信念、理想目标及价值选择对群体主体的生存和发展、精神状态及行为方式均起着重要的作用。个人精神主要是指先进模范人物,如焦裕禄、孔繁森、吴天祥、任长霞、洪战辉、徐本禹等所体现出的道德品质和高尚情操,即灵魂。通过教育者将这些人物英雄事迹进行传播,蕴含在其中的精神资源变成受教育者的个人精神资源,有力地推动受教育者为建设社会主义现代化大都市贡献力量。

在历时态层次精神资源开发利用方面:传统精神资源是指在天津社会历史发展进程中沉淀下来的天津人所特有的历史文化传统价值观等。而时代精神资源则是社会主义现代化大都市建设实践中道德模范、劳动模范身上展现出的优秀品质等。二者既是天津人民对历史文化的继承与创新,又包含着对新时代"主旋律"的体现和实践。津门文化思想政治教育在开发利用历时态层次的精神资源时,一方面要赋予传统精神资源以社会主义现代化大都市建设要求,注入新时代内涵。例如,雷锋精神所蕴含的奉献精神、全心全意为人民服务的精神仍然是时代精神资源的重要内容,它不但没有过时,反而在新时期显现了旺盛的生命力。如吴天祥、徐本禹等就是雷锋精神在新时期的再现。另一方面也要重视开发在社会主义现代化建设的新时期涌现出来的时代精神资源,如抗洪精神、抗非典精神,等等。

马克思主义是人类认识世界和改造世界的双重指引,也是实现物质与精神相互转化的重要思想武器。马克思主义创始人在团结和带领广大无产者和劳动人民改造客观世界的过程中,对精神转化为物质的问题进行了深入的探索。理论是精神的精华。理论掌握群众就会变成物质力量,也就是说,精神力量可以转化为物质力量,精神可以转化为物质。因为精神资源不同于物质资源,不能被教育者直接运用到津门文化思想政治教育实践中。因此,只有加强精神资源的开发利用,形成人民群众正确的生活世界总体观、生活世界境界观、价值观等思想观念和精神状态,才能有利于推动社会主义现代化大都市建设事业的发展。[1]

二、津门文化思想政治教育资源现代转化路径

"天津是第二批国家历史文化名城,承万年人文之精华、千年文明之底蕴、六百年建城之风韵,人文荟萃,文脉悠长,积淀了众多宝贵的历史文化遗产,存储了厚重的历史文化记忆,为传承发展中华优秀传统文化、建设中华民族现代文明提供了丰厚滋养。"[2]天津文化从外在表现形式看,主要呈现为海河文化、城厢文化、商贸文化、租界文化、曲艺文化、民俗文化、红色文化和工匠文化八种标志样态。津门文化思想政治教育即是将天津优秀历史文化遗产也就是津门文化思想政治教育资源进行现代转化的过程,津门文化思想政治教育资源的现代转化就是教育主体将津门文化蕴含的生活世界总体观、生活世界境界观、人生观、价值观、道德观、法治观、文化观等精神内蕴转化为现代思想政治教育内容的过程,这种转化路径包括认知与研究转化、文化交流转化、学校教育转化、载体建设转化、旅游开发转化五种。

(一)认知与研究转化

认知与研究转化是津门文化思想政治教育研究者通过挖掘天津优秀传统历史文化资源的当代价值,取其精华、去其糟粕,使天津历史文化基因与当代文化相适应、与社会主义现代化大都市建设相协调,激活其生命力,让天津优秀传统文化中的重要元素为今天人们认识和改造世界、社会主义现

---

[1]　陈华洲:《思想政治教育资源论》,中国社会科学文献出版社,2007年。

[2]　中共天津市委宣传部:《在推动文化传承发展上善作善成》,求是网,2024年5月1日。

代化大都市建设提供有益启示。天津市在文化思想政治教育资源认知与研究转化方面采取了多种措施,以促进教育资源的有效利用和思想政治教育的深入发展。设立天津市传统文化研究会、资助科研项目、举办天津市传统文化相关主题研讨会,设置实地参观、话题讨论、学术交流、观点分析等环节,是促进津门文化思想政治教育资源现代化转化的重要途径之一。具体途径为:通过高校、科研机构与出版部门联同媒体、企业共同研讨,建立沟通协商合作机制;设立天津不同方面类型文化专题进行分题研讨;将理论层面的深度思考与实践层面的工程实施相结合;使学科建设与智库服务达成"双赢"局面。

如2018年4月,天津市传统文化研究会暨第一次全体会员大会的召开,标志着天津市传统文化研究会正式成立,成为中华优秀传统文化学术研究和教育推广工作的重要力量,为弘扬中华优秀传统文化和推进社会主义精神文明建设作出新贡献。[①]会上通过实地参观、话题讨论、学术交流、观点分享等形式,围绕津门文化遗迹保护利用、津门文化古籍整理研究、津门文化传承弘扬、"津门文化数字博物馆"建设、"追寻津门文化历史遗迹"历史纪录片拍摄等展开学术讨论。进一步揭示出津门文化遗产具有历史文物的唯一性、保护性、教化性、开发性、利用性、旅游性等特征,重视津门文化遗产保护研究与开发利用,于今天的文化和社会发展都具有重要的现实意义。

津门文化思想政治教育资源的认知与研究转化还表现为研究者出资重修津门文化历史遗迹(亭、碑、祠、铜像、匾额),争取资金修建津门文化纪念馆,编写《津门文化史迹陈列大纲》、收集相关图片书籍布展等。研究者在自身兴趣爱好及文化自觉和文化自信的强烈意识的驱动下,基于保护津门文

---

① 《天津市传统文化研究会成立 张荣华当选第一任会长》,人民网,2018年4月21日,https://baike.baidu.com/reference/22505247/39529xn9driRwrP2Mh5s3bnZhfHHu-Gk1F0EsRsQz3SVV4gbYCkM5ecEhwu2h5e1cL_cbbutExt30ZYdjsKMtXTlRBluLKauY-taGDSs6Qr1eiAjTUSl。

化遗迹的初衷,研究和传承津门文化,倾注了全部心力。研究者从津门文化遗迹遗存资源保护利用的现实性问题、独特性问题、整体性问题、协调性问题角度切入,认为有条件的地方必须加以保护,不能想当然地、任意地改变原物的真实存在状态。对于如何保护,可从历史性文献和实物出发,通过影视图像等手段还原遗迹遗存的历史演变过程;通过制作模型演示遗迹遗存的场景状态,通过考古手段深入挖掘遗迹遗存的空间存在。

(二)文化交流转化

文化交流转化是通过世界范围内用津门文化经典化育人、感化人,释放津门文化的世界意义,加速天津优秀传统文化的创造性转化、创新性发展,彰显天津文化的独特性。如天津文化国际传播论坛在天津的举办。大会以"天津文化国际传播"为主题,通过讨论数字化开发和传播天津传统文化的经验,探究促使天津优秀传统文化的创造性转化、创新性发展的正确路径。在引入新媒体国际传播热点视频案例分析时,有的学者指出传统资讯无法传播思维的痛点,提出了可以回归换位与共情语境作为天津文化传播战略、社会制度和国际交流的共同载体的建议。除了载体传播之外,传播天津优秀文化需要专业文化机构与媒体工作者的共同努力,将感性认识转化为理性理解,在百姓日常生活中植入天津优秀传统文化"活的灵魂"。

又如2020年10月11日,由天津市南开区古文化街管理委员会、天津市妈祖文化促进会主办的"弘扬中华文化·传承妈祖精神研讨会"在天津市天后宫召开。研讨会上,天后宫的领导向与会嘉宾及妈祖信众介绍了天后宫举办的有关妈祖活动的安排,与会嘉宾及妈祖信众对天后宫如何适应新时期的要求,扩大妈祖文化的传播,弘扬有天津特色的妈祖文化活动纷纷建言献策,进行了充分的研讨。会后,与会嘉宾及妈祖信众参观了在天后宫举办的"妈祖文化展"①。

又如2021年10月17日,天津小站文化研讨会在天津举行。"近代百年历史看天津"的史学共识可以从小站文化中一窥究竟。位于天津市津南区的小站镇,因清末民初"小站练兵"而闻名天下,标志着近代史的一个节点。从这里走出了9人17届总理,一系列重大事件不断上演。如今,以小站文化为核心的津南小站文化产业基地,正通过全新产业发展模式创造新型文化产业形态,吸引众多一流文创企业。小站文化正通过文化展览、历史研究、旅游观光、影视动漫等天津市文化旅游产业主题板块建设在综合性文化产业圈中焕发出新的光彩。本次小站文化研讨会在充分肯定文创产业对小站文化影响的基础上,不仅深入探讨小站文化与文化产业的关系、小站文化现象,还擘画了小站文化产业基地未来的发展蓝图。②

又如2022年5月12日上午,"新时代廉洁文化"理论研讨会胜利召开,来自市委宣传部、市纪委监委、市委市级机关工委有关部门负责同志,以及市中国特色社会主义理论体系研究中心和市属各马院的专家学者40余人出席了研讨会。会议一致认为,加强廉洁文化建设,是一体推进不敢腐、不能腐、不想腐的基础性工程。欲打通"不敢""不能""不想"三者内在的关键就在文化。新时代廉洁文化是中国共产党人克己奉公、崇廉拒腐、尚俭戒奢、甘于奉献的价值理念与社会对廉洁价值、廉洁规范、廉洁风尚的思想认同和精神追求的完美融合。只有树立正确的生活世界总体观、生活世界境界观、人生观、价值观、道德观、法治观、文化观,才能从内心铸牢思想防线,使自身党性觉悟增强,真正做到将潜移默化的廉洁文化软约束变为内在自觉,不改共产

①《天津天后宫举行"弘扬中华文化·传承妈祖精神"研讨会》,天津在线,2020年10月11日,https://baijiahao.baidu.com/s? id=1680243724746072922&wfr=spider&for=pc。

②《天津小站文化研讨会暨泉圣阁博物馆新闻发布会召开》,新华网,2021年3月30日,http://tj.haoma.com/news/newshow.asp? idnews=2251。

党人的初心本色。①

(三)学校教育转化

学校教育是津门文化思想政治教育资源转化的重要途径之一,传承津门文化的系统性,让津门文化精神融入学校文化。学校教育以"弘扬津门文化"为名,与天津诗赋同根所系;以"自强不息、开拓创新"为原则,与天津革新精神同脉相连;以"自然的生态、自由地生长"为办学理念,与津门文化人文精神同频共振。

重视津门文化的方法性。通过本书第二章第三节第二部分内容阐述的津门文化思想政治教育方法,基于"大文化""大思政"概念,虽然津门文化思想政治教育课堂教学是传播天津文化的主阵地、主渠道,但是津门文化思想政治教育实践育人工作同样发挥着传承天津文化、建设天津先进文化的作用。只有实现津门文化思想政治教育课堂育人与实践育人相结合,才能收到教育预期效果。运用津门文化思想政治教育方法包括津门文化思想政治教育课堂育人方法体系、实践育人方法体系两大方法系统的时候,实际上就是进行着天津文化思想政治教育资源的转化。

突出津门文化的普及性,让津门文化精神浸润学生心灵。经典诗文人人读。如普遍流传于天津市宁河区的民间口头文学杨七郎墓传说等,均可以成为学生的经典阅读书目。学校可探索形成理论学习中心组"带领学"、全体教职工"集体学"、教研室备课"研究学"、党支部组织"专题学"、理论热难点"系统学"、党课思政课"全面学"的"六学融合型"天津文化学习模式。还可以举办津门文化知识竞赛。学校通过开展"津门文化知识百问"比赛,

---

① 《天津市举办"新时代廉洁文化建设"理论研讨会》,津云,2022年5月12日,http://www.tjyun.com/system/2022/05/12/052648465.shtml。

鼓励学生回答知识题目,根据当场统计回答知识数量,角逐出"津门文化达人",让学生收获成就感。

弘扬津门文化的实践性,让天津精神绽放时代光芒。学生在探究式学习中了解天津文化习俗,在创新式展演中丰富审美积淀,在体验式活动中树立文化自信。重走天津革命路。学校积极探索"1+N"校外实践活动。"1"即津门文化主题研学,将研学旅行与天津文化相结合,让学生在行走天津博物馆、天津档案馆等场所中近距离接触天津文化,真正读懂天津文化内涵。如寻访天津革命烈士故乡,带领学生参观革命烈士成长的地方,将文本学习与实践体验相结合;走进天津劳模展览馆,近距离感受天津工匠的人格魅力。"N"即根据文化教育需要,设计N种类型的天津文化社会实践活动。学校成立"津门文化弘扬"志愿服务队,利用音频、视频深入社区、街道和公园,讲好天津革命故事、天津工匠故事,让天津文化更具亲和力和感染力。

文化赓续,精神永传。大中小学推动津门文化进校园,让津门文化在学生心中扎根,为学生积蓄前行的力量。

(四)载体建设转化

习近平总书记强调:"革命博物馆、纪念馆、党史馆、烈士陵园等是党和国家红色基因库。要讲好党的故事、革命的故事、根据地的故事、英雄和烈士的故事,加强革命传统教育、爱国主义教育、青少年思想道德教育,把红色基因传承好,确保红色江山永不变色。"[①]其中革命纪念馆、博物馆、烈士陵园等都属于津门文化思想政治教育的载体。习近平总书记还指出,"要在提炼、转化、融合上下功夫,让收藏在馆所里的文物陈列在大地上的遗产、书写

---

① 《习近平2019年9月16日至18日在河南考察调研时的讲话》,"学习强国"学习平台,2024年10月9日。

在古籍里的文字成为教书育人的丰厚资源。"①习近平在2024年2月2日考察平津战役纪念馆时强调,要珍惜来之不易的红色江山,发扬革命传统,②这为我们进行载体转化提供了方法论指导。

津门文化思想政治教育载体是指承载和传导天津文化蕴含的生活世界总体观、生活世界境界观、人生观、价值观、道德观、法治观、文化观等教育因素,对教育者和教育对象产生相互作用起到媒介作用的活动形式。成为载体须具备两个特征,一是承载津门文化思想政治教育相关信息,二是使教育者和教育对象发生联系起到媒介作用。津门文化思想政治教育载体是客观物质性与主体性相统一、实践活动形式与成效相统一、形式发展性与内涵发展性相统一、教育信息承载性与传导性相统一。

津门文化思想政治教育载体的形态重在讨论其外延,即载体的外在表现形式,具体形态概括为八大类:会议、谈心谈话、思想教育、党建及群众团体活动、管理、文化建设、大众传播、活动,关于这一分类,需要说明:一是从广义上讲,上述津门文化思想政治教育载体的前七类也都属于"活动"范畴,而单独列出的"活动载体",则是从狭义上作出界定的,是指教育者和受教育者参与其中的、带有明显"行动"特征的那一类活动,受教育者在这类活动中直接践行着社会要求。二是这一分类大体上涵盖了津门文化思想政治教育载体的主要形式,即所有的津门文化思想政治教育载体都包括在这些类别中。三是这一分类是从津门文化思想政治教育对载体实际运用的角度作出的一个大致划分,而非严格的逻辑分类。

津门文化思想政治教育载体建设须遵循如下四个原则。

第一,具备服务于津门文化思想政治教育的目的性。津门文化思想政

---

① 习近平:《论教育》,中央文献出版社,2024年,第10页。

② 《习近平总书记在天津考察时的重要讲话引发天津广大干部群众热烈反响——勇担使命开拓进取 奋力谱写天津篇章》,《天津日报》,2024年2月3日。

治教育载体必须是教育者按照教育原则,自觉进行选择,有针对性地、分清主次缓急地加以运用,以便将天津文化蕴含的生活世界总体观、生活世界境界观、人生观、价值观、道德观、法治观、文化观等教育因素灌输给教育对象,以引导其社会实践。

第二,与津门文化思想政治教育的其他要素协调一致。只有注意使津门文化思想政治教育载体与其他教育因素乃至各种环境因素密切联系,从而形成合力,提高传输教育对象信息的有效性,充分发挥载体的影响和作用。

第三,综合运用津门文化思想政治教育载体。教育者在选择运用何种载体进行津门文化思想政治教育时,需根据教育目标、教育方法选择相匹配的载体实施津门文化思想政治教育活动。有时可以使用一种载体,有时也可以使用多种载体,以便更好地提高津门文化思想政治教育成效。

第四,根据新情况不断创新津门文化思想政治教育载体。在社会发展的过程中,可供津门文化思想政治教育选择的载体不断涌现,教育者一定要根据津门文化思想政治教育的实际创新载体,以使津门文化思想政治教育与时俱进,取得更好的成效。

针对不同载体,建设要求也不同,具体有如下七个方面。

第一,津门文化思想政治教育管理载体的建设要求:一方面,对教育管理者进行津门文化思想政治教育方法的培训,以提高他们实际管理的能力,增强管理的自觉性。另一方面,完善健全"一岗两责"制度,教育管理者兼具教育与管理的双重身份,需承担双重责任,增强责任意识教育与监督,为津门文化思想政治教育管理载体的运用创造良好环境。

第二,津门文化思想政治教育活动载体的建设要求:一方面,预先设计周密的活动实施计划及应急预案,提高津门文化思想政治教育的针对性。另一方面,在具体实施活动方案时应具体情况具体分析,增强载体的吸引力。最为关键的是：教育活动载体建设得好坏取决于教育者主观能动性发挥的程度。

第三，津门文化思想政治教育档案载体的建设要求：档案是历史的真实记录，是城市独特气质的名片，记载着城市发展进程中那些风物的景象，述说着一代代人们记忆中的"乡愁"。天津市档案馆的馆藏资源丰富，列入国家档案文献遗产的早期北方商会、近代邮政起源、李鸿章筹办洋务等专题堪称其中的瑰宝，不仅代表着天津城市的群体记忆，更是国家和民族的共同记忆，这些无声的档案，引领着人们回望城市发展的重要历史瞬间，让我们能够从历史中寻求未来，展望未来。树立地方志工作既是"文化阵地"，更是"政治阵地"的意识。村村建档修志，促进地方志事业向基层延伸，向纵深发展。加大档案与地方志融合力度，拓展思路，使档案里的文字活起来。"通过应用云计算、物联网、大数据等新技术，努力打造数字型、服务型、高效型、平安型和智慧型档案馆。"[1]提升地方志事业发展质效。发挥体制优势，推进依法治市，出台并实施《天津市红色资源保护与传承条例》。开展各类安全检查，对档案数字化、档案编目等工作全程监管，确保场所安全、人员安全、工作流程安全。坚持务实担当，拓展修志工作。坚持质量至上，打造精品年鉴，发挥志鉴特色，优化资政服务。创新著史工作，推进旧志整理，对标"七种"能力要求，争做档案方志先锋。加强地方志馆建设，优化发展格局。加快信息化建设，提升服务质效。坚持修志为用，深化资源开发。加强队伍建设，培育后备力量，强化培训工作，完善领军人才、专家人才和青年业务骨干人才梯队，积极吸纳社会力量参与进来。着力推进地方志事业融合发展，利用自身优势，以提升公共文化服务水平为宗旨，不断加强地方志文化阵地建

---

① 　米文龙：《守正出新 围绕"六个建馆"推动区档案馆高质量发展》，《中国档案报》，2020年7月13日。

设。"听、查、读、进、看",坚持用好用活档案资源举办系列宣传活动,通过广播直播、云展览、进课堂和线下参观相结合的方式,让历史说话,用史实发言,宣传档案知识,讲述天津故事,全面激活厚重的天津档案资源。

第四,津门文化思想政治教育大众传播载体的建设要求:电台讲故事,珍贵档案遗产"声"入人心,通过"音频+短视频"形式,用有温度的声音,以原汁原味的"读档"的形式,打造天津文化传播品牌节目,让天津文化"声"入人心。利用"国际档案日"契机,《城市记忆》特邀天津市档案馆开掘珍贵馆藏,联合推出专题节目《国家档案遗产中的天津传奇》,讲述天津租界、商会、盐业、邮政、洋务等历史发展进程故事。可以让档案馆工作人员通过走进直播间,与广大听众云端相聚,更好地使天津文化通过接地气的方式传递给广大人民群众。

第五,津门文化思想政治教育网络载体的建设要求:网络运营商应增强津门文化思想政治教育传播意识,能够紧跟天津社会发展潮流,熟练运用网络新媒体工具,灵活有效、润物无声地宣传天津文化故事、新闻及创新理论成果等。应注册并认证至少1个个人抖音平台账号或微信视频号等新媒体平台。注册后的新媒体平台账号要聚焦天津文化一个窄领域视角或相对细分的内容载体,进行深度研究和阐释,潜移默化地传播津门文化内涵,从小切口反映文化大世界,体现文化性、专业性和实效性。比如:围绕天津红色文化中的书信讲红色家书故事;围绕天津各项事业发展讲天津历史上的今天;围绕天津电视台最新电影进行影评并讲述背后的价值观;围绕人民大众日常关注的天津文化中热点、焦点问题进行正向激励引导等。坚持运营平台高质量、高活跃度原则,原则上每周至少进行1次更新且保持持续运营。网络运营商须严格遵守国家相关法律法规,遵守天津市关于新媒体平台相关管理规定,对平台规范管理。

第六,津门文化思想政治教育馆藏载体的建设要求:以满足人民日益增长的精神文化需求为出发点,通过文物征集等活动,持续创新展览形式,助力馆藏红色文物活化利用。馆藏负责人、讲解员等工作人员对中国革命战争史特别是天津近代革命战争史"学而时习之",讲好天津红色革命故事,传承天津红色革命精神,赓续天津红色血脉。①2023年新年,天津博物馆人潮涌动,"北宋三大家"之一范宽所作的《雪景寒林图》真迹展出,一票难求,"为一幅画奔赴一座城"成为独特文化现象。许多人不仅仅是来亲眼看见画作本身的绝妙和意趣,更是体味其所蕴含的天人合一的思想和韵味。一件件古老的文物,讲述人们通俗易懂的历史;一段段悠久的历史,成为人们喜欢聆听的故事;一个个精彩的非遗项目,成为人们喜闻乐见的体验,越来越多的历史文化遗产不再是沉睡的记忆,而是被赋予了鲜活的生命。天津制定《关于让文物活起来实施方案(2022—2025)》,实施非物质文化遗产传承发展工程,统筹推进传统工艺振兴计划、戏曲振兴工程、戏曲音像工程、曲艺传承发展计划,推动历史文化遗产"见人见物见生活",让中华优秀传统文化活在当下、服务当代,展现蓬勃的生机活力。2024年是天津解放75周年,清明节前夕,平津战役纪念馆连续3天在英烈名录墙上补刻了29位烈士的英名。1949年初,解放战争"三大战役"的最后一役平津战役取得全面胜利,7030名烈士长眠于华北大地,391位烈士由于各种原因没能留下名字。建馆27年来,找寻"无名"英烈、帮助烈士"归队"成为纪念馆坚守的使命。摸清红色家底是传承红色基因、赓续红色血脉的基础和支撑。近年来,天津公布了第一批红色资源名录、两批革命文物名录,涵盖各类重要红色资源243项、不可移动革命文物76处、不可移动革命文物8220件(套)。天津加强对"红色家当"的全面保护,既应保尽保、又突出重点,坚持修旧如旧,加强日常管理,最大

---

① 《习近平总书记在天津考察时的重要讲话引发天津广大干部群众热烈反响——勇担使命开拓进取 奋力谱写天津篇章》,《天津日报》,2024年2月3日。

限度保存革命文物和红色资源的原貌。①

第七,津门文化思想政治教育历史文化资源的保护要求:"在保护中发展,在发展中保护。""位于天津市河北区的梁启超纪念馆里,年轻游客们齐声诵读着'少年强则国强',观众留言簿上写满了人们的肺腑之言,见到了真正的饮冰室,'无负今日'受益匪浅。在这里,观众能够身临其境地翻开一部鲜活的近代史。得益于近年来实施的梁启超旧居文物保护工程,场馆从馆舍修缮、展览策划、文物保护等方面实现了总体提升。近年来,全市120余项文物保护项目深入实施,一大批全国和市级重点文物保护单位重现历史原貌。从独幢建筑扩展到历史街区,系统性保护的观念在天津得到充分彰显。"系统性保护理念和京津冀协同发展战略的相遇相融,催生了京津冀三地发布《京津冀地区主要历史文化资源分布图》,整合各方面力量参与文物保护,共同为历史文化遗产"保驾护航"。一个广泛覆盖文物古迹、古老建筑、名城名镇、历史街区、传统村落、文化景观、非遗民俗等各类文化遗产的系统性保护大格局,正在逐渐形成。②

(五)旅游开发转化

2024年2月,习近平总书记在天津视察指导工作时指出,"以文化人、以文惠民、以文润城、以文兴业",展现城市文化特色和精神气质,是传承发展城市文化、培育滋养城市文明的目的所在。这一重要要求,既是对文化传承发展规律的普遍性揭示,更是对天津传承发展城市文化、培育滋养城市文明的精准性指导,充分彰显了习近平文化思想"明体达用、体用贯通"的理论品格和鲜明特征。③在此思想的指引下,津门文化思想政治教育资源旅游开发

---

① 中共天津市委宣传部:《在推动文化传承发展上善作善成》,求是网,2024年5月1日。

② 中共天津市委宣传部:《在推动文化传承发展上善作善成》,求是网,2024年5月1日。

③ 中共天津市委宣传部:《在推动文化传承发展上善作善成》,求是网,2024年5月1日。

转化应紧紧围绕核心优势:从美丽风景转向美好生活。具体通过以下途径进行转化:观光(绿色景观和田园风光)、考察(田野调查)、学习(农业教育园和科普示范园)、参与(果茶园和渔场)、康体(疗养健身)、休闲度假、娱乐(民俗风情);打造本土文化知识产权(自然人文特色)以避免同质化;政府和企业的扶持,个人的不断创新,接近大城市辐射中心;高度宣传;交通便利、基础设施成熟完善、服务周全规范等。

如何选择发展地并建立特色? 首先,旅游开发的关键因素是土地,我国实行严格的基本农田保护和建设用地管理政策,旅游开发时应遵守国家相关法律法规。其次,选址是乡村旅游发展的重要因素,位置决定"钱途"。应选择具有天津历史文化底蕴的地区进行旅游开发。还应选择距离与交通较为便利的地区。三五天的小长假,使得人们更加热衷于去往城市周边的乡村舒缓身心,来一场合家欢的短途旅游。距离便是影响旅游发展的重要因素,选址应在距城市近的远郊或周边。俗话说"要致富先修路",交通大大影响着当地的经济情况,选址时要注意有便捷的交通,自驾游的兴盛至少需要公路发达,让游客便利地抵达目的地。天津文化资源条件也是选址的重要考虑因素,包括自然山水(硬资源)和人文环境(软资源)。吸引游客去往的旅游胜地一定拥有丰富的资源条件。

如何融合其他产业协调发展? 天津文化旅游开发可与第一产业相融合:在保留天津历史文化遗迹的原汁原味基础上,融入现代化元素,促进天津优秀传统文化创造性转化、创新性发展。可与第二产业相融合:一方面,进行天津地方特色产品深加工。可通过将天津地方特色产品变成极具个性化的礼品,提高天津特色产品的附加值。例如依托天津特色美食再进行蔬菜保鲜加工、脱水蔬菜、腌菜、果汁果酱、罐头加工,干竹笋加工、干辣椒加工、干蘑菇加工,糖果、糕点深加工,腊肉、腌肉制品加工,腊鸡、腊鸭、腊鱼等。加工休闲肉类食品,即食肉类、卤肉类、半成熟肉类食品等,豆制品,面粉深加工,废品深加工。另一方面,发展天津传统手工业。以传统手工业带动更多就业,以家庭或者乡镇为单位,打造城市、乡村品牌,进行传统手工业的制造,促进当地人民增收致富;例如制作具有天津地方特色的竹编、倒铝锅、木工、阉鸡(献鸡)、劁猪、剪窗花、石碾子、打草鞋等。可与第三产业相融合:一方面,发展天津文化信息互联网产业。例如开通无线网络,乡村直播带货,扩大天津特色文化影响力。另一方面,加快发展天津文化创意产业。将蕴含天津文化基本样态的海河文化、城厢文化、商贸文化、租界文化、曲艺文化、民俗文化、红色文化、工匠文化制作成文化产品,并通过民俗文化村、农业文化区、村落民居、遗产廊道、乡村博物馆等,将文创产品以文化内容+营销传播的方式进行开发。

如何协调开发与破坏?

首先,应有公共管理和社会组织进行共同开发参与。通过健全公共管理职能、提高社区参与度,能更好地满足游客多元化的需求,通过规模化、集群化不断扩大产业规模,做到特色明显、资源互补、利益联结紧密,不仅更好地满足当地人民的利益诉求,也能满足天津旅游产业科学发展的需求。

其次,按照传统发展模式,人地矛盾是在不断深化的,开发到一定程度也必然造成破坏,仿佛是不可协调的一种恶性循环。但随着AR技术的广泛应用,在新时代,AR技术与天津文化旅游已经能够完成有效结合,使文化旅游智慧化发展迎来良好的契机。

AR助力天津优秀传统文化创造性转化、创新性发展的方面很多,如AR精准导航、AR导游导览、历史场景再现(3D虚拟、多种交互,提高体验参与度)、古建筑和历史文物修复、数字化历史人物、光影互动展示、现实交互游戏或打卡模式、数字模型宣传、改造及动态展示天津特色产品或手工品等其他商品。将AR技术融入天津文化资源旅游开发,实现智慧化导航导览、历史还原、交互游戏、宣传推广及改造、景观点缀、景点介绍和商品动态展示等应用,达到增强游客旅游体验的目的,弥补实地开发所不能达到的效果,为有限规划的开发注入更多的能量与可能。①

再次,正如习近平强调的那样,要"健全现代文化产业体系、市场体系和公共文化服务体系"。这"三个体系"建设,涵盖文化事业和文化产业各方面,目标指向提升人民群众精神文化生活品质,也是全面建设社会主义现代化大都市的内在要求。

此外,深入生活、扎根人民。②文化不是象牙塔里的玩赏,而应根植人民群众中,成为其日用而不觉的一种生活方式。2015年,天津以"变补贴院团为补贴百姓"的方式创新推出文化惠民卡,让群众"花小钱看大戏"。发行9年来,累计补贴102.2万人次、组织惠民演出3.8万余场,带动创造票房总计4.65亿元。小小文惠卡是天津兴文化、惠民生的一个缩影。近年来,天津统筹推进发展文化事业和文化产业,高水平建成滨海新区文化中心图书馆、国家海洋博物馆等一批文化设施,扩大优质文化产品供给,电影《周恩来回延安》、电视剧《换了人间》、图书《海边春秋》等一批津产佳作荣获"五个一工程"奖,8家国家文化产业示范园区、9家国家级文化产业示范基地实力持续增强。文旅是以文兴业的重要载体。天津坚持以文塑旅、以旅彰文,多方协力积极推动,提升"吃住行游购娱"全链条服务质量,让人们在领略自然之美、城市之美中感悟文化之美、陶冶心灵之美。新征程上,天津要以人民群众对高品质精神文化生活的新期待为导向,创新实施文化惠民工程,持续推进公共文化服务标准化、均等化,打造社会力量参与、业态深度融合的新型公共文化空间,广泛开展群众喜闻乐见的文化惠民活动,引导优质文化资源

---

① 孔维翠、郅笑珂、张红飞、骆明珠:《AR技术助力乡村旅游智慧化发展探究》,《合作经济与科技》,2023年第2期。

② 《习近平总书记在天津考察时的重要讲话引发天津广大干部群众热烈反响——勇担使命开拓进取 奋力谱写天津篇章》,天津日报,2024年2月3日。

和文化服务更多向农村、基层延伸。充分发挥戏剧、曲艺、文学、音乐、美术等方面优势,实施津派文化精品创作计划,加强文艺创作生产组织引导,推出更多思想精深、艺术精湛、制作精良的文艺精品力作。深化文化体制改革,优化文化发展政策措施,推动国有文化市场主体创新发展,激发各类文化市场主体创新创造活力。坚持盘活存量、培育增量、提升质量,改造提升传统业态,推动媒体MCN(多频道网络)、网络游戏产业等高质量发展,做强做优文化创意产业,加快形成现代化产业体系。以打造特色鲜明的文化旅游目的地带动国际消费中心城市建设,进一步优化消费供给,创新消费场景,提升消费体验,不断满足人民群众日益升级的消费需求。①

最后,津门文化思想政治教育资源旅游开发还需注意几个方面:可持续式=科学规划+弱商业;突出规划有效性与匠心创意;本地特色的挖掘与乡村环境的协调;总体规划及其分支应科学合理;围绕规划筛选招商引资;立足多方面注重产品品质的提升;牢记天津地区特点;具体某个方面内容具体分析;宁精毋滥;保护为主、合理利用。②

---

① 中共天津市委宣传部:《在推动文化传承发展上善作善成》,求是网,2024年5月1日。

② 《习近平总书记在天津考察时的重要讲话引发天津广大干部群众热烈反响——勇担使命开拓进取 奋力谱写天津篇章》,《天津日报》,2024年2月3日。

第四章　津门文化思想政治教育过程论

　　津门文化思想政治教育过程是指天津社会或社会群体用天津文化中蕴含的生活世界总体观、生活世界境界观、人生观、价值观、道德规范、法律规范,在提升成员思想品德素养、法治素养和文化素养目标导向下,遵照津门文化思想政治教育实施方案,对受教育者有组织地施加影响,并促使其自主地接受这种影响,从而形成符合天津社会发展所需要的思想品德的社会实践活动过程,是动员人们为建设社会主义现代化大都市而团结奋斗的社会实践过程。其实质是促使受教育者将接收到的天津文化蕴含的生活世界总体观、生活世界境界观、人生观、价值观、道德规范、法律规范转化为思想品德素质的过程。它既是津门文化思想政治教育活动开展、运行的流程,又是教育者、教育对象、教育介体、教育环体相互作用的过程,更是解决津门文化思想政治教育各组成要素之间矛盾的过程。津门文化思想政治教育过程主要包括制订津门文化思想政治教育方案、实施方案、评估效果三个阶段。

第一节　津门文化思想政治教育方案的制订

津门文化思想政治教育方案制订是指教育者通过问卷调查等形式收集教育对象关于天津文化的认知情况、本身思想品德情况及实施教育的具体环境等信息，遵照津门文化思想政治教育原则体系中从属层次原则、关联层次原则、运行层次原则等，制定具体实施方案，并根据教育实际情况选出最优方案的过程。制订津门文化思想政治教育实施方案是津门文化思想政治教育的龙头环节，决定着整个教育活动的成效。基本步骤分为四个方面：收集教育对象、教育环境等信息，发现津门文化思想政治教育中存在的问题；确定津门文化思想政治教育目标；拟定津门文化思想政治教育方案；优选津门文化思想政治教育方案。

一、收集信息，发现问题

制订方案以坚持问题导向为原则，旨在解决津门文化思想政治教育领域现存的或潜在的某一问题或某些问题群。解决问题以发现问题为前提，而要发现和提出问题并抓住主要矛盾，教育者必须充分收集受教育者对于天津文化的了解情况、思想品德发展的有关信息资料，而且这些信息要符合相对齐全性、客观性、针对性、及时有效性等标准。

这些信息的本质是思想信息，产生于津门文化思想政治教育工作者与受教育者和所处环境之间构成的系统联系中。马克思、恩格斯曾经指出思想、观念、意识、思维、精神与人们之间物质活动及交往之间的关系，认为这些抽象意识产生于人们的物质关系,①且是外部世界植入人脑后并被人脑改造过的物质。②由此可知,在教育者实施津门文化思想政治教育过程中,被传递、利用、交换的信息群均属于此类思想信息。

思想信息就其覆盖范围而言,涉及教育者实施津门文化思想政治教育过程中的各个方面;就其性质而言,它主要是人脑中的精神信息,反映着教育对象对天津文化的认知及思想品德状况,来源于教育对象接收到的津门文化思想政治教育活动,并反作用于建设社会主义现代化大都市的实践,依托于津门文化思想政治教育载体、教育者等因素。因其具有时间上的递进交错性,分为已经形成、正在形成和将要形成三种情况,获取思想信息则要根据思想信息发生的时机,分别选择调查方法、观察方法和预测方法。因调查方法对获取教育对象相关信息有直接作用,故在此作一阐述说明。

社会调查方法,是了解教育对象认知天津文化的情况、教育实施环境等,并将收集起来的信息作为制定津门文化思想政治教育实施方案的依据。调查研究必须学会运用"靶向治疗思维"③,正视津门文化思想政治教育问题、善于发现津门文化思想政治教育问题,以解决津门文化思想政治教育问题为根本目的,才能在具体情况摸清基础上对症下药、找到解决问题的真正新思路新方法。

用好"靶向治疗"思维,找对"靶子"是前提。"靶子"就是津门文化思想政治教育面临和存在的问题。找对"靶子"即聚焦实践遇到的新问题、提升教育成效的深层次问题、教育对象思想品德问题、教育现代化中的重大问题、思想道德建设面临的突出问题。问题是事物矛盾的表现形式,在聚焦津门文化思想政治教育面临的问题前提下需要承认矛盾的普遍性和客观性,要

---

① 《马克思恩格斯选集》(第一卷),人民出版社,1995年,第72页。

② 《马克思恩格斯选集》(第二卷),人民出版社,1995年,第112页。

③ 何忠国:《调查研究要直奔问题去》,《学习时报》,2023年4月6日。

善于把认识和化解矛盾作为提高津门文化思想政治教育成效的突破口。为了解决津门文化思想政治教育面临的新旧复杂矛盾,应根据矛盾相辅相成特性选择直面矛盾、正视矛盾,运用矛盾的解决方法、认识和解决矛盾,而非回避矛盾、无视矛盾、掩饰矛盾,在积极应"津门文化思想政治教育"之变的过程中,主动识变求变,推动津门文化思想政治教育现代化取得新进展新突破。

用好"靶向治疗"思维,精准制导是关键。贵在以解决津门文化思想政治教育中效能不高等问题为导向,抓住教育过程中突出问题和矛盾,找准靶心、精准发力、持续用力,精准到位,确保抓住病根、直达病灶,对症下药,从而提高解决问题的效率。①要把准问题的关节点要害处,"实、准、深"地重点解决津门文化思想政治教育面临的问题。所谓"实",就是指实实在在、有分量,不能鸡毛蒜皮、轻飘飘。所谓"准",就是不偏不倚,一是一、二是二,既不放大,也不缩小,着力点准、问题定性准、与事实相符。所谓"深",就是从政治的高度,问题查得深、挖得深,能够找到触碰政治高线、突破政治底线的突出问题,透过问题表现,直达问题本质。

用好"靶向治疗"思维,持续用力是条件。面对尚停留于道德观、价值观、人生观和各种精神意蕴的分散式和叠加式研究的突出问题,尚无津门文化思想政治教育的总体意义和结构概念,尚无津门文化思想政治教育方法、路径、机制和系统研究等已解决的问题与不断出现的新问题交织存在的情势,要有精卫填海、愚公移山的精神,盯住不放,一个问题一个问题解决,一年解决一些,几年解决一片,发扬解决问题的执着精神,应相信,山再高,往上攀,总能登顶;路再长,走下去,定能到达;问题再难,坚持不懈,总能解决。要坚持不懈,不达目的誓不罢休,要以"促进教育对象全面自由发展"目标为

---

① 周晔:《强化精准思维》,《人民日报》,2022年4月29日。

奋斗方向,立足当前,在解决"需要引起重视"的问题、"比较突出"的问题上下功夫。要有解决问题的韧劲,常使劲,使长劲,才能久久为功,善作善成。

用好"靶向治疗"思维,解决问题是落脚点。一方面,要对着问题改,直到问题彻底解决为止。首先,认真"对账",梳理需要整改的重点内容,做到有的放矢,增强针对性。其次,逐项"查账",了解整改措施、整改责任和整改成效,掌握整改情况。最后,全面"销账",对整改到位的问题落实落细,未整改彻底的问题持续推进。另一方面,要不断提出解决新问题的新理念新思路新办法。马克思深刻指出:"问题就是时代的口号,是它表现自己精神状态的最实际的呼声。"理论创新只能从问题开始,回答并指导解决问题是理论的根本任务。从某种意义上说,理论创新的过程就是发现问题、筛选问题、研究问题、解决问题的过程。要聚焦实践遇到的新问题如津门文化思想政治教育资源转化方式方法等,才能推动理论创新,真正找到解决新问题的新理念新思路新办法。

用好"靶向治疗"思维,以学生为中心是根本立场。学生是教育对象中的主要群体,学生生活世界总体观、生活世界境界观、人生观、价值观等能否正确树立,关乎着学生人生的走向、国家的发展、民族的未来。着力解决学生在接受津门文化思想政治教育过程中遇到的难点、疑点、热点、焦点问题,多谋生之利、多解生之忧,想生所想、忧生所忧、急生所急、解生所困。应倾听学生声音,保障学生权益,坚持一切为了学生、为了学生的一切,自觉问计于生、问需于生,问效于生,始终同学生心连心,坚持尽力而为、量力而行,通过提高津门文化思想政治教育效果,促进学生思想品德提升,把津门文化思想政治教育工作做到学生心坎上,增强学生获得感、幸福感。调动学生建设社会主义现代化大都市积极性,激发学生创造活力,尊重生意,汇聚生智,让问题解决更"接地气",架起教育者和教育对象之间的"同心桥"。

用好"靶向治疗"思维,必须从津门文化思想政治教育高质量发展的高度去发现问题、查找问题、解决问题、反馈问题,一针见血指出问题。在"促进学生全面自由发展"具体目标的指引下,站稳学生立场,主动面对问题,勇敢拥抱问题,对津门文化思想政治教育高质量发展面临的新问题、深层次问题、突出问题等精准指导,持续用力,灵活运用解决问题的真招、硬招、狠招、实招,坚持战略的坚定性和策略的灵活性相结合,坚持目标导向和效果导向相统一,推动津门文化思想政治教育高质量发展。

可设计一份调查问卷,以了解学生认知津门文化的具体情况:

各位同学你们好,我们正在进行一项有关高校学生了解天津文化现状的研究调查。您提供的信息将给我们调查研究以很大的帮助,请您认真填写。您的答案专用科学研究,无所谓对错,主要是了解您对天津文化的认知,我们将对您的答案保密,谢谢您的配合!

1.您的性别是( )

　　A.男　　　　　　B.女

2.您的年级是( )

　　A.本科生　　　B.硕士研究生　　　C.博士研究生　　　D.专科生

3.您的政治面貌属于( )

　　A.中共党员(预备党员)　　　　　　B.共青团员　　　C.群众

4.您的专业类型( )

　　A.文史类　　　B.理工类　　　C.艺术类　　　D.经管类

　　E.专科类

5.您认为在高校有必要进行津门文化思想政治教育吗?( )

　　A.非常有必要　B.有一定必要性　C.没必要

6.您对津门文化了解程度是( )

　　A.非常了解　　B.一般了解　　　C.不了解

7.您参观过的津门文化景点有几处?( )

A.1-5处　　　　B.6-10处　　　　C.10处以上

8.您认为一个人在什么时期接受津门文化的教育最好?(　　)

　　A.幼年时期　　B.青少年时期　　C.成年时期　　D.终身都需要

9.在您的身边是否可以感受到红色文化的气息?(　　)

　　A.经常　　　　B.有时　　　　　C.偶尔　　　　D.没有

10.您觉得津门文化是否与您的生活息息相关?(　　)

　　A.有比较大的关系　　B.关系不大　　C.完全没有关系

11.您认为学习红色文化对大学生的意义是?(　　)

　　A.激发革命热情　　　B.有助于坚定共产主义信仰

　　C.有利于提升自身综合素质

12.您认为大学生在红色文化的传承中扮演着什么角色?(　　)

　　A.传承者　　　　　　B.被动接受者　　C.无关紧要

13.您一般通过哪些途径了解到津门文化?(　　)

　　A.上网　　　　　　　B.课堂　　　　　C.长辈教授

　　D.参加一些有关津门文化的活动　　　　E.媒体宣传

14.您如何看待津门红色文化中革命事迹及其精神?(　　)

　　A.为国家的命运而奋斗,很伟大

　　B.从他们身上看到的革命精神值得我们继承与发扬

　　C.应铭记历史,博古通今

15.当您发现那些天津红色革命遗址遭破坏时,您的态度是(　　)

　　A.袖手旁观　　B.无动于衷　　C.与我无关　　D.义愤填膺

16.如果有一个旅游的机会,您会不会选择去天津红色旅游地区?(　　)

　　A.会　　　　B.看情况　　　C.不会

17.如果有机会让您参加天津文化的宣传活动,您会(　　)

　　A.积极参加　　　　　　　B.没有必要就不参加

C.不参加 D.其他

18.您认为津门文化在哪一点最吸引?( )

A.惊心动魄的英雄故事 B.跌宕起伏的革命历程

C.并无吸引力 D.其他

19.如果您认为传统的津门文化经典不能吸引您,最主要的原因是什么?
( )

A.内容枯燥无味、对革命事件不感兴趣

B.觉得对现实生活没有作用,形式单一

C.宣传过于频繁,占用过多时间

20.您认为学习津门文化的最好形式是( )

A.课堂学习

B.参加课外社会实践活动

C.学校课堂学习和校外社会实践活动相结合

21.您认为高校应该开展哪些活动来传承津门文化?( )

A.开展相关讲座

B.参观红色文化旧址

C.红色歌曲、文化、红色革命精神进课堂

22.如果课程进行改革,津门文化知识列入考试范围,您持什么态度?( )

A.支持 B.反对 C.无所谓

23.您认为津门文化的传承是否有利于社会国家发展?( )

A.是 B.否 C.不清楚

24.您对大学生进行津门文化思想政治教育有哪些建议?

可利用问卷星录入题目,形成调查问卷二维码,转发给调查对象填写。

如图所示:

此次问卷共 393 人参与，涉及天津职业技术师范大学经济与管理学院金融 2301-2、物流 2302、电子学院电科 2301-2、应电 2314、高职部数控 2391-2、电气 2391-2、计用 2391 班级的同学，调研结果如图所示。

天津市高等学校人文社会科学研究一般项目：
《文化哲学方法论与津门文化思想政治教育》调查问卷

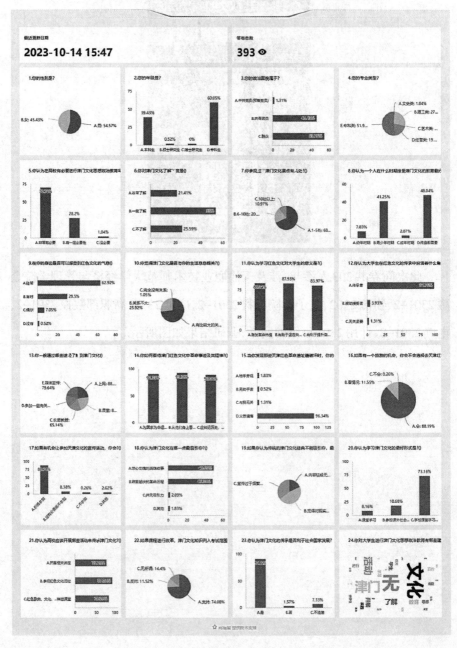

二、拟订方案、逐步实施

拟订方案就是制订津门文化思想政治教育计划,明确"怎么做"的问题,一般可分两步进行:第一步,构思轮廓,即从不同角度设计出多种津门文化思想政治教育的可能方案(计划);第二,设计细则,即通过比较针对某一内容的津门文化思想政治教育不同实施方案后,按照实施可能性、效果提升度等标准淘汰掉一部分方案,挑选出最优方案进行进一步详细设计,并针对可能出现的问题设计备选方案。

拟订方案的前提便是确定津门文化思想政治教育目标:首先要考虑天津社会发展的客观要求和受教育者生活世界的总体观、生活世界境界观发展的需求及近期的思想品德状况,同时还应使目标具有针对性、可行性,具体明确并分清主次缓急。确定目标是制订津门文化思想政治教育方案的关键环节。

津门文化思想政治教育目标是教育对象将接收到的天津文化蕴含的生活世界总体观、生活世界境界观、人生观、价值观、道德规范、法律规范,转化为符合天津社会发展所需要的思想品德,并为建设社会主义现代化大都市而团结奋斗。此目标不仅体现在整体教育活动过程中,而且进一步指引着教育目标管理和工作目标管理两方面的具体实施。其中工作目标管理是教育目标管理的具体化内容,而管理目标的首要前提便是确立目标。

在确定津门文化思想政治教育目标后,通过编制、实施津门文化思想政治教育工作方案,以达到实现津门文化思想政治教育目标的目的。此过程主要包括:

第一,制订包含五个"W"和一个"H"内容的完整计划:在明确此次津门文化思想政治教育方案实施的原因与目的(why)基础上,设计由谁(who)在什么地方(where)什么时间(when)运用何种手段和方法(How)去实施什么内容(what)的计划。

第二,确定计划的层次性:可进一步将津门文化思想政治教育实施方案内容细化为组织要求、工作要求、模式步骤、督导激励、具体流程、效果检验等方面,以针对某一个或某些津门文化思想政治教育存在的问题现实地、分层次地解决并提出不同要求。

第三,抓好计划的落实:一方面,津门文化思想政治教育方案实施负责人为教育活动开展准备人力、物力、财力;另一方面,津门文化思想政治教育监督部门履行监督检查职责,定期督导开展情况。通过具体工作指导委员会查阅方案实施记录,了解方案实施情况;审阅方案实施记录是否体现了津门文化思想政治教育理念,审阅教师"个人教案"是否结合学情进行了更新,是否体现出教师个性化思考等。

如拟定津门红色文化专题教育实施方案:为弘扬天津红色文化,结合中央和天津市党史学习教育安排部署,现就天津市开展"传承红色文化·奋进新征程"津门红色文化专题教育,制定如下方案。

一、总体要求

为进一步贯彻近平新时代中国特色社会主义思想,特别是习近平总书记关于党史学习的重要讲话精神,在天津红色资源利用、红色传统发扬、红色基因传承方面着力,以深度挖掘天津红色革命文化内涵为中心,以打造天津红色革命文化思想政治教育品牌为抓手,以传播天津红色革命文化故事为途径,全方面开展天津红色革命文化思想政治教育,激发广大人民群众爱党爱国热情,为全面建设社会主义现代化大都市汇聚更强大的精神力量。

二、活动内容

第一,创建红色育人品牌。结合天津红色革命文化具体内容,打造不同主题的育人课程。根据讲授内容的特点,鼓励教育者不断改革,积极采用探究式、研讨式、案例式、项目式等教学方法,充分调动教育对象的学习积极性、主动性和创造性,尊重教育对象在育人活动中的主体地位,提高育人效果。选用一批介绍天津红色革命文化的优秀书籍进校园,营造红色文化书香氛围。通过凝练品牌主题,制定品牌创建工作实施方案,进行红色文化品牌创建活动,并进行评选,交流优秀经验,提升育人成效。

第二,营造红色校园氛围。选取典型红色标语布置校园,如近代中国看天津、革命故事千家传,弘扬革命精神、缅怀革命先烈,传承文化、爱党爱国,慎终追远、自强不息,缅怀先烈志、共铸中华魂,传承红色圣火、共建美好天津等。还可选取天津革命英烈红色名言、雕塑、画像对校园进行布置,使受教育者感受到浓浓的爱国情、拳拳的报国志。

第三,开展红色文化宣讲活动。以"天津红色教育研究"为主题,就天津现代化进程中红色教育规律研究、红色资源与开发利用研究、红色文化传播规律研究、红色教育基地建设研究等方面进行征文比赛。也可以通过"三会一课"、主题团日、微课展示、演讲会、座谈会、主题班会等,全方位开展红色文化宣讲活动,以提升天津红色文化教育成效。

第四,参观红色教育基地。可以组织参观中共中央北方局旧址、中共顺直省委机关旧址、中共天津地方执行委员会旧址、觉悟社旧址、新生社成立旧址、张园——天津市军管会旧址、中共中央在津秘密印刷厂旧址、吉鸿昌旧居、中共平津唐点线工作委员会旧址、金汤桥这10处具有代表性的天津红色文化革命旧址等。

第五,传唱红色歌曲。定期开展红色革命歌曲传唱活动,选取天津电视台、广播中播放天津红色革命歌曲,进行红色歌曲比赛,评选出校园十大红色歌手。还可以组织学生观看红色电影,交流观看心得。鼓励广大青年自编自导自演红色历史剧,提升天津红色文化思想政治教育成效。

三、组织保障

学校成立津门红色文化教育领导小组

四、活动时间安排

1.第一阶段：（7月~8月）

学校制定以"传承红色经典，加快天津发展"为主题教育方案，并做好宣传，在全校形成浓厚的津门红色文化学习氛围。

2.第二阶段：（9月~12月）

"传承红色经典、加快天津发展"主题教育系列活动实施阶段。按照方案开展一系列活动，做到活动方式生动鲜活，既激发学生的学习兴趣，又能潜移默化地让学生受到思想政治教育。

3.第三阶段：（10月中旬）

分班级组织"红色故事"演讲比赛，并进行考评，优胜学生将代表学校参加天津市高校"红色故事"演讲比赛。并组织好"红歌赛"，为"元旦红歌专场汇报演出"做好充分准备。

4.第四阶段：（11月~12月）

"传承红色经典、加快天津发展"主题教育展示阶段。学校将在活动中表现比较突出的人、活动、作品等集中以多种形式进行展示，进一步对学生进行思想政治教育。

三、优选方案、形成决策

对方案进行评价和选择是制订津门文化思想政治教育方案的关键步骤。以下三方面标准均可作为方案选择标准。第一，价值标准，即看某种方案给受教育者和天津社会所带来的效果是否符合津门文化思想政治教育目标的要求。第二，综合最优标准，即以津门文化思想政治教育目标为出发点,综合评价一个实施方案在目标明确性、资源整合性、问题的针对性、操作的可行性、成效的可预期性、运行的可持续性等方面的优劣,最后选出一个整体性最优的方案。第三,最优期望价值标准,即因津门文化思想政治教育方案实施过程中会出现不确定因素,便会增加决策的随机变量,导致多种可能性的出现,需将针对不同决策变量制定的方案实施可能性进行比较,从而选出最优方案。

在对各种实施方案进行评估后,做出决策。因津门文化思想政治教育管理系统是一个由领导层、管理层、工作层等组成的多层次工作系统,可将津门文化思想政治教育决策分为三种不同的决策类型:战略性决策、管理性决策和工作性决策。第一,思想政治教育战略性决策是对涉及津门文化思想政治教育根本目的或长期目的、主要任务、战略规划等运用战略思维进行全局性、整体性、系统性规划,一般由津门文化思想政治教育领导部门和高层管理机构、管理者承担。第二,津门文化思想政治教育管理性决策通常由学院领导,党总支相关责任人进行人员、资金、账物、业务、基层、成本、规划、教学、科研等方面的管理决策,一般具有局部性、中期性和专业性等特点,由高校的某个津门文化思想政治教育领导部门和中层工作机构的管理者负责。第三,津门文化思想政治教育工作性决策一般由基层工作单位和工作人员进行,以解决津门文化思想政治教育管理工作中出现的一般、日常问题,主要是形成短期性、日常性和操作性的津门文化思想政治教育工作计划和津门文化思想政治教育活动方案。

决策过程主要包括决策形成过程、决策执行过程和总结反馈过程。

为提高战略、管理、工作层次的决策水平,避免错误决策对津门文化思想政治教育产生不利影响,津门文化思想政治教育管理者按照决策流程化、合理化、全面化、科学化的要求进行有效决策。主要包括确定问题和目标、搜集信息、确定决策标准、拟订方案、分析方案、确定方案、实施方案、评价决策效果、追踪反馈九个步骤。

津门文化思想政治教育决策的执行,一方面需要配置必要的人、财、物资源,另一方面,建立津门文化思想政治教育决策执行机制,具体有建立以目标为导向、评估为手段的津门文化思想政治教育决策执行机制,就是要运用目标管理的方法激活津门文化思想政治教育工作体系,调动津门文化思想政治教育者和管理者的积极性,保证津门文化思想政治教育决策的实施。

首先,要把总的津门文化思想政治教育目标和具体决策要求分解落实到津门文化思想政治教育工作体系和管理体系内部各个工作机构和每个工作岗位,在一定范围内建立一个相互制约、相互协调的津门文化思想政治教育责任体系,各部门工作人员明确自身职责,形成联动配合机制,以实现教育目标为出发点,以收到良好教育效果为落脚点。其次,要明确具体津门文化思想政治教育考核标准,并在标准基础上,制定出配套的制度,以此作为衡量教育效果的重要依据。

津门文化思想政治教育的总结反馈,依据津门文化思想政治教育制度体系,并结合教育工作方案实施情况作出判断,撰写出总结报告,反思教育过程中存在的问题;强化津门文化思想政治教育决策的总结反馈过程,以完善津门文化思想政治教育信息反馈系统为抓手,以不断改进津门文化思想政治教育评估督导机制为途径,对不断提高思想政治教育管理水平,使其从经验型管理逐步转变为科学型管理具有非常重要的意义。

为了做好津门文化思想政治教育的信息反馈工作,应做到以下方面:首先,设置专门的机构,负责处理来自各方面有关津门文化思想政治教育的信息,为津门文化思想政治教育新决策提供依据;其次,开辟多种信息采集渠道,除在津门文化思想政治教育管理体系内建立信息上报的反馈路径外,还可以聘请信息员搜集各种津门文化思想政治教育信息;第三,要加强对工会、共青团、妇联等群团组织信息工作的领导,使之成为重要的信息反馈途径。

第二节　津门文化思想政治教育方案的实施

实施阶段是津门文化思想政治教育过程的中心环节,基本任务是要帮助受教育者将生活世界的总体观、生活世界境界观和思想品德认知转化为促进社会主义现代化大都市发展的品德行为,可从六方同体、载体平台、制度机制三维度对津门文化思想政治教育方案实施。

一、六方同体是津门文化思想政治教育方案实施的主体条件

津门文化思想政治教育方案实施,需要六方协同发力进行。即建立以服务社会主义现代化大都市建设,弘扬天津文化,培育高素质人才为主要目标,由政府统筹、学校主导、企业助力、社会支持、家庭参与、学生成才的六方主体协作共建共治共享共担的津门文化思政育人有机体。该有机体做到"四个坚持":坚持立德树人,推动思想政治教育与津门文化教育融合统一;坚持深度融合,推动形成校内校外良性互动、优势互补的协同育人格局;坚持面向社会主义现代化大都市发展要求,推动学校布局、教学创新、人才培养与天津市发展需求相对接;坚持面向实践、强化能力,让更多青年树立正确的生活总体世界观、生活世界境界观;坚持面向人人、因材施教,营造以文化人、以文育人、以文铸魂、以文润心的良好氛围。

从学校主体微观层面来看,学校内部自成一个由各职能部门、各院系、各岗位人员共同组成的思想政治教育实践育人共同体。具体人员构成包括党员干部、思政教师、专业教师、辅导员、班主任等,其中思政教师是思政育

199

人的主要责任主体。①一方面,思政教师作为育人主体,应主导思想政治教育实践育人的内容,进行多元化整合和一体化运作思想政治育人资源,具体做到:三进联动,确保天津文化入脑入心。将天津文化及其创造性转化、创新性发展"进教材、进课堂、进头脑",守好思想政治教育课堂教学主渠道、马克思主义学习实践主阵地。然欲向学生头脑灌输天津文化及其创造性转化、创新性发展,必须先向授课教师灌输。只有教师真正做到用天津文化及其创造性转化、创新性发展坚定信仰、锤炼品格、强化党性、指导实践、提升质量,才能确保扎实推进天津文化及其创造性转化、创新性发展"三进"工作提质增量。另一方面,应形成学校内部党政领导干部、思政教师、专业教师、辅导员、共青团干部、哲学社会科学教师等多元立体协同育人模式,根据不同主体特点,进行思想政治教育内容分层、分类,使学校微观层面思政育人有机体的职责分工更加科学化、体系化和序列化。②

从宏观层面看,学校要发挥在津门文化思政育人中的主导作用。具体内容为:第一,加强党委抓高校思想政治工作协同育人的机制。努力探索党建政治引领"凝心聚力"、打造铸魂育人"品牌金课"、科研发展实现"强筋壮骨"、教师队伍建设"提质保量"、管理服务水平"稳中求进"的"五抓五促"建设模式。在学科建设、思政课教学改革、教师队伍建设、人才培养、政策支撑机制等方面下足力气,做大文章,以创一流的目标要求,扎实推进新时代津门文化思想政治教育内涵式发展。第二,高校应成立由主要领导牵头的实践育人工作领导小组,制定天津文化及其创造性转化、创新性发展融入高校

---

① 朱平:《高校"三全育人"体系协同与长效机制的建构——以全员育人为中心的考察》,《思想理论教育》,2019年第2期。

② 郑传娟、洪晓畅:《高校实践育人共同体:背景、内涵与建构路径》,《思想政治教育研究》,2022年第2期。

思想政治教育年度工作计划,统筹安排。[①]第三,切实承担津门文化思想政治教育主体责任,做好职能分工及人员调配,完善思政育人管理机制,以开好津门文化思想政治教育课程为抓手,在深入理解天津文化历史沿革及丰富内涵基础上指导社会实践。第四,积极创造学生实践锻炼机会,寻找信誉度高的企事业单位派学生进行实践锻炼。[②]通过积极与优质企业签订技术合作协议,促进天津工匠文化创造性转化、创新性发展。聘请企业中高素质技术人才担任实践课程教师,通过与企业沟通制定修改实践教学教材,以更快适应市场对高素质技术技能人才的需求。

政府要发挥在思政育人中的统筹作用。政府进一步发挥对津门文化思想政治教育工作的指导和支持作用,通过与各方主体进行联络沟通,积极促进该有机体的形成与效能的发挥。[③]具体内容为:第一,鼓励学校开设天津文化及其创造性转化、创新性发展融入思想政治教育相关课程及专业课程,加大推动支持力度。第二,鼓励学校与社会资本合作共建共享职业教育基础设施、实训基地,以进一步让学生在实训中继承并发扬天津工匠文化,促进工匠文化创造性转化、创新性发展。第三,多渠道拓展实践场所。支持学校、社会组织、企业建设弘扬天津文化思想政治教育基地,进一步完善共享开放机制,并为学生参观天津文化思想政治教育基地提供优惠条件。[④]第四,支持行业企业多渠道开展技术技能人才培训,为学生进行专业职能训练

① 《教育部等部门关于进一步加强高校实践育人工作的若干意见》,中华人民共和国教育部官网,2012年1月10日。

② 《教育部等部门关于进一步加强高校实践育人工作的若干意见》,中华人民共和国教育部官网,2012年1月10日。

③ 《教育部等部门关于进一步加强高校实践育人工作的若干意见》,中华人民共和国教育部官网,2012年1月10日。

④ 《教育部等部门关于进一步加强高校实践育人工作的若干意见》,中华人民共和国教育部官网,2012年1月10日。

提供优惠条件,为企业与学校搭建合作交流平台,最大限度地鼓励在读学生到企业进行实习锻炼。第五,树立在弘扬天津文化、促进天津文化创造性转化、创新性发展方面的标杆。设立专门表彰在高素质技术技能人才培养方面取得突出成绩教师的荣誉奖项,扩大优秀教师示范作用,激发广大教师弘扬天津工匠文化的积极性、培育高素质技术技能人才的自觉性。第六,搭建教师教学创新大赛舞台。以此激励教师在教学模式、教学方法、教学内容、教学工具等方面创新,更好地提高思政育人成效。

企业要发挥在思政育人中的助力作用。具体内容为:第一,积极为学生提供社会实践岗位,按照法律法规要求支付学生报酬。[①]第二,通过学校与企业的合作,成功引企入校、引校入企,在学校成为企业的培训基地与企业成为学校的实践基地双向互动中,将企业需求及时、有效地转化为学校育人的标准和方案,为高素质技术技能人才的培育赋能。第三,企业通过攻关国家需要的重大课题,通过提供学生工作岗位、实习岗位,引导学生研发高技术,服务国家发展、民族复兴。第四,企业通过吸收大学生就业,增加大学生岗前培训、岗中培训数量,以培训促进大学生高素质技能的提升,加快从"好就业"向"就好业"的转化。[②]政府也要加大对企业吸收大学生就业补贴扶持力度,为大学生练就技能提供人生舞台。

家庭要发挥在实践育人中的基础作用。家庭教育,是天津文化及其创造性转化、创新性发展的基础,是对学校教育的强化与巩固。家校协同联动,才能进一步筑牢思政育人成果。家庭要注重抓住衣食住行等日常生活中的津门文化教育机会,鼓励孩子自觉地形成正确的生活世界总体观、生活世界境界观。支持学校(家委会)和社区等组织开展的学生生活文化展示活

---

① 《教育部等部门关于进一步加强高校实践育人工作的若干意见》,中华人民共和国教育部官网,2012年1月10日。

② 陈宝生:《办好新时代职业教育 服务技能型社会建设》,《光明日报》,2021年5月1日。

动。鼓励孩子利用节假日参观天津红色文化基地,沉浸式体验天津革命文化精神。家庭要树立以文化人的良好家风,家长要通过日常生活的言传身教、潜移默化,让孩子养成文化生活好习惯。学校要注重与家庭的教育联动,拓展与家长的沟通平台和方式,例如可以开展线上家长会、给家长的一封信及经常性的访谈等,达成对于学生思政教育的共识,使家长认识到学生来到学校不仅要收获理论知识,更要注重符合高素质技术技能人才要求的全方位能力和素养的提升。文化育人不仅对于学生全方位发展发挥作用,而且有助于促进良好校风、家风、社会风气的形成。

社会要发挥在实践育人中的支持作用。一方面,社会应为学生提供社会实践的活动时间,一般可安排在课内、课外和节假日。提供社会实践活动的相关组织应与学校组织和班级、学生进行沟通联系。社会实践课采取多种形式进行,包括进行工匠工作情况社会调查或参观访问天津能工巧匠,深层次了解天津工匠的生产生活情况;在社区进行志愿服务及义务劳动,通过劳动公益活动树立正确的劳动观,夯实天津工匠文化的价值观基础等。另一方面,学校要鼓励社团、团委工作部门积极支持并指导学院班级学生有组织地开展社会实践活动。为激发学生社会实践积极性和能动性,将学生社会实践活动情况进行评分,纳入学分制度;并设立相关奖励评选优秀劳动学生。

学生要发挥在思政育人中的主体作用。学生兼具思政育人对象与社会实践活动主体双重身份,具有独立的主体意识和明确的实践目标、自觉积极的实践态度,他们能够认识自身技术技能水平与社会要求之间的差距,激发参与思想政治教育活动的自觉性与积极性,并且在教育者的启发指导下,将天津文化内化于心、外化于行,在实现自身人生理想的同时服务于国家发展,为社会主义现代化大都市建设贡献自己的青春力量。为最大限度激发学生在津门文化思政育人活动中的主观能动性,学校、政府、企业、社会相关部门、组织应建立和完善合理的考核激励机制,不断表彰优秀学生,为学生进行实践提供物质、资金、场地支持,从而激发学生参与实践的自觉性、积极性,实现学生在实践活动中的自我教育、自我管理、自我服务。①

六方同体形成津门文化思想政治教育工作合力。"实践育人是一项系统工程"②,只有在政府、学校、企业、社会、家庭、学生共同协作的基础上,才能促进津门文化思想政治教育效果的提升。

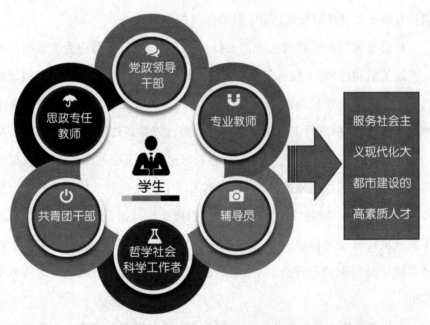

图4.1 学校内部津门文化思想政治教育有机体结构图

①《教育部等部门关于进一步加强高校实践育人工作的若干意见》,中华人民共和国教育部官网,2012年1月10日。

②《教育部等部门关于进一步加强高校实践育人工作的若干意见》,中华人民共和国教育部官网,2012年1月10日。

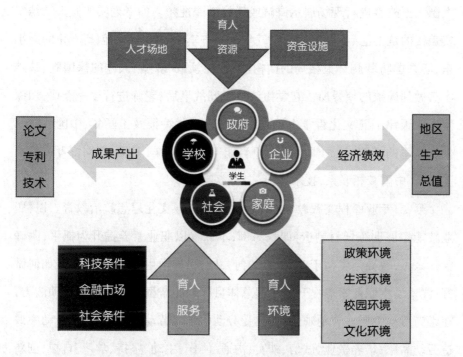

图4.2　津门文化思想政治教育方案实施共同体结构图

二、载体平台是津门文化思想政治教育方案实施的依托

实践教学、第二课堂育人服务、社会实践活动、全国职业技能大赛、津门文化德育实践平台、专业实习实训平台、实践教学网络化平台、中介机构管理平台是津门文化思政育人的主要载体平台。应坚持把天津文化及其创造性转化、创新性成果融入思想政治教育全过程。

强化实践教学环节。实践教学是弘扬天津文化及其创造性转化、创新性发展的重要途径，是对课堂教学的深化，是学生树立正确文化观的重要环节。

第一，津门文化思政课教师在实践教学环节中可将全班学生分成6组，每组5人，制作天津工匠故事PPT或课前录制微课视频，选取天津能工巧匠、

205

大国工匠故事进行现场展示讲解或播放微课视频。如老老实实做人结结实实盖楼的范玉恕、不断创新的电气华佗——李刚、执着专注创新不止的周小东、心系国防梦胸怀大格局的胡树清、数控领域"双型"人才的徐国胜、踏踏实实做到极致的卢爱所。在学生讲述工匠故事后,老师进行逐一点评,加深学生对天津工匠文化哲学内涵、核心价值、时代特征及工匠梦、中国梦之间内在联系的理解,激励学生励志争当能工巧匠、大国工匠,自觉将青春梦与工匠梦、中国梦相联系,技术报国。

第二,专业课程实践教学环节融入天津工匠文化思想政治教育。以《职业技能拓展训练增材制造》课程为例,本课程以职业素养提升为抓手,明确为什么做,教导学生精于业;探索如何去做,引导学生匠心筑梦;实践如何做好,注重学生职业素养提升。课程总体目标是在辛勤劳动中淬炼劳动能力,在崇尚劳动中树立劳动观念,在热爱劳动中培养劳动态度,在诚实劳动中锻造劳动品德;培养敬业、诚信、踏实、沟通、协作、主动、坚持、学习、自控、创新的职业素养。在讲解增材制造的历史变革、基本概念、加工特点及应用领域等时,融入介绍增材制造中的中国制造案例,激发学生爱国主义情怀;结合古代的增材制造工匠文化,挖掘蕴含的中国智慧,上升到中华优秀传统文化自信的高度。①

第三,破除影响思政课程与课程思政同向同行的阻碍因素。如深刻理解领会习近平所讲"坚持显性教育和隐性教育相统一",使协同育人的工作观念变"浓";树立正确的课程思政观,课程思想既非单一的一门课程,也不是孤立的一项活动,而是对课程蕴含的隐性思政元素充分挖掘;思政育人有机体中教育主体(学校的教师、各单位部门及其他与教育相关的人或组织)深刻理解课程思政的深刻内涵,摒弃偏见,打破壁垒,共同服务于津门文化

① 战忠秋:《职业技能拓展训练增材制造课程"课程思政"教学设计》。

思想政治教育实践育人共同体的建设。

建立第二课堂育人服务体系。第一，打造"学校—学院—社团"三级第二课堂育人服务体系，优化社团组织，以"能工巧匠·大国工匠"培养为主线，做到多重面向。通过搭建"行走的课堂"，分别针对新生班干部、入党积极分子及高年级学生骨干、优秀学生干部和学生党员开设天津工匠文化的理论普及班、理论与实践精英班。

第二，加强与群团组织、二级学院、校外共建单位三协同。知名工匠校友成立讲师团，对学生开启"人生导航"，弘扬天津工匠文化，以工匠文化感召青年学子。组建学生志愿者工匠服务队，长期跟踪采访天津不同专业的典型工匠代表，如破解风电世界技术难题的江一杭、巧手打造重装设备的潘高峰、中国"深海钳工"第一人的管延安、把每项工程做到精美的徐斌、石油设备"守护神"——月忠军、"爱琢磨"的钣金冠军——刘金军、"大国重器"雕刻师——李晓宝、创"快准稳"拖车工作法的成卫东、拼出桥梁建造鲁班奖的叶强、挑战精密加工极限的白津生、盲区焊接获国际金奖——彭健生、发明高压灌浆铸塞工艺的季海元等，让学生进一步深化工匠认知、增强工匠认同。

第三，依托"工匠进班级"主题团日、"工匠大讲堂"主题党日、"三会一课"活动，邀请能工巧匠进校园上思政课，建立思想政治教育教师特聘制度，让学生在"三师"——人生导师、学习导师和职业导师的指导下深刻领悟天津工匠文化的内涵意蕴，激发劳动的热情。

系统开展社会实践活动。具体包括进行天津工匠工作情况社会调查或参观访问某些大国工匠，深层次了解工匠的生产生活情况；在社区进行志愿服务及义务劳动，通过劳动公益活动树立正确的劳动观，夯实天津工匠文化的价值观基础等。职业院校应安排每个本科生不少于1个月（4周）的社会实践，研究生、高职高专生不少于2周的社会实践，并且计入学分。本科生、研究生、高职高专生均在学期间参加不少于1次的社会调查。应设立勤工助学岗位，支持学生在完成学业的同时参加勤工助学。①通过学生参加社会实践活动，打造从新生入学直至大学毕业都能面对面接受天津工匠文化思想政治教育的新型育人课堂，将工匠文化内化于心、外化于行，切实变为学生内在的"价值取向"。依托多样化的社会实践活动形式，使津门文化思想政治教育实践育人大课堂"活起来"，也"红起来"。

全国技能大赛有利于推广技能运动，以赛促学、以赛促训、以赛促奖、以赛促建，切实增强大赛对技能人才工作的牵引带动作用，形成蓬勃开展技能运动、全面提高劳动者素质的生动局面，不断推动我国技能人才工作取得新进展。全国技能大赛为技能人才成长提供更大的平台，搭建技能人才亮绝活、唱主角、展风采的舞台，可以增强技能人才的获得感、成就感、自豪感，树立人人都可通过诚实劳动，实现梦想成真的价值导向，激发学生践行天津大国工匠精神，以高素质技能助力国家现代化建设。此外，举办全国技能大赛也是对筹办世界技能大赛的重要演练，为培育世界级大国工匠做好充足人才储备。

高校通过津门文化思想政治教育资源的整合，打造津门文化德育实践平台、专业实习实训平台、实践教学网络化平台是增强学生实践能力、弘扬天津文化、促进天津文化创造性转化、创新性发展的重要举措。

以津门文化德育实践平台为抓手。以营造天津工匠文化育人氛围为例：第一，组织学生参观天津市总工会举办"天津市弘扬劳模精神劳动精神工匠精神教育展"。展览分为时代召唤、人民楷模、津门榜样、拼搏奋斗四个篇章，以图片展板、实物陈列、照片视频等形式展示了不同时期157名能工巧

---

① 《教育部等部门关于进一步加强高校实践育人工作的若干意见》，中华人民共和国教育部官网，2012年1月10日。

匠等先进人物的先进事迹。如在钢管里"绣花"的人——黄玉梅、巧夺天工"铁裁缝"——沈忠麒、六步操作法传承工匠心的孙树旗、打造军用"中国动力"的褚全红、不解决问题誓不罢休的于宝金、军工电机装配领航者的李基伍、一丝不苟铸就辉煌的梁嘉伟、破解发电锅炉焊接难题的曾国苍等。学生通过沉浸式学习天津大师工匠的感人事迹,深刻感悟工匠文化及其创造性转化、创新性发展,汲取勇毅前行力量。

第二,打卡天职师大"班墨园",传承班墨文化。该园内设有鲁班传说浮雕画、班墨亭、鲁班锁雕塑小品、鲁班雕像、墨子雕像等景点,旨在弘扬"精益求精、创新进取、崇尚科学、心系百姓、造福人类"的班墨文化,传承"执着专注、精益求精、一丝不苟、追求卓越"的工匠精神。园内齐聚中华传统园林文化七个要素,即亭、路、像、书、画、品、徽,充分体现了"传承班墨文化 弘扬工匠精神"的文化主题。亭是园中修建了木质卯榫结构的"班墨亭"。路是以中国传统文化中"天人合一、阴阳太极"的理念,修建的数条小径。像是设计制作安装的鲁班和墨子雕像。书是将墨子的重要教育思想中的名言名句刻石置于园中。画是以浮雕表现形式展示鲁班传说故事。品是在园内中心位置摆放的鲁班锁雕塑小品,运用石雕书本的形式在"谊园"摆放了中国职业教育发展白皮书。重在展示学校品牌援外项目鲁班工坊标识内容等。引导学生了解劳动的内涵、价值,自觉传承弘扬工匠文化。①

以校企共建实习实训基地为依托,让大学生将天津工匠文化运用到实际劳动中,培养自身劳动品格、职业道德和职业素养,激发大学生将天津工匠文化进行创造性转化、创新性发展的能力。通过校所合作、校企联合、学校引进等方式,"依托高新技术产业开发区、大学科技园或其他园区,设立学

---

① 《厚植文化根脉 传承中华文明 天职师大"班墨园"开园仪式隆重举行》,天津职业技术师范大学官网,2023年6月29日。

生科技创业实习基地"[①]。以天津职业技术师范大学工程实训中心成立大学生创新基地为例,占地面积300平方米,在服务国家创新发展战略的同时,注重培养学生科技创新能力,营造校园科技创新氛围,指导学生科技实践活动,提升学生科技创新能力。基地下设综合加工室、探究室、库房、竞赛活动室四个学生科技创新工作室,针对学生实习实训基地数量少、规模小、功能不强的问题,解决学生缺少科技创新的物质条件(仪器设备、电子元件)的同时,试图创建"大规模、大尺度、真场景、真实操"的大学生科技创新基地,为学生提供了充足的创新场所与实践场地,尽可能多地满足不同专业学生科技创新实践活动需求。

构建津门文化思想政治教育实践教学网络化平台,延伸津门文化思想政治教育时空双维度。第一,通过津门文化思想政治教育网络学习资源平台建设,开辟习近平文化思想研究、文化研究思政论文、师生交流研讨、学习测试等栏目,引导学生对文化的内涵进行理性化思考,明确自身个人价值与国家发展之间的关系。依托大学MOOC(慕课)、虚拟现实课程、微课等形式,打造津门文化思政育人品牌。第二,以实践教学网络化平台为载体,创建"虚实结合""场网联动"实践教学模式,汇聚盘活多所高校、多家企业的特色实践教学资源,打破行业及学科的壁垒,打破职业院校和企业的围墙,打破思想政治教育、职业教育及劳动教育的界限,打破时间与空间的局限,形成全天候开放、国内外共享"一中心+多支点"实践育人场群。

搭建中介机构管理平台,助力建设津门文化思想政治教育有机体。为解决津门文化思想政治教育各主体在组织文化、管理体制、工作方式、价值与诉求诸多方面出现的潜在冲突、信息不对称、诉求不能实现等问题,建设

---

① 《教育部等部门关于进一步加强高校实践育人工作的若干意见》,中华人民共和国教育部官网,2012年1月10日。

隶属于教育部的第三方管理机构,搭建公开化、制度化、规范化的互动平台,负责管理津门文化思想政治教育实践育人合作工作,以便于"畅通各主体的诉求渠道、整合资源以及项目的对接工作等"①,以确保津门文化思想政治教育方案正常实施。

三、制度机制是津门文化思想政治教育方案实施的保障

从制度机制之维实施津门文化思想政治教育方案,以"培养什么人""怎样培养人""为谁培养人"为落脚点。"培养什么人"为全面建设社会主义现代化大都市提供有力的人才支撑和精神动力。"怎样培养人"即目标一致,关系协调;资源共享,责任共担;功能互补,发展全面。"为谁培养人"即为党育人、为国育才。具体包括如下制度机制设置与运行。

党的领导机制是统领。津门文化政治教育工作服从党的领导"全覆盖",不仅要做到思想政治教育方案实施的主体、载体平台、制度机制服从党的领导"无例外",更要做到思想政治教育方案实施的各个方面"无死角"。在学校微观层面,全面构建党委统一领导,组织部、宣传部、教务处、学工部等部门各负其责,二级院(部)上下联动、广大干部师生共同参与的齐抓共管工作格局,落实党弘扬天津文化等政策。实行高校党委对津门文化思想政治教育实践育人工作的全面领导机制,高校党委书记应在全面主持津门文化思想政治教育实践育人工作的基础上,切实履行高校思想政治工作和党的建设第一责任人的职责。院(系)党委(党总支)必须强化政治把关作用,在政策倾斜、制度引导、资源调配等方面认真执行民主集中制原则,即通过

---

① 徐瑾:《"G—S—U"实践育人共同体的构建》,《开封教育学院学报》,2016年第10期。

院(系)党政联席会议决议制度,切实保证党的路线方针政策贯彻执行。①

对话协商机制是前提。为实现津门文化思想政治教育六方主体有效对接,坚持配套举措落地原则。不仅从实践应用角度搭建政府、高校、社会、企业、家庭、学生之间平台,还要从顶层设计层面构建政府、高校、社会、企业、家庭、学生之间信息交流、互动制度,"制定和出台具体的工作计划和推进措施"②,更要从实践层面开展以实训课程、创新创业团队、技能大赛参训项目、技术服务等形式的多向对接协商,以实现津门文化思想政治教育各构成要素间的无缝对接与融合。

三讲六动机制是抓手。以课上教师精讲、课下文化活讲、天津文化常讲的"三讲"打造思政实践育人大课堂。课上教师精讲,思政实践育人"动"起来。文化活讲,思政实践育人"火"起来。天津文化常讲,思政实践育人"活"起来。打造以津门文化思政课程与课程思政联动、学校与大中小学一体化联动、学校与企业联动、学校与家庭联动、学校与社会组织联动、思政育人与信息技术联动的"六联动"为基本机制,构建思政育人协同大格局。思政课程与课程思政联动,实现文化教育、思政教育协同育人。学校与大中小学一体化联动,实现协同育人。学校与企业联动,加快校企合作。学校与家庭联动,拓展思政育人教育圈。学校与社会组织联动,建构思政育人地域圈。思政育人与信息技术联动,线上线下联动育人。

指导服务机制是支撑。健全政府指导服务体系,消除津门文化思想政治教育六方主体间的沟通障碍,加快制定高素质人才培养支持政策,出台促进学校与企业深度融合支持政策,培育思政育人的和谐工作秩序。发挥企

---

① 《关于加强和改进新形势下高校思想政治工作的意见》,中国政府网,2017年2月27日。http://www.gov.cn/xinwen/2017-02/27/content_5182502.htm。

② 刘宏达、许亨洪:《我国高校实践育人共同体建设的内涵、问题及对策研究》,《华中师范大学学报》(人文社会科学版),2016年第9期。

业思政育人独特优势,加快推进产学研深度融合。提升学校社会服务能力。充分发挥学校特色和优势,创新社会服务机制,聚焦津门文化思想政治教育工作高质量发展,促进天津文化创造性转化、创新性发展,促进思政育人成果向思政课程、课程思政教学资源转化。合力运用高校人才培养优势、政府政策资金支持优势、企业技术转化优势、社会场地优势、家庭日常育人优势、学生成才优势,助力津门文化思想政治教育方案的实施。

主体培育机制是关键。第一,以培养为学、为事、为人示范的"大先生"为目标,完善岗前培训、骨干培训、高级研修、社会考察、教学比武一体化思政教师培养体系。建立思政名师工作室,培育思政教学名师、优秀教学团队、学术骨干和学术带头人。第二,出实招求实效,不断完善"双师型"教师队伍建设的机制。加快专家队伍和青年教师培养,多维度、全方面培养教师队伍,形成年度青年教师技能提升考核机制,举办年度青年教师基本功竞赛,提升教师的思想素质、教师基本功、技术技能、教学科研能力、创新教学能力等综合能力。采用多种聘任形式以持续深化专家队伍建设,优化人才梯度结构。全力打造鲁班工坊建设品牌,积极推进中心国际化进程。

责任共担机制是约束。依据津门文化思想政治教育规律,在习近平文化思想指导下制定相关的制度包括领导组织、多方主体工作职责、监督管理、经费保障等制度约束机制,平衡六方主体间权利、义务关系,在不同关系层次中,明确规章设置目标。例如,在学校与企业合作进行实践育人工作中,应在深入调查分析学校、企业、学生资源结构关系基础上,既注重保障学校学生的利益,又注重保障营利为目的的企业的正当利益,避免企业游离在思政育人共同体边缘。可进一步制定"政府购买服务、就业服务外包、产学研转化、校外实践基地等各方面的规章制度"①,以此使津门文化思想政治教

---

① 徐瑾:《"G—S—U"实践育人共同体的构建》,《开封教育学院学报》,2016年第10期。

育方案实施在法治的轨道上进行。

多重保障机制是依托。第一,过程管理,构建监控保障体系。在习近平新时代中国特色社会主义思想特别是关于文化、思想政治教育工作重要论述指导下党的政治、思想、组织、作风、纪律建设"五位一体"齐抓共管监督格局。建立津门文化思想政治教育方案实施工作巡查监督机制,构建计划、执行、检查、改进、评价、总结、反馈七环监控流程体系,落实好二级党组织主体责任,纵深推进新时代津门文化思想政治教育方案实施督查工作。一方面,压实全面从严治党主要负责人第一责任,建立第一责任人"首要·主要·全面"责任追究机制,确保津门文化思想政治教育重要工作、问题、环节相互协调机制。另一方面,建立班子成员"一岗双责"督促落实机制,完善党委"一把手"不甩手与班子成员"不缩手"责任互联互通、压力互传互导的共同治理体制。另外,支持二级纪检组织落实好监督专责。建立管党治党政治责任落实不到位及时约谈机制。

第二,统筹协调,构建物质保障体系。政府应加大对学校、企业、社会、家庭资金支持,指导并监督实践教学、第二课堂育人服务、社会实践活动、全国职业技能大赛、天津文化德育实践平台、专业实习实训平台、实践教学网络化平台、中介机构管理平台经费的使用情况。

综合评估机制是激励。要建立健全多元评价机制,对教师教学质量进行综合评价。合理运用教师教学质量评价结果,在教师职务职称评聘标准中提高教学和教学研究占比,评价结果与绩效考核和津贴分配等挂钩,引导和鼓励思想政治理论课与专业课程教师将更多时间和精力投入教学中。把津门文化思想政治教育方案实施情况纳入巡视巡察重要内容,列为学校党委落实全面从严治党主体责任、党的建设工作考核和办学质量评估的重要内容,作为学校领导班子、主要领导和分管领导年度考核和任期目标责任制考核的重要指标。把津门文化思想政治教育方案实施情况纳入对学校履行教育职责的评价指标体系,每年进行督导评价。

第三节　津门文化思想政治教育评估

马克思、恩格斯在《德意志意识形态》一书中指出:"凡是有某种关系存在的地方,这种关系都是为我而存在的。"[①]"评价"即是在认识"价值"的基础上,判定价值有无、大小。"教育评价"即"它是建立在某些准则和价值标准之上的价值判断过程"[②]。津门文化思想政治教育评价,即评价者依据一定的津门文化思想政治教育评价标准,运用定性与定量相结合的科学方法,对津门文化思想政治教育过程及其结果进行价值判断。[③]津门文化思想政治教育评估是依据一定的标准,运用测量和统计分析的方法,对思想政治教育过程及其实际效果进行质的评判和量的估价的活动。以津门文化思想政治教育效果为评估核心,是所有评估环节中最困难的一环。评估不仅是在津门文化思想政治教育活动中发挥承上启下作用,更是津门文化思想政治教育过程的内在要求和重要环节,发挥着重要思想政治教育功能。

一、津门文化思想政治教育评估方法

要想了解津门文化思想政治教育实际效果,需在了解评估类型的基础上灵活运用评估方法。一方面,津门文化思想政治教育评估对反馈较好的

---

①　《马克思恩格斯全集》(第三卷),人民出版社,1960年,第34页。

②　沈小酩:《教育教学评价研究的发展与问题》,《西南师范大学学报》(人文社科版),2001年第4期。

③　王茂胜:《思想政治教育评价论》,中国社会科学出版社,2006年,第37~55页。

教育结果予以巩固和发展;另一方面,津门文化思想政治教育评估坚持问题导向,对反馈发现的问题采取如下策略处理。首先,认真聚焦问题,梳理评估发现的重点问题,做到有的放矢,增强针对性。其次,摸清具体情况,了解解决问题措施、相关责任和目标要求,掌握具体情况。最后,彻底解决问题,将解决问题的措施落实落细,未解决彻底的问题持续推进。

(一)检测评估的类型

津门文化思想政治教育检测评估,由于评估对象、状态、内容、作用等评估指向的差异,其评估方式可以分为各种不同的评估类型。

依据评估对象不同,津门文化思想政治教育检测评估可分为宏观评估和微观评估。宏观评估是以天津市为地域范围,针对天津市进行的津门文化思想政治教育整体效果进行评价和估量。微观评估不同于宏观评估的一个重要特性便是评估对象的范围,着重考察某个教育对象或教育群体接受天津文化的程度及所受到的影响。比如考察天津职业技术师范大学2022级人力资源管理专业学生在"中共党史"课程中以天津红色文化专题实践教学成绩为对象。宏观评估可以获得关于津门文化思想政治教育的整体、概括性的认识;微观评估可以获得关于津门文化思想政治教育效果的生动、具体的认识。

依据评估状态,津门文化思想政治教育可分为动态评估和静态评估。津门文化思想政治教育的动态评估,是以双向考察津门文化思想政治教育发展趋势及教育对象思想品德发展变化情况的活动。津门文化思想政治教育的静态评估,同样也是双向考察津门文化思想政治教育及教育对象相关情况,只是考察教育已取得的成效和教育对象已达到的水平。动态评估和静态评估应紧密结合运用,既要在津门文化思想教育规律和思想变化规律的标尺下评估津门文化思想政治教育的发展过程和教育对象思想变化的状况,又要评估津门文化思想政治教育在某一时期的现实效果和教育对象的认识水平,二者结合才能形成客观、公正的评价。

依据评估内容不同,津门文化思想政治教育可分为单项评估和综合评估。单项评估只对津门文化思想政治教育活动的某一方面内容进行剖析及重点了解把握,比如针对天津红色文化教育效果进行评估。综合评估则以了解津门文化思想政治教育系统中各要素整体作用为目标,着重评估全面情况。单项评估是综合评估的基础,综合评估是单项评估的集中。二者结合起来运用才能既确保单项评估的准确性,又确保综合评估的全面性。

依据评估作用不同,津门文化思想政治教育可分为分析性评估和总结性评估。分析性评估一般是在津门文化思想政治教育进行后单位所采取的方法,其运作方式偏重微观剖析,注重发挥评估活动查找问题、分析原因、吸取教训的作用,旨在剖析失误(或失效)的根源。总结性评估试图推广津门文化思想政治教育先进单位的经验,其运作方式偏重宏观归纳,注重在发挥评估活动肯定成绩、探索规律、总结经验方面的作用,旨在总结成功的经验。

(二)检测评估的方法

在前面所讲的检测评估内涵、类型基础上,欲得到客观、公正、科学的评估结果还要有具体的操作方法,下面介绍几种主要的具体操作方法。

比较评估法作为一种相对评估法,是对津门文化思想政治教育作纵向和横向比较评估。纵向比较评估是将津门文化思想政治教育的评估对象看作一个动态发展变化的对象,比较其过去与现在的不同,目的是通过观察教育对象自身思想品德等情况的变化发展,以判断津门文化思想政治教育效果是增强还是削弱,从而了解某个教育对象群体发展的历史变化情况。横向比较评估将多个评估对象放在一起进行相互比较鉴别,看其相对水平的高低和效果的差异。横向比较是对一群评估对象组成的集合体进行比较,以事先选取最好的一个对象为参照体,该集合体的其他对象——与此参照体比较,再利用统计学工具进行排序,从而评估出高低、好次等级。以天津职业技术师范大学2022—2023学年第二学期开设"中共党史"课程中津门红色文化专题实践教学环节对学生学习、讲述津门红色文化故事情况进行评估,满分20分,得出如下:

表4.1 《中共党史》天津红色文化实践课成绩

姓名	实践成绩	姓名	实践成绩	姓名	实践成绩	姓名	实践成绩
闵振淋	18	朱恩枚	18	张静怡	18	李 瑶	19
崔琦林	18	祝一丹	18	张翼选	18	卢 欣	19
阳承延	18	张梦媛	18	白 宇	18	邵亚楠	19
孙兆洋	18	白 宇	18	冯 唯	18	孙惠可	19
李 波	18	高 诚	18	靳依坪	18	田佳维	16
刘文鹏	18	李文瀚	18	孟祥瑞	18	张舒越	16
赫苏杭	18	李先华	18	苏照迪	18	郑 丽	19
夏明新	18	梁思晨	18	梁永诚	18	魏佳乐	18
朱玉晶	18	彭奕涵	18	马小燕	18	徐笑妍	18
喻江湖	18	阮子龙	18	杨宗鑫	18	杨静怡	18
李 凌	18	施晓雨	18	高 炎	18	张 妍	18
周依玲	18	苏校鹏	18	金施一	18	敖嘉鸿	16
陈帅旗	18	杨碧玉	18	李汇权	18	白 宇	18
苏文兰	17	殷程怡	18	陈柏华	18	高 诚	18
赵 畅	17	冯志纹	18	石晓明	18	李文瀚	18
邓宇欣	17	邓 来	18	杜佳祺	18	李先华	18
刘一畅	17	顾云杰	18	方 淳	18	梁思晨	18
史浩颖	17	李湘湘	18	何 晓	18	欧阳楚洁	18
张春妹	17	马万奇	18	李冠南	18	覃一舟	18
张丁莹	17	史可欣	18	吴宛蓉	18	王乙乔	18
张玉蕾	17	史雨辰	18	萧玉杰	18	王煜涵	18
蔡一凝	18	苏琛智	18	俞文婧	18	吴雅婧	18
杜昕冉	18	吴玉钦	18	张珂铭	18	刘 辰	18
寇亦迅	18	朱恩枚	18	陈 林	18	张梦媛	18
李晓倩	18	祝一丹	18	戴梦环	18	刘佳妮	18

上述一共评估95个对象,最高分19分,最低分16分,平均分18分,可以看出学生们讲述天津红色文化故事整体水平较高。

达度评估法是以一个客观标准为参照系,将被评估对象作为一个集合体,集合体内部的每个测评对象一一与事先确定的客观标准比较,以评估测评对象达到的程度,分出高低等级,并进一步作为衡量津门文化思想政治教育效果的依据。

表4.2　津门文化考核综合计分方法

教学目标			目标1	目标1	目标1	考核环节成绩合计
考核环节及成绩比例	成绩(100分)	单选题(40分)	40			
		多选题(20分)		20		
		判断题(40分)			40	
	合计		40	20	40	100
教学要求指标点1.1(H)			教学目标1达成度*1=D1			
教学要求指标点1.2(H)			教学目标2达成度*1=D2			
教学要求指标点10.3(M)			教学目标3达成度*1=D3			
教学目标整体达成度			教学目标整体达成度=教学目标平均值			

表4.3　各教学目标实际得分情况——直接评价

序号	姓名	学号	班级	教学目标1	教学目标2	教学目标3
1	董佳丽	0808211104	应电2211	39	14	31
2	白宇	0808221101	应电2211	37	14	27
3	陈鹏宇	0808221102	应电2211	37	20	29
4	高诚	0808221103	应电2211	39	20	36
5	高天祺	0808221104	应电2211	40	20	36
6	郭艳春	0808221105	应电2211	37	16	35
7	胡发翔	0808221106	应电2211	40	18	36
8	贾景泰	0808221107	应电2211	39	18	27
9	江丽萍	0808221108	应电2211	37	18	38
10	李俊熙	0808221109	应电2211	40	16	33

序号	姓名	学号	班级	教学目标1	教学目标2	教学目标3
11	李文瀚	0808221110	应电2211	40	18	33
12	李先华	0808221111	应电2211	40	20	36
13	梁思晨	0808221112	应电2211	38	17	37
14	林俊杰	0808221113	应电2211	37	13	31
15	刘博	0808221114	应电2211	39	15	31
16	刘桐玮	0808221115	应电2211	34	14	32
17	彭奕涵	0808221116	应电2211	37	19	32
18	任紫阳	0808221117	应电2211	39	17	28
19	阮子龙	0808221118	应电2211	39	15	36
20	施晓雨	0808221119	应电2211	40	20	36
21	施鑫晨	0808221120	应电2211	33	17	34
22	苏校鹏	0808221121	应电2211	37	20	35
23	王海童	0808221122	应电2211	40	18	33
24	杨碧玉	0808221123	应电2211	40	18	38
25	杨莉	0808221124	应电2211	39	20	36
26	杨庭浩	0808221125	应电2211	39	20	35
27	叶景辉	0808221126	应电2211	30	14	36
28	殷程怡	0808221127	应电2211	38	16	36
29	张成超	0808221128	应电2211	37	16	37
30	张江波	0808221129	应电2211	40	17	27
31	张敬轩	0808221130	应电2211	39	11	36
32	佐哲川二	0808221131	应电2211	38	17	32
33	冯志纹	0808221132	应电2211	40	17	36
各教学目标实际得分				38.12	17.06	33.67
各教学目标满分				40.00	20.00	40.00
各教学目标达成度(x/y/z)				0.953	0.853	0.842
对应教学要求指标点计算依据及达成度				对应教学要求指标点1.1达成度=1*x		0.953
				对应教学要求指标点1.2达成度=1*y		0.853
				对应教学要求指标点1.3达成度=1*z		0.842
教学目标整体达成度				(x+y+z)/3		0.883

1.针对教学目标1:(通过系统学习津门文化的内容,能够掌握天津文化的核心内容,形成正确的生活世界总体观、生活世界境界观。)调研结果如图4.3所示。

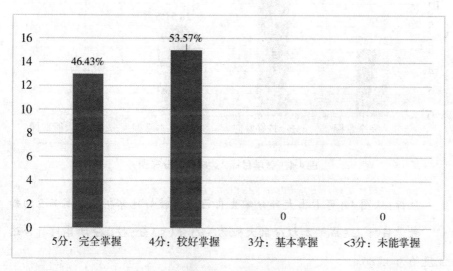

图4.3 教学目标1达成情况分布图

分析:从图4.3可看出大部分学生自己认为较好地掌握教学目标1的知识。教学目标1达成的加权分数大概为4.46,折合达成度约为0.892。

2.针对教学目标2(通过对津门文化系统化学习,学会运用马克思主义文化哲学的基本立场、观点、方法分析问题、解决问题,增强科学认识和分析现实问题的能力)调研结果如图4.4所示。

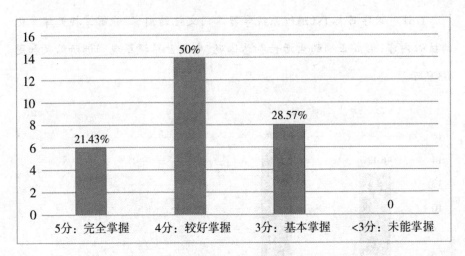

图4.4　教学目标2达成情况分布图

分析:从图4.4可看出大部分学生自己认为较好地掌握教学目标2的知识。教学目标2达成的加权分数大概为3.93分(<3分,按2分计算),折合达成度约为0.786。

3.针对教学目标3(通过对津门文化的学习,能够认清天津文化形成的历史逻辑、理论逻辑、现实逻辑,坚定树立正确的社会主义核心价值观,培养学生的革命精神与创新意识、文化素养)调研结果如图4.5所示。

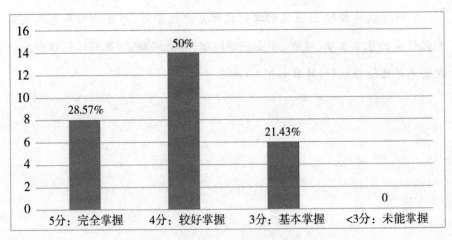

图4.5　教学目标3达成情况分布图

分析：从图4.5可看出大部分学生自己认为较好地掌握教学目标3的知识。教学目标3达成的加权分数大概为4.07分（<3分，按2分计算），折合达成度约为0.814。

评价结果分析及改进措施详见表4.4所示。

表4.4　教学目标达成度评价及持续改进表

教学目标	教学达成度	问卷达成度	分析及持续改进措施
教学目标1 　　通过系统学习津门文化的内容，能够掌握天津文化的核心内容，形成正确的生活世界总体观、生活世界境界观	0.953	0.892	**分析**：达成度0.892，表明学生通过本教学目标规定的学习内容，能够初步掌握津门文化内容 **改进措施**：改进平时教学方式，提升学生对津门文化的理解程度，加强践行能力
教学目标2 　　通过对津门文化系统化学习，学会运用马克思主义文化哲学的基本立场、观点、方法分析问题、解决问题，增强科学认识和分析现实问题的能力	0.853	0.786	**分析**：达成度0.786，表明学生通过学习能够了解马克思主义文化哲学基本立场、观点、方法，做到知行合一 **改进措施**：加强对马克思主义文化哲学的讲解力度，提高学生认识和分析现实问题的能力
教学目标3 　　通过对津门文化的学习，能够认清天津文化形成的历史逻辑、理论逻辑、现实逻辑，坚定树立正确的社会主义核心价值观，培养学生的革命精神与创新意识、文化素养	0.842	0.814	**分析**：达成度0.814，表明学生能够厘清津门文化形成的历史逻辑、理论逻辑、实践逻辑；能够树立正确的社会主义核心价值观，继承弘扬天津红色文化 **改进措施**：加大对天津红色文化、法治文化的讲解力度，提高学生文化素质和法治素养

达度评估法依据津门文化专题考试成绩制定，一共100题，单选题40题，每题1分，单选题20题，每题1分，判断题40题，每题1分。由上述的分析可知，学生总体上对津门文化内涵、马克思主义文化哲学世界观、方法论掌

握得较好,在今后的教学过程中应注重学生运用马克思主义文化哲学世界观、方法论解决问题,提升自身文化素养的训练。

以被评估对象质与量的规定性为客观依据,检测评估还可分为定性评估法和定量评估法。津门文化思想政治教育的定性评估法是指通过评估津门文化思想政治教育是否具有实效性、效果是正向还是负向、方向是否正确及教育对象的情况是积极还是消极,是进步还是落后等,对津门文化思想政治教育得出结论性评价。定性评估只能判断津门文化思想政治普及教育对象思想情况的总体性情况,主要分为两种形式,一种是某教育活动的验收鉴定,另一种则是个人的操行评语。评语可以直接由评价人员凭印象、评议、观察等给出,也可以通过测量等手段获得。定性评估法应确保用于测评的指标要切实可行;评价者应秉承客观、公正的态度在全面分析测评对象全部情况后,给出正反两方面的评价。①

定量评估法则是评估津门文化思想政治教育范围及教育对象思想品德水平,依据收集到的各种信息,做出整体分析后,得出客观、全面、公正结论的方法。例如在津门文化思想政治教育范围、影响程度、实施作用、受教育者认知等方面分别作出大小、深浅、轻重、程度高低等评价,这些均属于定量评估法的运用。定量评估的主要形式有两种,即评等和评分。

评等,是指对被测评对象的某一个方面做出等级划分,选取一、二、三等或优秀、良好、基本合格、不合格或A、B、C、D等形式来描述评价对象所处等级的一种方法。运用评等法时,"等级"的给出包括主客观两种标准,主观标准是评价者自身大脑中的标准,客观标准则是事先在评估方案中制定好的。

评分是指津门文化思想政治教育评价者依据某个既定的标准,对被评估对象赋分,以表示被评估对象的具体情况。评分可以针对被评估对象某

---

① 郑永廷:《思想政治教育方法论》,高等教育出版社,1999年,第193~224页。

个方面,也可以是整体情况。评分可以与其他评估方法结合使用,或以评分结果为第一考虑依据,也可以将评分结果作为次要考虑依据。赋分的具体实施还需要依据测评目标而定。但因为"分数"的出现,改变了津门文化思想政治教育评价的指标性质,使其由"软"变"硬",使津门文化思想政治教育评价由"虚"变"实",增加了评价的客观性、全面性、准确性。

运用学习通发布有关津门文化内容的单选题、多选题、判断题。在课堂教学中运用雨课堂发布相关练习题。课前、课中、课后练习成绩在平时成绩中占10%。课后作业题目可设计为津门文化具体内涵是什么。作业成绩在平时成绩中占10%。总成绩=平时成绩×50%+期末成绩×50%,平时成绩=学习态度+课堂表现+作业测验+实践。实现了对学生学习津门文化的评价不以单纯的考试或结课小论文作为标准,而是对学生课前准备、课堂表现、课后应用各阶段综合考量,更加注重过程评价。日常教学中团队协作是否积极主动,课堂活动是否积极主动,人文素养方面及弘扬天津优秀文化能力,都可以作为过程评价考量的因素。另外,对学生的评价主体可拓展为任课教师、辅导员、班主任、同学之间,建立以任课教师为主导,辅导员、班主任、同学协同的多元评价体系。

除对学生学习津门文化情况进行过程性考核与结课考核相结合的方式外,对教师讲述津门文化可设定具体评价指标细则,如表格所示:

表4.5　津门文化思想政治教育教学评估细则

以下项目请评价人根据听课体会,在0至100分之间进行评分	
政治引领 （30分）	1.政治性:教师教学中是否政治强、情怀深,教学过程是否立足增强学生的"四个意识",聚焦提升学生人文思维,坚定津门文化信仰,讲透"灵魂一句""最后一句""关键一句"发挥画龙点睛的作用
	2.时代性:教师是否思维新、视野广,是否紧紧围绕坚决做到"两个维护",将津门文化贯穿教学全过程,体现新时代人文素养提升要求
	3.原则性:教师是否自律严、人格正,教学内容是否坚定津门文化信仰

以下项目请评价人根据听课体会，在0至100分之间进行评分	
	4.战斗性：在教学过程中是否始终旗帜鲜明、举旗亮剑、立场明确，坚决与否定津门文化活动做斗争
教学体系 （20分）	1.思想性：教学内容是否体现津门文化内容，目的是否明确，层次是否清晰，重点是否突出，对重点难点是否精准讲解
	2.理论性：课程讲授的津门文化内容是否准确，理论分析是否科学、严谨、得当
	3.亲和力：是否坚持以学生为中心，是否回应学生关心的津门文化知识难点，对学生有感染和触动
	4.针对性：教学过程是否层次递进、有序衔接，是否逻辑严密，立足社会主义先进文化观，科学运用辩证思维方法，是否符合学生成长规律、教育教学规律
教学内容 （10分）	1.是否坚持"以文化人"经得起学生追问，在深刻的津门文化蕴含阐释中实现正确的政治引导，以文化力量教育学生
	2.是否通过满足学生对知识的渴求加强文化观教育，课堂知识量大、信息量大，能够在潜移默化中寓文化观引导于思想阐释之中
	3.是否将津门文化学习与校情、市情、国情、党情、世情相结合，让学生在现实分析中实现理论升华
教学方法 （10分）	1.是否既保持规范性、科学性、权威性，又不照本宣科，能够根据授课班级学生不同特点变化案例讲解，贴近学生实际
	2.是否以学为中心，交互运用项目研讨法、课堂辩论等方式，引导学生主动参与、积极参与，教师同时做好画龙点睛和引导总结
	3.是否注重启发式教育，寓深刻文理于典型案件之中，培养学生运用马克思主义文化哲学立场观点方法解决问题的能力
	4.正面宣讲是否理直气壮、态度鲜明，有热情，有激情，有惊涛拍岸的声势。同时又能够注重知行合一、言传身教
课堂管理 （5分）	1.纪律管理：对迟到、早退的学生是否有记录，对学生从事与课程教学无关事情的行为是否管理有效
	2.关系管理：话语体系、表达体系和思维方式是否适应学生特点，对参与度不高的学生是否有积极调动
	3.途径管理：是否坚持以教学效果为中心，合理运用现代化教学手段，做到既形式多样，又不过度依赖视频、音频等外部方式
教学效果 （20分）	1.抬头率：学生听课是否认真，是否大多数学生能够融入课堂教育教学
	2.参与率：是否发挥学生学习主观能动性，交流互动是否积极主动

续表

以下项目请评价人根据听课体会,在0至100分之间进行评分	
	3.欢迎率:是否能够激发学生学习津门文化知识的兴趣,案例阐释是否能够引起学生的广泛认同与共鸣
教学特色 (5分)	教师是否具有独特魅力和突出闪光点

随着津门文化思想政治教育科学化程度的逐步提高,电子计算机的运用越来越广泛,量化方法越来越受到重视。数学图表法、概率统计、模糊数学及矩阵方法在津门文化思想政治教育评估中都有运用。这里以天津职业技术师范大学经济管理学院人力资源管理2201班"学生思想品德状况评估"为例,予以说明如下:

首先,根据评估要求确定评估指标及指标体系,设立指标等级,可列表如下:

表4.6　学生思想品德状况评估细则

指标	等级评定				
	优秀	良好	中等	尚可	差等
文化素养					
品德状况					
创新能力					
情感认知					

然后,由评估人员对该评估对象进行评估(可以直接在上述表格中相应内容中画"√"),根据数据建立测评矩阵。例如,对该评估对象"文化素养"指标评估,有20%的人认为"优秀",50%的人认为"良好",30%的人认为"中等",9%的人认为"尚可",1%的人认为"差等",则该班学生"文化素养"这项指标的评价数组为:(0.20,0.50,0.20,0.09,0.01)。

同理,可得该评估对象"品德状况"指标的评价数组为:

$(0.60,0.15,0.10,0.10,0.05)$

该评估对象"创新能力"指标的评价数组为：

$(0.40,0.10,0.15,025,0.10)$

该评估对象"情感认知"指标的评价数组为：

$(0.30,0.30,0.20,015,0.05)$

在此基础上，建立该班"思想品德状况"测评矩阵（R）：

$$R=\begin{bmatrix} 0.20,0.50,0.20,0.09,0.01 \\ 0.60,0.15,0.10,0.10,0.05 \\ 0.40,0.10,0.15,0.25,0.10 \\ 0.30,0.30,0.20,0.15,0.05 \end{bmatrix}$$

然后，确立各项评估指标的权重，建立权重数组，设置上述四个指标权重分别是：0.30,0.30,0.25,0.25,则该权重数组 A 为：

A=(0.30,0.30,0.25,0.15)

最后，计算测评结果，给出处理意见，根据矩阵运算原理，该测评结果 B 为：

$$B=AR=(0.30,0.30,0.25,0.15)\begin{bmatrix} 0.20,0.50,0.20,0.09,0.01 \\ 0.60,0.15,0.10,0.10,0.05 \\ 0.40,0.10,0.15,0.25,0.10 \\ 0.30,0.30,0.20,0.15,0.05 \end{bmatrix}$$

B=(0.385,0.265,0.1575,0.142,0.0505)

该结果表明：对这个班级学生思想品德情况的综合评价为：优秀率38.5%、良好率26.5%、中等率15.75%、尚可率14.2%、差等率5.05%。若给定各评价指标以等级分：优秀95分、良好85分，中等75分，尚可65分，差等55

分,根据矩阵原理,则该班级"思想品德状况"测评得分 X 为:

$$X=B\begin{bmatrix}95\\85\\75\\65\\55\end{bmatrix}=(0.385,0.265,0.1575,0.142,0.0505)\begin{bmatrix}95\\85\\75\\65\\55\end{bmatrix}=82.92$$

根据得出的结果可与其他班级学生情况比较,从而得出津门文化思想政治教育实效,为进一步制定改革方案提供重要依据。[①]

二、津门文化思想政治教育评价过程

津门文化思想政治教育评价的一般过程,是指评价主体针对评价对象的不同性质和范围,做出客观、公正、科学评价的一般过程。以"为什么评价""评价什么""怎么评价"等问题为导向,进行津门文化思想政治教育评价准备、实施、总结反馈三个环节。在过程中,评价者与评价对象相互制约、互相影响,处于动态平衡,呈现出一般性、变动性、差异性等特征。

(一)津门文化思想政治教育评价的准备

津门文化思想政治教育评价工作以充分的准备为基础和起点,以能够抓住关键问题、明确评价中心和重点为着力点,提高评价工作的准确性。

首先,明确津门文化思想政治教育评价目标。即解决"为什么评价"问题。评价对象的确定、评价标准的确立、评价方法的选择、评价的具体实施

---

① 王茂胜:《思想政治教育评价论》,中国社会科学出版社,2006年,第171~173页。

等内容均由评价目标决定。津门文化思想政治教育评价目标,主要体现在三个方面:一是明确津门文化思想政治教育的地位,厘清它与思想政治教育、津门文化教育之间的关系。二是提高津门文化思想政治教育实效性。以激发教育者、受教育者、教育介体之间互动合力为途径。三是提供津门文化思想政治教育科学决策依据。总而言之,津门文化思想政治教育评价,通过设立科学的评价标准,选取合适的评价方法,最大限度地挖掘和创造津门文化思想政治教育价值,进一步汇聚建设社会主义现代化大都市精神力量。

其次,制定评价方案与实施细则。制定评价方案是津门文化思想政治教育评价准备阶段最重要的工作,评价方案设计的合理与否,关乎着津门文化思想政治教育评价的质量高低和成败。制定津门文化思想政治教育评价方案时,遵循评价目的→评价对象→评价内容→评价标准体系→评价方法的评估逻辑。必须包含以下内容:

第一,阐述津门文化思想政治教育评价对象。即根据上述所言津门文化思想政治教育评价目标确定评价对象。评价对象可以是天津某所学校、某个院系或某个部门在某一时期的津门文化思想政治教育工作的评价;也可以对某特定群体生活世界总体观、生活世界境界观、思想品德等方面的评价。

第二,明确津门文化思想政治教育评价意义和要求。应充分论证津门文化思想政治教育评价方案实施的意义和现实可能性,以及可能面临的问题,确保人力、物力、财力合理高效利用,并制定出具体预案。

第三,设计津门文化思想政治教育评价标准及其指标体系。此评价指标体系设计科学与否决定着津门文化思想政治教育评价选择何种评价具体方法。这是思想政治教育评价方案的核心内容,包括教学目标、教学内容设计、教学组织与实施、教学反馈、教学创新与特色五个一级指标及相对应的33个二级指标。在"教学目标"一级指标下设计教学概述、学情分析、认知目标、情感价值目标、文化素养目标五个二级指标；在"教学内容设计"一级指标下设计海河文化、城厢文化、商贸文化、租界文化、曲艺文化、民俗文化、红色文化、工匠文化八个二级指标。在"教学组织与实施"一级指标下设计采取多元教学方法、改革传统教学方式、课堂内外相结合、校内校外相结合、线上线下相结合、思政教育与文化育人有机结合、引导学生积极参与和体验、增强学生文化自信、激发学生学习主观能动性、促进学生对天津文化知识的理解等十个二级指标。在"教学反馈"一级指标下设计教学目标的达成、学生的收获评价（学生心得体会、教学过程记录、学生行为观察、问卷调查等）、校内外同行评价、教学改革成效、校内外示范辐射等五个二级指标。在"教学创新与特色"一级指标下设计教学目标重塑、教学内容重构、教学组织和方法创新、考核评价改革特色、可供同类课程借鉴共享的经验等五个二级指标。

第四，根据津门文化思想政治教育评价目标，确定评价的主要内容、范围等。可按照津门文化思想政治教育评价主体的不同要求，成立不同类型的津门文化思想政治教育评价机构，明确不同评价主体，合理统筹评价的场所、时间、工作进度安排和评价经费等内容。

在有些重要的津门文化思想政治教育评价方案基础上，还要制定相应的细则。细则是与评价方案相一致，并是评价方案的具体化规则与规定，包括程序实施、操作方法步骤、评价者分工及权利义务关系、规章制度等。①科学合理的实施细则是使津门文化思想政治教育评价活动严格按照评价方案高效实施的重要保证。

最后，思想动员与培训。一方面，对评价者进行思想动员，确保评价者以正确、科学的心态积极参与到评价活动中来，坚持调查研究为基础的实事

---

① 王茂胜：《思想政治教育评价论》，中国社会科学出版社，2006年，第157~158页。

求是,自觉遵守评价细则和纪律,强化责任感。另一方面,对评价者进行培训,使评价者了解津门文化思想政治教育评价理论与方法、评价整体方案、具体实施细则,以便进行科学、公正、合理、客观地评价工作。

(二)津门文化思想政治教育评价的实施

津门文化思想政治教育评价的实施,是津门文化思想政治教育评价过程的关键环节,是指评价者依据津门文化思想政治教育评价方案和实施细则,运用观察法、访谈法、问卷法、测量法、文档法等收集评价信息以形成对教育价值的客观判断。

首先,采集评价信息以建立事实判断。具体包括观察法、访谈法、问卷法、测量法、文档法。

第一,观察法是津门文化思想政治教育评价主体有目的、遵照实施方案对评价对象进行系统、深入地观察以收集评价信息的一种方法,主要收集津门文化思想政治教育活动、个体思想、行为表现及群体状态信息。按照观察条件的控制情况、观察者参与观察对象从事活动情况、观察内容范围、观察性质等,可分为自然观察法和实验观察法、局外观察和局内观察、完全观察和取样观察,以及定性观察和定量观察、结构观察和无结构观察等。运用观察法收集津门文化思想政治教育评价信息具有明确的目的性与明显的直接性两个基本特点,但存在所搜集的信息受观察者个人能力及心理状况的影响较大等局限性。

第二,访谈法是指评价主体通过有目的、有计划地与承载所需评价信息的人进行交谈来搜集评价信息的一种方法。访谈法具有获得广泛、深层、丰富的评价信息等显著特点,方便访谈者有意识地引导、提示、追问,从而最大限度地获取所需信息。根据不同的需要,访谈法可以采取不同的形式。按照访谈提问的规范情况及程序的控制程度,可分别采用结构化访谈和非结构化访谈,也可称为程序式访谈和自由式访谈。前者,整体访谈问题设计、回答统计均需遵守严格程序,准备提出哪些问题、怎样提出问题、按什么顺序提问、如何记录等都有统一标准,访谈过程中不得随意变更。后者则要求相对"自由",根据谈话目的和谈话人员情况灵活进行。按照被访谈的人数,可选择个别访谈或集体访谈。个别访谈较集体访谈而言,易获得隐蔽信息。集体访谈,类似于座谈会容易出现相互干扰、提供虚假信息等情况。依据访谈双方的接触方式,可选用直接访谈或间接访谈。直接访谈是指面对面访谈,而间接访谈则可以通过线上视频、电话、互联网形式进行。

可设计如下访谈问题清单:

问题1:教师在集体备课过程中对津门文化专题说课是如何组织进行的? 说课效果的评价指标是什么(例如说课比赛评分表,说教材、说学生/法、说教法、说过程、说板书)?

问题2:专业课教师是如何按照教育部相关文件要求,积极落实课程思政要求,将天津文化思想政治内涵意蕴挖掘出来的?

问题3:习近平多次对全面从严治党进行论述。对于绝大多数非党员学生而言,教师是如何进行天津法治文化教学设计的?

问题4:党和国家取得的10年历史性成就通过党的二十大报告概括出来。在讲解这些内容的时候,是如何结合天津近10年发展成就针对不同专业学生,体现同课异构理念的?(同课异构是指教学内容相同,但由于教育者运用的教学方式方法不同、教学策略不同,加之融入自身教学风格,所进行的教学设计不同。)

问题5:习近平曾经特别强调学校教育对学生心灵及成长的重要作用。请问在日常天津文化教学过程中,马院教师是如何"引导学生扣好人生第一粒扣子"的? 如何把津门文化融入课堂的?

问题6:马院是如何组织进行教师津门文化思想政治教学效果评价的?

教师之间是否进行互相听课？听课效果分析使用了哪些方式方法（还是跟着感觉走）？如传统使用的S-T课堂教学分析法（以老师主讲型，还是师生互动型）。

第三，问卷法是津门文化思想政治教育评价中收集信息时常用的又一重要方法。从现代问卷手段来看，多采用问卷星设计问卷、发放问卷、回收问卷、分析问卷。可设计如下问卷：

天津职业技术师范大学津门文化思政教学研究工作调研问卷

您好！本次调研旨在进一步了解我校津门文化思政建设工作及天津优秀传统文化传承工作的实施现状和存在的问题，深入了解各教学单位在进行津门文化思政教育相关工作过程中的实际需求，以期进一步完善津门文化思想政治教育工作体系，助力天津各项事业高质量发展。本问卷所有数据仅供研究使用，请您客观、如实填答，衷心感谢您的辛勤付出。

1.所在教学单位名称＿＿＿＿＿＿＿＿＿＿＿＿＿＿＿＿＿＿

2.您的职务是＿＿＿＿＿＿＿＿＿＿＿＿＿＿＿＿＿＿

3.您是否了解天津文化？（　　　）

A.非常了解　　　　B.比较了解　　　　C.基本了解

D.不太了解　　　　E.完全不了解

4.您所在教学单位的天津文化教育主要负责部门（岗位）是（　　　）

A.学生工作部门　　B.教学工作部门　　　C.两者兼有

5.您认为津门文化思想政治工作是否应在学院整体工作绩效考核中明确体现？（　　　）

A.是　　　　　　　B.否

6.您所在的教学单位开展津门文化思想政治教育工作的形式（可多选）

【多选题】(　　　)

　　A.课程类(专业融合课,即美育、劳育融入专业课)。如有,请说明课程

　　　名称及课程基本情况

　　B.课外校外实践类。如有,请说明具体情况

　　C.校园文化类。如有,请说明具体情况

　　D.无

7.您所在教学单位是否开展了天津文化融入专业课的教学实践探索?(　)

　　A.是。如是,请说明具体情况　　　　　　B.否

8.您是否认为在校级教改、科研项目中津门文化思想政治教育应单独设

项?(　　　)

　　A.是　　　　　　　　　　B.否

9.您所在教学单位对教师的培训中是否包括津门文化思想政治教育工

作方面的内容?(　　　)

　　A.是　　　　　　　　　　B.否

10.您所在教学单位是否开展针对学生文化素养的监测和评价?(　　　)

　　A.是。如是,请说明具体情况　　　　B.否

11.目前,您所在教学单位开展津门文化思想政治教育工作的困难有哪

些? 请具体说明

12.您对学校津门文化思想政治教育工作的意见和建议有哪些?

13.您认为津门文化课程思政教学过程中"表面化""硬融入"的现象是否

明显?(　　　)

　　A.非常不明显　　B.比较不明显　　C.一般

　　D.比较明显　　　　E.非常明显

14.您认为津门文化课程思政建设,重点要在哪些方面做出改革和调整?

(可多选)【多选题】(　　　)

    A.教学目标和定位　　　　B.教学内容和体系

    C.教学方法和技术　　　　D.考核目标和办法

    E.思政元素和案例　　　　F.其他,请详细说明

15.您在津门文化课程思政建设实施中遇到的困难是什么?【多选题】

(　　　)

    A.课程本身遴选或挖掘思政元素难度高

    B.教学过程中难以找到切入点

    C.适合本专业本课程教学的课程思政案例少

    D.缺乏相关的授课经验和技巧

    E.开展课程思政教学对原有课程体系、教学设计、教学内容冲击比较大

    F.教师兴趣不高

    G.其他,请详细说明

16.您所在教学单位推进津门文化课程思政建设的措施有哪些?(可多

选)【多选题】(　　　)

    A.以线下会议、文件通知或其他线上形式传达天津文化建设要求

    B.进行课程思政混合教学、交叉教学创新

    C.开展课程思政专题研讨

    D.设立课程思政专项教研、科研项目

    E.组织课程思政主题大赛或评奖评优

    F.将课程思政教育成效纳入课程评价

    G.将课程思政建设目标纳入人才培养方案、教学大纲等

    H.提高教师的课程育人能力

    I.组织教师参加课程思政相关培训、讲座

    J.其他,请详细说明

17.您觉得实施津门文化课程思政建设的重点在哪些方面?(可多选)【多选题】(　　)

　　A.增强教师的课程思政意识

　　B.在教学大纲、课程标准、教学内容中融入思政教育元素

　　C.改革教学方法

　　D.开发适合的教材

　　E.教学管理人员的督促推进

　　F.建立相应的课程考核评价机制

　　G.加强课程思政教研、科研工作

　　H.其他,请详细说明

18.您对学校津门文化课程思政建设工作的意见和建议有哪些?

19.您所在单位在天津优秀传统文化传承方面做过哪方面工作?(　　)

　　A.天津优秀传统文化传承基地建设

　　B.天津优秀传统文化融入课程建设

　　C.天津优秀传统文化相关的学生活动

　　D.尚未开展

20.您对天津优秀传统文化传承工作的意见和建议有哪些?

第四,测量法是根据津门文化思想政治教育目标,设计评分表,用于衡量教学效果。可设计如下评分表:

表4.7 评分表

评价项目	10	8	6	4	2
1	课堂教学坚持正确政治方向,发挥教师主导作用					
2	备课认真,符合教学大纲和教材,教学设计有体系、创意好					
3	讲授内容娴熟,讲解准确,重点突出,思路清晰					
4	课堂信息量足,内容充实,事例贴近学生生活					
5	教学内容能联系国际国内形势和学科前沿知识					
6	对问题的阐述深入浅出、有实效,具有启迪作用					
7	课堂管理科学有效(到课率、抬头率、点头率)					
8	教学方法有创新,互动良好,课堂气氛活跃					
9	有效利用各种教学媒体,板书与课件有机结合(板书规范)					
10	讲课精神饱满,着装规范,教态自然,普通话标准					

项目评价标准:(特别提示:评分应呈正态,若10项皆为10分或2分为无效评价)
10分:很满意;8分:满意;6分:比较满意;4分:基本满意;2分:不满意

第五,文献档案法是通过查阅评价对象的相关文献、教学记录等档案材料,以全面获取评价信息的方法。包括:①津门文化思想政治教育活动类档案,如津门文化思想政治教育计划与总结、工作日志、会议记录、专题报告、大事记等。②津门文化思想政治教育制度类档案,如津门文化思想政治教育文件通知、津门文化思想政治教育的相关规章制度、奖惩条例等。③津门文化思想政治教育效果类档案,如津门文化思想政治教育成绩单、记分册、期末成绩分析表、总成绩分析表、授课计划、教学大纲、社会反响材料、媒体报道材料、各种表彰和事迹宣传材料等。此外,还包括津门文化思想政治教育的各类相关统计报表、活动图片、数据光盘等。

处理评价信息以形成价值判断。第一步,整理文字信息和数字信息。对于文字信息的整理,坚持真实性审查、可靠性审查、合格性审查三重标准。真实性审查是通过外观考察文献资料真伪,可靠性审查是通过资料之间的逻辑关系、资料来源进行审查,合格性审查是审查文字信息是否符合评价目的要求。对于数字信息的整理,坚持完整性检验和正确性检验双重标准。

完整性检验是检查搜集信息表格是否齐全,正确性检验是通过经验判断、逻辑检验和计算审核看信息的内容是否符合实际和计算是否正确。

第二步,对评价信息进行统计分析。可进行集中趋势分析(平均数、中位数、众数),离中趋势分析(全距[①]、标准差[②]、四分位差[③]、异众比率[④]),计算离散系数、标准分数及多变量间的相关分析与回归分析等。

第三步,做出定性或定量评价,得出综合评价。如直接简单求和[⑤]、等级分数加权求和[⑥]、模糊等级计数[⑦]、模糊综合评判[⑧]。实践层面来看,可以等级评价、评语评价、分数评价交互为用,使评价结论更加贴近津门文化思想政治教育目标。[⑨]

---

① 即指一组数据中最大值与最小值之间的差。

② 标准差的平方为方差,各观测值与其算术平均数的离差的平方和的算术平均数的平方根。

③ 是相对于中位数的平均离散程度的离中量数。

④ 是相对于众数的平均离散程度的离中量数。

⑤ 进行综合评价时评价人员总是由多人组成。此时可采取以下三种方式:一是在"简单求和"的基础上对所有评委的结果直接计算术平均数;二是去掉最高分和最低分后计算术平均数;三是按评委组成情况(如专家、群众、评价对象)配置权重后计算加权算术平均数。

⑥ 当评价标准指标体系各级指标配置权重,末级指标标度为模糊等级并赋分,综合评价结果为等级分数加权求和。视具体的评价目的和要求,综合评价结论可以是分数,也可以将分数转换成相应等级进行定性描述,或者两者结合。

⑦ 当评价标准指标体系末级指标以观测点形式(定性描述为主、部分指标计量)、标度以模糊等级形式时,综合评价结果为模糊等级计数,对照评价方案设计的标准得出最终评价结论。根据评价目的和要求,最终评价结论等级可展开转换成定性描述。

⑧ 美国著名控制论专家扎德所创立的模糊集合理论认为,任何事物在形态和类属上都既具有界限的分明性又具有界限的不分明性,既是确定的又是不确定的,任何事物都是精确性与模糊性的统一。

⑨ 王茂胜:《思想政治教育评价论》,中国社会科学出版社,2006年,第158~173页。

(三)津门文化思想政治教育评价的总结反馈

津门文化思想政治教育评价过程的最后一个环节是津门文化思想政治教育评价的总结反馈,是衡量津门文化思想政治教育评价功能、目的、作用能否有效发挥的最后环节,也是最为关键的一环。

撰写津门文化思想政治教育的评价报告,是指以书面形式的报告评价的过程及其结果的活动。按照评价主体的区别,可分为自我评价报告和他人评价报告;按照评价的对象和内容,也可分为综合评价报告与单项或专题评价报告等。津门文化思想政治教育评价报告的主要内容一般包括评价主题、评价时间、评价主体、评价对象、评价目标、评价步骤、评价方法、评价内容、评价结论。为得出科学、公正、客观的评价报告,需建立津门文化思想政治教育评价档案,即将津门文化思想政治教育评价过程中的各项文件、计划、方案、数据和总结等,编号、立卷建档并形成清单制度。还需建立津门文化思想政治教育评价信息系统,以促进津门文化思想政治教育评价制度化、科学化、公正化、透明化。

评价报告撰写完毕后,需向相关部门人员进行反馈。为相关人员进行津门文化思想政治教育的决策提供依据;在一定范围内的同行中公布评价结果,使同行能相互学习、借鉴,取长补短。这里需注意的是:向评价对象或被评价单位反馈,在适当的时候针对反馈问题给出解释与建议,以此促进被评价对象完善自己的工作,或主动加强自我修养,不断提高自身素质。

最后,对评价的再评价。一般包括评价标准的指标体系(完备性、互斥性、客观实际与政策导向)、评价过程(全面性、准确性、正确性和真实性)、评价结果(纰漏和瑕疵)的再评价。①

---

① 王茂胜:《思想政治教育评价论》,中国社会科学出版社,2006年,第173~184页。

津门文化思想政治教育评价过程是三个基本环节之间相互联系、相互影响、彼此衔接、前后呼应的有机统一体,前一个环节是后一个环节的前提和准备基础,后一个环节以前一个环节提供的信息和依据为基础,后一个环节又是前一个环节的必然结果。

三、津门文化思想政治教育评价模式与机制

模式,也叫作"范型",一般指作范本、模本、变本的式样,但在不同学科中含义不尽相同。①《现代汉语词典》的解释是:"为某种事物的标准形式或使人可以照着做的标准样式。"②美国著名学者比尔和哈德格雷夫认为,模式"是再现现实的一种理论性的、简化的形式"③。津门文化思想政治教育评价模式是一种对评价理论和方法的简化形式,也是具体体现评价理论的重要方式,提供人们实践的模范结构及程序。

(一)津门文化思想政治教育评价模式

上述介绍的津门文化思想政治教育评估方法中,比较评估法、定性评估法、定量评估法根据实际需要,在明确评价目的的前提下,运用一定的评价理论,形成相对稳定的程序、步骤及其运行机制,这就是津门文化思想政治教育的评价模式。因为思想政治教育评价模式来源于实践,是多次反复实践的基础上形成的。所以,首先有必要考察一下这三种基本的评价方法在实践中的应用问题。

---

① 夏征农、陈至立等:《辞海》,上海辞书出版社,1999年,第3748页。

② 中国社会科学院语言研究所词典编辑室编:《现代汉语词典》,商务印书馆,2002年增补本,第894页。

③ 沃纳丁·赛弗林:《传播学的起源,研究与应用》,福建人民出版社,1985年,第2页。

从津门文化思想政治教育评价方法所作用的具体对象看,一般有行为评价模式、认知评价模式和综合评价模式三种。所谓行为评价模式,是指主要依据评价对象的"行为"来进行评价(包括定性评价[评语]与定量评价[评等、评分]综合)的一种范式。认知评价模式则主要是依据评价对象的"认知"来进行评价的一种范式。综合评价模式是依据评价对象的"行为""认知"等综合因素来进行评价的一种范式。

从津门文化思想政治教育评价方法所使用的标准内容来看,一般也有相对标准评价模式、绝对标准评价模式和个体内差标准评价模式三种。相对标准评价模式,是指在一个评价对象群体内,以个体所处地位与其他个体所处地位相比较而得出评价结论的一种评价范式(其评价参照系设在所属评价对象群体之中)。绝对标准评价模式,是根据评价对象能否达到既定目标得出结论,不参考评价对象群体具体情况。个体内差标准评价模式,是通过比较评价对象某个元素的历史发展情况、自身内在不同侧面之间得出评价结论的范式。

从津门文化思想政治教育评价方法所采用的具体方式来看,一般有描述型评价模式、等级型评价模式、分数型评价模式和综合型评价模式四种。描述型评价模式,是指采用定性语言描述的方式进行评价并作出评价结论的一种评价范式。等级型评价模式,是指采用等级形式(优、良⋯⋯或A、B⋯⋯或一、二⋯⋯)进行评价并作出评价结论的一种评价范式。分数型评价模式,是指采用分数形式进行评价并作出评价结论的一种评价范式。综合型评价模式,是指综合采用评语、等级、分数等多种方式进行评价并作出评价结论的一种评价范式。

从实践运用层面来看,究竟选择何种评价模式需综合考量津门文化思想政治教育评价方法的操作主体、实施结果、基本特征,以及实施的目的与作用等多种视角。在坚持质量、成效为核心的评价导向基础上,全面反映津门文化思想政治教育水平、符合津门文化思想政治教育活动规律的评价模式依据思想政治教育评价的具体目的还包括选拔型、管理型、诊断型和教育型四种。

选拔型评价模式，是在津门文化思想政治教育评价思想和理论指导下，由津门文化思想政治教育者或职能部门、主管部门，在长期的津门文化思想政治教育评价实践中逐步形成的，采用相对标准（又称"常模"），运用评分法，根据评价数字、分数结果，选拔其中"优秀"分子。

管理型评价模式，是在津门文化思想政治教育评价思想和理论指导下，津门文化思想政治教育者或职能部门、管理部门，在长期的津门文化思想政治教育评价实践中逐步形成的，采用规范标准（管理规定、条例、规章、守则、规范等，如《普通高等学校学生管理规定》、《高等学校学生行为准则》），运用评分法或评语法，根据定性评价结果，强化评价对象的习惯养成并引导其逐步达到期望要求。

诊断型评价模式，是在津门文化思想政治教育评价思想和理论指导下，津门文化思想政治教育者或职能部门或评价对象（如个人或单位以查找问题为目的而进行自我评价的情形），在长期的津门文化思想政治教育评价实践中逐步形成的，采用绝对标准（根据既定的要求来判断评价对象的进展状况及其所存在的问题），运用评语法，根据定性评价结果，及时发现从而及时处理津门文化思想政治教育问题，动态把握津门文化思想政治教育过程各要素及其运行状态。

教育型评价模式，是在津门文化思想政治教育评价思想和理论指导下，津门文化思想政治教育者或职能部门或教育对象，在长期的津门文化思想政治教育评价实践中逐步形成的，采用多元标准（原则性与灵活性的统一、个性与共性的统一），运用评语法和评等法，根据除分数以外的多种形式的评价结果，以形成性评价（或过程评价）和自我评价为主，服务于教育改革。①

(二)津门文化思想政治教育评价机制

津门文化思想政治教育评价机制,以考察教育者教学态度、教学理念、教学设计、教学重点难点的把握、教学方式和手段等,②以天津市、区教育工委及教育厅、天津市学校领导、天津市学校院系、学生评价为体系的四级评价机制,一方面扩大了津门文化思想政治教育的影响,另一方面把对津门文化思想政治教育的评价上升到一个新高度。

在天津市学校津门文化思想政治教育质量评价机制中,听课督导组(以下简称"督导组")由市教育两委每年年初从各高校按一定比例推荐的学校领导、中层干部、思政课教师、其他专业课教师和学生代表中遴选组建,每年动态调整。督导组成员本着高度负责的态度认真完成天津市学校津门文化思想政治教育教学质量评价平台推送的听课任务。

督导组成员须在每年11月30日前,根据天津市学校津门文化思想政治教育质量评价平台提示完成对教师的参评视频打分,成绩一般在60~100分之间,如发现思政课教师有违反政治纪律、传播美化宗教或封建迷信、崇洋媚外等言行,应直接认定为不合格并向市思政课新媒体中心报告。所有督导组成员必须听完规定时长的课程视频,为确保评价结果公平公正,不允许督导组成员在未听完课程视频的情况下打分。

所有督导组成员要坚持高度的责任心和使命感,切实履行好督导和评价职责,确保评价结果公平、公正。督导组成员不得在听评课过程中徇私舞弊,不得打"关系分""人情分",坚决抵制任何形式的"走后门""打招呼"等行

---

① 王茂胜:《思想政治教育评价论》,中国社会科学出版社,2006年,第185~212页。
② 张亲霞:《适时建立以学生为中心的课程评价机制》,中国社会科学网,2021年3月11日。

为。督导组成员不能按时按要求完成听课任务的,或被发现存在弄虚作假、徇私舞弊、漫不经心等行为的,将被暂停听课督导资格并通报所在单位严肃处理。督导组成员规范开展听课评价情况一并纳入高校思政工作考核和高校综合绩效考核。

天津市学校领导、天津市学校院系、学生评价机制是学校津门文化思想政治教育质量监控体系的重要组成部分。该机制由教师教育质量评价的方式(学生评教、教学单位、校领导)、评价组织、评价结果反馈和运用构成。

在教师教育质量评价的方式环节中,教师教育质量评价是以教师及津门文化思想政治教育活动为主要评价对象,从学生和同行及专家的角度,判断教育者是否达到津门文化思想政治教育质量要求。教师教育质量评价包括学生评价、教学单位评价、校领导评价三部分。教师教育质量评价结果采用百分制,学生评价结果占最终结果的60%,教学单位评价占最终结果的20%,校领导评价占最终结果的20%。

在教师教育质量评价的组织环节中,学生评教由教务处负责全校津门文化思想政治教育相关课程学生评教工作的组织和管理,定期对学生网络评教系统进行维护和更新。各教学单位按照教务处统一安排,负责本单位学生评教工作的组织实施。各学院负责在学生开始网上评教前3周将选修课学生名单、分级教学班及其他单独组班上课的学生名单等数据报教务处,确保评教数据的一致性和准确性。学生网上评教时间为每学期第18~19教学周。具体时间安排以每学期学校教务处通知为准。教学单位评价在学院教学评价工作小组的领导下,由各学院教学院长或教研室主任具体负责。各教学单位评价工作小组要制定具体的评价要求和工作计划。教学单位评价结束后,评价结果要报各教学单位党政联席会审议,并将审议结果在本部门公示。公示无异议后,在下学期开学第二周前将教学单位评价结果报教务处。校领导评价结果直接报教务处统计。教师教育质量评价结果的形成主要是学生网上评教结束后,教务处负责对网上学生评教数据和教学单位评价进行汇总、统计和分析,教师教学质量评价结果在下学期第四周前反馈给各教学单位。

在教师教育质量评价结果的反馈和使用环节中,任课教师的评教成绩可通过个人网上系统自查或所在相关教学单位查询两种途径。对教师教学质量评价结果,各教学单位要通知到教师本人。评价"A"级的标准依据排在评价结果前20%。对教师教育质量评价结果排序末位10%的教师,学校将组织有针对性地听课。各教学单位每学期要给予教师教育质量评价结果排序末位10%的教师书面分析及改进意见书,帮助教师改进提高教学质量。教务处要不定期检查,教师教学改进情况。教师教学质量评价的结果作为教师职称评定、评优、评先和年度考核的重要参考依据。各教学单位教师教学质量评价工作的组织开展情况纳入学校年度考评范围。

结语 文化哲学视域下津门文化思想政治教育规律

马克思主义文化哲学以解决人与人的世界的关系为核心，阐释了文化环境与人的生成之间、文化创造与人的本质之间、文化发展与人的全面自由发展之间的辩证统一关系。在马克思主义文化哲学世界观、方法论视域下，津门文化思想政治教育规律包括人的思想品德形成发展规律、津门文化思想政治教育过程规律。要使津门文化思想政治教育达到预期目标，增强津门文化思想政治教育的实效性，除了遵循津门文化思想政治教育原则、按照上述的程序等以外，还必须在了解津门文化思想政治教育矛盾的基础上遵循津门文化思想政治教育规律。

一、人的思想品德形成发展的规律

在马克思主义文化哲学思想指导下，通过津门文化思想政治教育，教育对象接收到的生活世界总体观、生活世界境界观、人生观、价值观、道德观、法治观、文化观等思想观念内化于心，使教育对象具有了稳定的心理特点，构成了人的思想品德的主要内容,并外化在教育对象的实际行动上,久而久之形成了良好的行为习惯。思想品德的核心是生活世界总体观,是对天津社会规范的认同,通过人的为人处世表现出来。思想品德结构是一个"1+3"的多维度立体式结构,其中"1"是指生活世界总体观、生活世界境界观等思想观念,"3"则指心理、思想和行为三个子系统,"1"与"3"相互影响、相互联系、相互作用,共同构成教育对象的思想品德结构。

具体而言,心理子系统包括对天津文化的具体认知、情感认同、信念意志等,成为人的思想品德形成的发端、条件和发展的动力,构成了人的思想品德形成的基础。思想子系统包括世界观(生活世界总体观、生活世界境界观)、人生观、价值观、道德观、文化观、法治观等。而这些思想因素决定着一个人认知水平、思想品德的发展,在思想品德结构中居于核心地位。行为子系统由人的思想品德的外显形式——行为(品德行为)构成。这里的行为特别是指人的思想因素(生活世界总体观、生活世界境界观等)的外在表现,进而形成了人的行为习惯,构成了人的思想品德的客观内容。由思想品德的"1+3"结构可知,津门文化思想政治教育不仅要树立正确的思想观念,更要落实到行动上,形成良好的行为习惯,才能服务于社会主义现代化大都市建设。

人的思想品德在个体的思想品德发展过程中,是新品质不断替代旧品质、心理影响思想再到思想作用行为的发展进程的体现,是简单与复杂、低级与高级、不完善与完善交替发展的过程。包含正序式、逆序式和跳跃式三种变化情况。根据马克思主义文化哲学思想中文化环境与人的存在具有内在相关性的观点,这种相关性通过人与文化环境相互作用的主体性而得到优化。正如马克思概述的:人不会丧失自身的条件是人发挥主观能动性,实现了人的本质的对象化;而能够实现人本质的对象化的可能条件是人是社会存在物。①人的思想品德是个体所处的客观环境与主观能动转化的辩证统一过程。

一方面,外在因素影响制约人的思想品德形成发展过程,津门文化思想政治教育外在因素是相互联系、相互制约、相互作用的。天津社会的物质生产水平、经济制度及相应的经济生活条件是决定性因素,它们制约着其他因素的性质,和天津社会政治、文化等在学校、家庭、社区及其他组织等场景中通过其他因素影响着受教育者。人的思想与品格产生和发展的内外制约过程,是指天津社会文化环境对人的思想与品质产生的客观决定性影响和人对天津社会文化环境的主观能动影响,在教育对象进行天津社会实践中形成的双向相互作用的过程。

另一方面,人的思想品德形成过程是一种思想矛盾转化过程,是在某种内外环境因素作用下,人类自身的知、情、意、信、行等诸要素辩证运动、平衡发挥的过程。所谓"知",即人们对天津文化的认知及形成的正确生活世界总体观、生活世界境界观、人生观、价值观、道德观、法治观、文化观等思想观念。所谓"情",即人们对天津文化的情感认同,愿意积极继承与弘扬天津文化。所谓"意",即人们在天津文化精神的鼓励下自觉投身社会主义现代化大都市建设的具体实践中所体现出来的克服困难的毅力与坚持。所谓"信",即人们坚信一定能实现社会主义现代化大都市建设目标,并且具有持久性。所谓"行",即人们在"知""情""意"支配下,自觉进行社会主义现代化大都市建设的具体行动。知、情、意、信、行五大因素构成一个有机整体,其中"信"为内核,"知"为前提,"情""意"为必要条件,"行"为外在体现,五大元素相互影响、相互作用、相互促进。

由个体的思想品德结构及形成过程可知,人的思想品德形成发展规律

---

① 《马克思恩格斯全集》(第四十二卷),人民出版社,1979年,第125页。

是:以个体进行社会主义现代化大都市建设实践为基础,在天津社会经济、政治、文化等客观环境作用下,个体内在思想矛盾运动促进个体思想品德螺旋式上升、波浪式前进。个体思想品德的变化是社会实践、客观环境、内在思想矛盾运动三者相互影响、相互作用的结果;是知、情、意、信、行五大因素由不一致发展到渐趋一致发展的过程,也是这五大因素由不平衡发展到平衡发展的过程,还是主体原有思想品德与新发展思想品德之间的矛盾运动。

二、津门文化思想政治教育过程的矛盾与规律

津门文化思想政治教育过程,实际上是解决社会主义现代化大都市建设对个体思想品德要求与教育对象自身思想品德水平之间矛盾的过程,也决定着教育现代化改革的走向。而此矛盾是津门文化思想政治教育过程的基本矛盾,并通过一系列具体矛盾表现出来,运用马克思主义文化哲学思想的立场观点方法可以总结归纳出如下具体矛盾:

第一,根据马克思主义文化哲学思想中文化环境与人的本质之间的辩证统一关系原理,即文化环境与人的存在具有内在相关性,这种相关性通过人与文化环境相互作用的主体性而得到优化。正如马克思概述的:人不会丧失自身的条件是人发挥主观能动性,实现了人的本质的对象化;而能够实现人本质对象化的可能条件为人是社会存在物。[1]然而教育者、教育对象自身文化素养的提升不一定与天津文化环境发展同步,之间形成的差距可能会阻碍天津社会发展。由此可知,天津文化环境发展与教育者、教育对象自身文化素养之间存在矛盾。进一步讲,天津社会主义现代化大都市发展要求与教育者、教育对象的思想品德水平存在矛盾。而教育者、教育对象自身

---

① 《马克思恩格斯全集》(第四十二卷),人民出版社,1979年,第125页。

思想品德水平的变化是受到津门文化思想政治教育的作用及影响,故天津社会主义现代化大都市发展要求与津门文化思想政治教育之间存在矛盾。

第二,运用马克思主义建构生活世界总体观和生活世界境界观的根本方法——矛盾分析方法看待教育对象内在思想品德五大因素,可知这五大因素之间的发展水平、趋势之间存在矛盾。教育者与教育对象本身是津门文化思想政治教育组成部分,因二者之间人格存在差异、沟通存在阻碍、行为方式存在差异,故教育者与教育对象之间存在矛盾。进一步讲,教育者满足教育对象需要的方式与教育对象自身发展需要之间存在矛盾。

津门文化思想政治教育过程的基本规律,即是在解决上述矛盾基础之上,探究教育者与教育对象、教育环境与教育实施、天津社会发展与津门文化思想政治教育过程各要素、天津社会主义现代化大都市建设需要与教育者及教育对象之间的联系及互动趋势等。

首先,教育要求与思想品德发展动态平衡。根据津门文化思想政治教育原则体系中关联层次原则(坚持津门文化思想政治教育与注重个人需要和利益相结合;坚持逐步推进、稳扎稳打;坚持解决世界观等问题与解决实际问题相结合;坚持人的全面发展的科学教育观),教育者设定的教育目标需要满足高出教育对象现有思想品德水平又存在提升可能性的条件,保持目标设定与教育对象自身思想品德发展动态平衡。

其次,教育与自我教育相统一规律。因在津门文化思想政治教育活动中,教育者和受教育者是相互联系、相互作用的,教育者是津门文化思想政治教育的"主导者",教育对象应发挥"主体性"作用,才能确保津门文化思想政治教育成效的取得。教育者欲提升成效,必须先提升自身文化素养,也就是自我先受教育,实现自我教育与实施教育的有机统一。

再次,影响因素协调与同向发力规律。由第四章第二节六方同体是津门文化思想政治教育方案实施的主体条件可知,建立以服务社会主义现代化大都市建设,弘扬天津文化,培育高素质人才为主要目标,建立政府统筹、学校主导、企业助力、社会支持、家庭参与、学生成才的六方主体协作共建共治共享共担的津门文化思政育人有机体。在政府、学校、企业、社会、家庭、学生共同协作的基础上,才能促进思想政治教育效果的提升。

最后,津门文化思想政治教育价值"供求"关系律。此规律运用于津门文化思想政治教育评价活动中。对应经济学上的价值关系供求律,津门文化"思想政治教育价值客体的价值相当于商品的价值,即思想政治教育价值客体对价值主体需要的效用性;思想政治教育评价(这里的评价是名词,指评价结果),相当于商品的价格。一定条件下思想政治教育价值是客观存在的,对其进行评价,得出的'评价价值'可能与思想政治教育实际价值相符,也可能高于或低于其实际价值。"津门文化"思想政治教育评价遵循思想政治教育价值关系供求律,具体体现在:一是在思想政治教育评价过程中,当思想政治教育价值客体的供给量正好等于思想政治教育价值主体的需要量时,如果没有其他因素对评价的干扰,评价价值将基本符合价值客体的价值(或潜在价值),思想政治教育的价值在评价中得以承认和实现。二是当思想政治教育价值客体的供给量大于思想政治教育价值主体的需要量时,评价价值将低于该价值客体的价值(或潜在价值),它的价值没有全部被承认,也无法完全实现。三是当思想政治教育价值客体的供给量少于思想政治教育价值主体需要时,评价价值将高于它的价值(或潜在价值),它的价值得到过分的评价,而价值的实现也是'超额'的"[①]。

只有在马克思主义文化哲学思想立场观点方法的指导下,遵循津门文化思想政治教育规律,才能充分认识天津文化融入思想政治教育及专业课

---

① 王茂胜:《思想政治教育评价论》,中国社会科学出版社,2006年,第155~184页。

程教育的重大意义,以融入"促理解感悟""促思政创新""促立德树人",[①]"讲准"天津文化的历史发展脉络、内涵、基本样态,"讲活"天津传统文化、红色革命文化蕴含的奋斗精神,"讲实"天津取得的历史性变革和历史性成就,"讲透"津门文化教育与津门文化思想政治教育之间的区别和联系,"讲清"津门文化思想政治教育机制,引导受教育者为全面建设社会主义现代化大都市贡献力量。

新征程上,要以津门文化思想政治教育赋能城市文化传承发展,"推动文明培育、文明实践、文明创建,不断提高市民精神品位、培育社会精神风尚、塑造城市精神品格,让精神文明之花开遍津沽大地"。"津门极望气蒙蒙,泛地浮天海势东。"乘着习近平视察天津的强劲东风,天津锚定目标、步履铿锵,以"善"的能力、"作"的行动、"成"的效果,"以文化人",大力推动文化传承发展,奋力谱写建设中华民族现代文明的天津篇章。[②]

---

① 《以学促教　系统推进立德树人》,《天津教育报》,2024年3月20日。
② 中共天津市委宣传部:《在推动文化传承发展上善作善成》,求是网,2024年5月1日。

附　录

天津市高等学校人文社会科学研究一般项目：
《文化哲学方法论与津门文化思想政治教育》调查问卷

第1题　您的性别是?[单选题]

选项	小计	比例
A.男	209	53.18%
B.女	174	44.27%
（空）	10	2.54%
本题有效填写人次	393	

第2题　您的年级是?[单选题]

选项	小计	比例
A.本科生	151	38.42%
B.硕士研究生	2	0.51%
C.博士研究生	0	0%

选项	小计	比例
D.专科生	230	58.52%
（空）	10	2.54%
本题有效填写人次	393	

第3题　您的政治面貌属于?[单选题]

选项	小计	比例
A.中共党员（预备党员）	5	1.27%
B.共青团员	174	44.27%
C.群众	204	51.91%
（空）	10	2.54%
本题有效填写人次	393	

第4题　您的专业类型?[单选题]

选项	小计	比例
A.文史类	4	1.02%
B.理工类	104	26.46%
C.艺术类	0	0%
D.经管类	76	19.34%
E.专科类	199	50.64%
（空）	10	2.54%
本题有效填写人次	393	

第5题 你认为在高校有必要进行津门文化思想政治教育吗?[单选题]

选项	小计	比例
A.非常有必要	271	68.96%
B.有一定必要性	108	27.48%
C.没必要	4	1.02%
（空）	10	2.54%
本题有效填写人次	393	

第6题 你对津门文化了解程度是( )[单选题]

选项	小计	比例
A.非常了解	82	20.87%
B.一般了解	203	51.65%
C.不了解	98	24.94%
（空）	10	2.54%
本题有效填写人次	393	

第7题 你参观过的津门文化景点有几处?( )[单选题]

选项	小计	比例
A.1-5处	262	66.67%
B.6-10处	79	20.1%
C.10处以上	42	10.69%
（空）	10	2.54%
本题有效填写人次	393	

第8题　你认为一个人在什么时期接受津门文化的教育最好?[单选题]

选项	小计	比例
A.幼年时期	30	7.63%
B.青少年时期	158	40.2%
C.成年时期	11	2.8%
D.终身都需要	184	46.82%
（空）	10	2.54%
本题有效填写人次	393	

第9题　在你的身边是否可以感受到红色文化的气息(　　　)[单选题]

选项	小计	比例
A.经常	241	61.32%
B.有时	113	28.75%
C.偶尔	27	6.87%
D.没有	2	0.51%
（空）	10	2.54%
本题有效填写人次	393	

第10题　你觉得津门文化是否与你的生活息息相关?(　　　)[单选题]

选项	小计	比例
A.有比较大的关系	279	70.99%
B.关系不大	99	25.19%
C.完全没有关系	4	1.02%
（空）	11	2.8%
本题有效填写人次	393	

第11题　你认为学习红色文化对大学生的意义是?(　　　)[多选题]

选项	小计	比例
A.激发革命热情	346	88.04%
B.有助于坚定共产主义信仰	344	87.53%
C.有利于提升自身综合素质	330	83.97%
（空）	11	2.8%
本题有效填写人次	393	

第12题　你认为大学生在红色文化的传承中扮演着什么角色?[单选题]

选项	小计	比例
A.传承者	362	92.11%
B.被动接受者	15	3.82%
C.无关紧要	5	1.27%
（空）	11	2.8%
本题有效填写人次	393	

第13题　你一般通过哪些途径了解到津门文化(　　　)[多选题]

选项	小计	比例
A.上网	348	88.55%
B.课堂	323	82.19%
C.长辈教授	256	65.14%
D.参加一些有关津门文化的活动	268	68.19%
E.媒体宣传	313	79.64%
（空）	11	2.8%
本题有效填写人次	393	

第14题　你如何看待津门红色文化中革命事迹及其精神?(　　)[多选题]

选项	小计	比例
A.为国家为命运而奋斗，很伟大	359	91.35%
B.从他们身上看到的革命精神值得我	367	93.38%
C.应铭记历史，博古通今	354	90.08%
（空）	11	2.8%
本题有效填写人次	393	

第15题　当你发现那些天津红色革命遗址遭破坏时,你的态度是(　　)[单选题]

选项	小计	比例
A.袖手旁观	7	1.78%
B.无动于衷	2	0.51%
C.与我无关	5	1.27%
D.义愤填膺	368	93.64%
（空）	11	2.8%
本题有效填写人次	393	

第16题　如果有一个旅游的机会,你会不会选择去天津红色旅游地区?(　　)[单选题]

选项	小计	比例
A.会	336	85.5%
B.看情况	44	11.2%

选项	小计	比例
A.内容枯燥无味、对革命事件不感兴趣	67	17.05%
B.觉得对现实生活没有作用，形式单一	167	42.49%
C.宣传过于频繁，占用过多时间	129	32.82%
（空）	30	7.63%
本题有效填写人次	393	

第17题 如果有机会让参加天津文化的宣传活动，你会？[单选题]

选项	小计	比例
A.课堂学习	31	7.89%
B.参加课外社会实践活动	71	18.07%
C.学校课堂学习和校外社会实践活动相结合	278	70.74%
（空）	13	3.31%
本题有效填写人次	393	

第18题 你认为津门文化在哪一点最吸引你？[单选题]

选项	小计	比例
A.开展相关讲座	290	73.79%
B.参观红色文化旧址	342	87.02%
C.红色歌曲、文化、红色革命精神进课堂	312	79.39%
（空）	11	2.8%
本题有效填写人次	393	

第19题 如果你认为传统的津门文化经典不能吸引你,最主要的原因是什么?[单选题]

选项	小计	比例
A.内容枯燥无味、对革命事件不感兴趣	67	17.05%
B.觉得对现实生活没有作用,形式单一	167	42.49%
C.宣传过于频繁,占用过多时间	129	32.82%
(空)	30	7.63%
本题有效填写人次	393	

第20题 你认为学习津门文化的最好形式是?[单选题]

选项	小计	比例
A.课堂学习	31	7.89%
B.参加课外社会实践活动	71	18.07%
C.学校课堂学习和校外社会实践活动相结合	278	70.74%
(空)	13	3.31%
本题有效填写人次	393	

第21题 你认为高校应该开展哪些活动来传承津门文化?[多选题]

选项	小计	比例
A.开展相关讲座	290	73.79%
B.参观红色文化旧址	342	87.02%
C.红色歌曲、文化、红色革命精神进课堂	312	79.39%
(空)	11	2.8%
本题有效填写人次	393	

第22题　如果课程进行改革,津门文化知识列入考试范围,你持什么态度?[单选题]

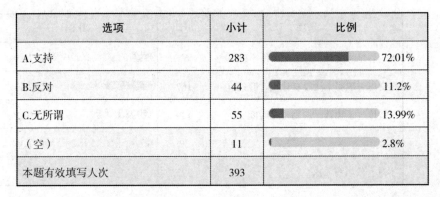

选项	小计	比例
A.支持	283	72.01%
B.反对	44	11.2%
C.无所谓	55	13.99%
（空）	11	2.8%
本题有效填写人次	393	

第23题　你认为津门文化的传承是否有利于社会国家发展?[单选题]

选项	小计	比例
A.是	348	88.55%
B.否	6	1.53%
C.不清楚	28	7.12%
（空）	11	2.8%
本题有效填写人次	393	

第24题　你对大学生进行津门文化思想政治教育有哪些建议?[填空题]

参考文献

一、著作类

1.《马克思恩格斯全集》(第一卷),人民出版社,1995年。

2.《马克思恩格斯全集》(第三卷),人民出版社,1960年。

3.《马克思恩格斯全集》(第四十二卷),人民出版社,1979年。

4.《马克思恩格斯选集》(第一卷),人民出版社,1995年。

5.《马克思恩格斯选集》(第二卷),人民出版社,1995年。

6.《马克思恩格斯选集》(第四卷),人民出版社,1995年。

7.《马克思恩格斯文集》(第一卷),人民出版社,2009年。

8.《列宁选集》(第四卷),人民出版社,1995年。

9.《列宁全集》(第二十一卷),人民出版社,1990年。

10.《毛泽东选集》(第三卷),人民出版社,1991年。

11.《毛泽东文集》(第二卷),人民出版社,1993年。

12.《邓小平文选》(第一卷),人民出版社,1994年。

13.《江泽民文选》(第三卷),人民出版社,2006年。

14.陈华洲:《思想政治教育资源论》,中国社会科学文献出版社,2007年。

15.崔新桓等编著:《巨大的精神力量:中国历史上的爱国主义者》,四川人民出版社,1990年。

16.冯增俊:《当代西方学校道德教育》,广东教育出版社,1993年。

17.何锡蓉等:《当代中国的精神旗帜:社会主义核心价值观研究》,上海人民出版社,2014年。

18.何中华:《马克思主义文化理论的历史理论》,社会科学文献出版社,2022年。

19.洪汉鼎主编:《理解与解释:诠释学经典文选》,东方出版社,2001年。

20.贾春峰:《文化力》,人民出版社,1996年。

21.李晓元:《文化哲学方法与闽南文化思想政治教育研究》,社会科学出版社,2014年。

22.李燕:《文化释义》,人民出版社,1996年。

23.李义丹、王杰主编:《文化记忆》,天津大学出版社,2011年。

24.刘同舫:《马克思人类解放思想论》,人民出版社,2022年。

25.罗国杰主编:《马克思主义伦理学》,人民出版社,1981年。

26.牟钟鉴:《走进中国精神》,华文出版社,1999年。

27.邵汉明主编:《中国文化精神》,商务印书馆,2000年。

28.佘双好主编:《中国梦之中国精神》,武汉大学出版社,2015年。

29.石书臣:《现代思想政治教育主导性研究》,学林出版社,2004年。

30.孙其昂:《思想政治教育学前沿研究》,人民出版社,2013年。

31.檀传宝:《学校道德教育原理》,教育科学出版社,2000年。

32.天津市档案馆编:《近代以来天津城市化进程实录》,天津人民出版社,2002年。

33.万光侠等:《思想政治教育的人学基础》,人民出版社,2006年。

34.徐志远:《现代思想政治教育学基本范畴及其体系构建研究》,人民出版社,2022年。

35.张琼、马尽举:《道德接受论》,中国社会科学出版社,1995年。

36.张耀灿、陈万柏主编:《思想政治教育学原理》,高等教育出版社,2001年。

37.郑永廷:《思想政治教育方法论》,高等教育出版社,1999年。

38.中共天津市委党史研究室编:《中国共产党天津历史》(第一卷),中共党史出版社,2005年。

39.中共中央党校理论研究室编:《历史的丰碑:中华人民共和国国史全鉴15·社会卷》,中央文献出版社,2005年。

40.周志山:《马克思社会关系理论及其当代意义》,齐鲁书社,2004年。

二、报刊文章

1.包炜杰:《新时代思想政治理论课改革创新推进一体化论析——以爱国主义教育为例》,《思想教育研究》,2021年第9期。

2.冯鹏志:《坚持"七大思维"厚筑方法论自信》,《学习日报》,2022年5月31日。

3.韩华:《中国共产党思想政治工作制度的基本形态》,《思想理论教育导刊》,2021年第7期。

4.何忠国:《调查研究要直奔问题去》,《学习时报》,2023年4月6日。朱平:《高校"三全育人"体系协同与长效机制的建构——以全员育人为中心的考察》,《思想理论教育》,2019年第2期。

5.胡华:《人工智能嵌入大学生思想政治教育的SWOT分析及应对策略》,《思想政治教育研究》,2021年第4期。

6.孔维翠、郅笑珂、张红飞、骆明珠:《AR技术助力乡村旅游智慧化发展探究》,《合作经济与科技》,2023年第2期。

7.旷永青、卢俞成:《多重功能透析:思想政治教育服务国家治理现代化的五个向度》,《思想教育研究》,2021年第9期。

8.赖雄麟、葛蕊萌:《论马克思主义政党何以倚重思想政治教育》,《思想教育研究》,2021年第10期。

9.李海青、钟香妹:《牢牢把握主题教育的总要求》,《大众日报》,2023年5月1日。

10.李海青、钟香妹:《牢牢把握主题教育的总要求》,《大众日报》,2023年5月1日。

11.刘宏达、许亨洪:《我国高校实践育人共同体建设的内涵、问题及对策研究》,《华中师范大学学报》(人文社会科学版),2016年第9期。

12.仇保兴:《城市文化复兴与规划变革》,《城市规划》,2007年第8期。

13.沈小酩:《教育教学评价研究的发展与问题》,《马克思主义理论学科研究西南师范大学学报》(人文社科版),2001年第4期。

14.史宏波、谭帅男:《"思想政治教育"概念重述与研究范式的转向》,《思想教育研究》,2021年第10期。

15.史宏波、谭帅男:《马克思恩格斯灌输思想及其启示》,《思想教育研究》,2021年第10期。

16.宋友文:《思想政治教育发展的历史逻辑、理论逻辑和实践逻辑》,《教学与研究》,2021年第10期。

17.孙其昂:《论勘察思想政治教育基础理论的基础》,《思想政治教育研究》,2021年第1期。

18.孙英臣:《调查研究要在"实"字上下功夫》,《河北日报》,2023年5月5日。

19.王虎学:《"人之谜"的哲学自觉与解答》,《光明日报》,2020年7月6日。

20.吴满意、高盛楠:《高校思想政治教育数据治理研究》,《马克思主义理论学科研究》,2022年第9期。

21.吴晓明:《马克思主义中国化与新文明类型的可能性》,《哲学研究》,2019年第7期。

22.杨威、耿春晓:《人工智能时代思想政治教育发展的可能议题》,《思想教育研究》,2021年第10期。

23.杨旭光:《做"经师"和"人师"的统一者》,《光明日报》,2022年11月11日。

24.虞滢:《思想政治教育实践智慧构建的方法论进路》,《思想教育研究》,2021年第9期。

25.禹建湘、黄惟琦:《中国文化乡愁的历史生成及当代意义》,《湖南人文科技学院学报》,2017年第4期。

26.张国祚、兰卓:《从古代的民本思想到中国共产党人的人民立场》,《思想理论教育导刊》,2020年第6期。

27.张毅翔:《思想政治工作创新发展的内涵特质、动力根源与实践进路》,《思想理论教育》,2020年第10期。

28.张智:《论思想政治工作是治党治国的重要方式》,《思想理论教育》,2021年第10期。

29.郑传娟、洪晓畅:《高校实践育人共同体:背景、内涵与建构路径》,《思想政治教育研究》,2022年第2期。

30.周晔:《强化精准思维》,《人民日报》,2022年4月29日。

31.周囿杉:《"两个结合"夯实中国式现代化方法论基础》,《天津日报》,2023年3月10日。

32.邹广文:《论全球化时代的现代城市文明》,《开放导报》,2004年第1期。

后 记

时光荏苒，我来到天津职业技术师范大学工作已五年有余。回首刚出南开大学校门时的懵懂，对比现在踏实、稳重的自己，不禁感慨万千。

合抱之木，生于毫末；九层之台，起于累土。转变、坚守、奋斗成为我这五年的关键词。一见转变。从一名刚出学校的助理研究员变为一名思政教师，研究方向由中国政治法律制度变为马克思主义与思想政治教育，从一名刚入职的普通教师变为思想道德与法治党支部书记、教研室主任。在这期间见证了自己的进步。二见坚守。坚决守卫，不离开思政三尺讲台；坚决遵守，不背离立德树人要求；坚定信仰，肩负起培养时代新人的历史使命。三见奋斗。取得教学质量A级，发表论文多篇，主持参与课题多项。

对于非马克思主义与思想政治教育专业出身的我来说，若用深刻的学理论证津门文化思想政治教育规律、用完备的体系建构津门文化思想政治教育存在较大难度，为了能够写好本书，我参阅了中华优秀传统文化与思想政治教育专业相关书籍，从中汲取了丰厚的滋养。完成整部著作的写作，我深深懂得：津门文化思想政治教育并非单纯传授关于生活世界总体观、生活世界境界观、人生观、价值观、道德观、法治观、文化观等基础知识，更重要的是塑造价值的途径。

换言之,教育对象接受津门文化思想政治教育并非单纯接受知识,而主要是接受价值,更广泛意义上说最终要树立正确的生活世界总体观、生活世界境界观等价值观念,汇聚建设社会主义现代化大都市的青春力量。价值接受与一般知识接受不同,价值接受是一种十分复杂的精神现象,本质上要经过适应性咀嚼(主体适应生存环境咀嚼)、真理性咀嚼、知识性咀嚼、价值性咀嚼(共同价值咀嚼)、审美性咀嚼五种价值塑造过程,是一种"反思性咀嚼"行为。

一般而言,津门文化思想政治教育者须具备马克思主义理论家素养及马克思主义教育家素养,但这绝非易事,只有长期的准备和积累,才能实现自身教学理论的深刻、研究逻辑的严密、传授知识的丰富、教法艺术的完善、教师人格的完美。这也成为我今后努力的目标和方向。在撰写本书的过程中,单位领导和同事给予我莫大的支持,家人给予我较大的鼓励,我衷心感谢一直以来支持我的亲人朋友们。

"三寸粉笔,三尺讲台系国运;一颗丹心,一生秉烛铸民魂",在未来思政教研漫漫征途上,我定要静思笃行、持中秉正、为学为师、求实求新! 正所谓"路漫漫其修远兮,吾将上下而求索!"

周围彬